KB203913

믿음이란 한 알의 밀알이 땅에 떨어져 죽음으로 많은 열매를 맺음과 같이 진리의 열매를 위하여 스스로 죽는 것을 뜻합니다. 눈으로 볼 수는 없으나 영원히 살아 있는 진리와 목숨을 맞바꾸는 자들을 우리는 믿는 이라고 부릅니다. 「믿음의 글들」은 평생, 혹은 가장 귀한 순간에 진리를 위하여 죽거나 죽기를 결단하는 참 믿는 이들의, 참 믿는 이들을 위한, 참 믿음의 글들입니다.

왜 나는 예수를 닮아가는가

이승장 지음

홍성사.

들어가며: 사람됨의 길

'난 미숙의 은사 받았어요!'

나는 농담 잘하는 청년 사역자다. 그런데 농담이 사실이 될 줄이야! 이 나이가 되도록 미숙한 그대로 남아 있는 내 꼴을 보며 자책과 슬픔, 약간의 회한과 분노로 이 글을 쓰기가 무척 힘들었다. 자격 없음을 탓하면서도, 한편 주님께서 나를 이만큼이라도 키워주신 은혜에 보답하려는 갸륵한 심정도 가슴 한 켠에 있다. 이게 믿음의 비밀이자 역설일까. 이 책은 《왜 나는 예수를 믿는가》(홍성사, 2013) 이후에 꼭 써야겠다고 마음먹었던 것이다. 내가 예수 믿도록 도운 형제자매들을 나이 들어 만나면서 더욱 문제의식을 갖게 되었다. 미숙한 그대로 있는 사람, 놀랍게 성숙해가는 사람, 이렇게 둘로 나뉘는 모습을 지켜보았기 때문이다. 또한 교회와 사회 지도자들의 언행에서 '나이 든 아이'를 볼 때마다 나이에 걸맞은, 신앙연륜과 나란히 가는 성숙의 모습이 아쉬웠기 때문이다.

1983년, 거의 40년 전이다. 주로 20대, 30대 청년 10여 명이 모인 기독대학인회(ESF) 서대문지구 졸업생 모임에서 "성숙을 향하여"라는 주제로 12주에 걸쳐 그룹 성경공부를 인도했다. 그 후 같은 주제로 몇몇 집회에서도 전했다. 언젠가는 한국 성도들과 꼭 고민해 볼 주제라고 여겼다. 그런데 이 주제를 생각하면 생각해볼수록 나는 성숙을 논할 자격이 없다는 걸 발견하고, 그냥 '다른 훌륭한 분들이 쓰겠지'라고 회피하곤 했다. 이제 철없는 팔순을 맞았다. 국내외의 신앙 지도자들이 성숙을 주제로 책을 출간했다. 하지만 내가 고민해 온 주제와는 많이 달랐다. 나는 이 책에서 교회를 잘 섬길 수 있는 신앙의 성숙을 다루지는 않는다. 예수님의 주님 되심 아래 통합된 인격, 전인적인 성숙, 본래 창조주가 설계하신 '사람됨'의 길을 성경과 우리 경험 속에서 함께 찾아보려 한다.

책을 쓰면서 여러 도움을 받았다. 성숙을 주제로 쓴 국내와 영미 책들을 대부분 참고했다. 신앙공동체를 함께 섬기면서 평생 친구가 된 ESF 형제자매, 런던과 서울의 지역 교회를 섬기며 사귄 친구들에게서 배운 바가 많다. 평생 동지 안병호, 장창식, 손석태 형제와의 반세기 넘는 우정을 통한 교훈은 특별한 은총이다. 학원복음화협의회와 코스타(KOSTA)를 섬기며 가까이 교제하던 훌륭한 여러 동역자들한테서 깨우침을 받았다. MZ세대에게는 이 주제가 어떻게 받아들여질까 배우고 싶어서 도움을 받았다. 30대 김광우 형제(경영학 전공)와 20대 김찬양 자매(영문학 전공)가 자료를 조사하고, 내가 추천한 책들을 요약하며 우리 시대 청년들의 현실과 이 주제가 어떻게 적용될 수 있는지 함께 토론했다. 이광우(전주열린문교회 목사) 형제가 교정과 사진으로 격려해주었다. 50대 두 아들과 자부들, 손주들이 내 카운슬러가 되었다. 역시 가장 큰 도움은 서로의 성장을 도와 온 아내 정마리아에게서 왔다. 그러나 글은 혼자 쓴 것이니 혹시 동의가 안 되는 부분이 있어도 다 내 탓이다.

　부르심 받고 주님 섬겨온 지난 50여 년, 나는 성서한국을 꿈꾸며, 또 부르짖으며 살아왔다. 진리의 말씀인 성경이 각 사람의 삶에, 우리 사회구조와 문화의 모든 영역에 만세반석 기초가 되길 소원하며 고달픈 길을 때론 절뚝거리며 걸어왔다. 세월이 지나면서 더욱 아픈 깨달음이 있다. "사람이 먼저 사람다워야지. 그래야 세상도 바꿀 수 있지!" 예수님을 푯대로, 예수님을 닮은 온전한 그리스도인(The Whole Christian)이 되고픈 순례 길의 동반자로 안타까움과 보람, 좌절과 희망을 독자들과 나눠보고 싶다. 무한한 인내로 원고를 기다려 준 홍성사에 감사를 전한다.

2022년 부활주일을 맞으며

이승장

차례

오래 황폐하였던 이 땅 어디서나 순결한 꽃들 피어나고 푸른 의의 나무가 가득한 세상 우리 함께 보리라

1. 우리는 왜 이 세상에 왔을까

그러므로 우리는 그리스도교의 초보적 교리를 제쳐놓고서 성숙한 경지로 나아갑시다(히 6:1, 새번역).

아브람이 구십구 세 때에 여호와께서 아브람에게 나타나서 그에게 이르시되 나는 전능한 하나님이라 너는 내 앞에서 행하여 완전하라(창 17:1).

감옥아, 내 너를 축복하노라. 내 삶에 네가 있었음을 축복하노라. 감방의 썩어가는 밀짚 위에 누워 깨달았느니 인생의 목적은 번영이 아니라 영혼의 성숙에 있음이라(솔제니친의 말. 존 맥스웰,《사람은 무엇으로 성장하는가》, 220쪽 재인용).

이 글은 예수 그리스도가 '온전한 사람'이라는 대전제에서 출발한다. 인류 역사에서 가장 놀라운 사건은 하나님이 사람이 되

셨다는 사실이다. 하나님이 사람이 되어 우리와 함께 살았고 지금
도 살고 계시다는, 이런 말도 안 되어 보이는 말을 그리스도인들이
믿는 것도 기적이다. 사도 요한은 하나님이 이 땅에 사람으로 오셔
서 우리들과 함께 살고 계시는데 그분이 예수 그리스도라고 선언
한다. "말씀이 육신이 되어 우리 가운데 거하시매 우리가 그의 영
광을 보니 아버지의 독생자의 영광이요 은혜와 진리가 충만하더
라"(요 1:14).

　　예수 그리스도는 어떤 사람이 참 사람인가 보여 주러 오신 '패
러다임 인간'(조지 캐리, 《나는 사람을 믿는다 I Believe in Man》, 4장 참조)이
다. 예수는 사람이 어떤 마음씨를 품고, 어떻게 행동거지를 해야 '온
전한 사람'인지를 보여주신 진리 자체이시다.

　　생명의 창조주가 사람을 만드실 때 궁극적인 계획은 무엇이
었을까? 하나님 아들, 예수 그리스도를 본받는 것이다. "하나님이
미리 아신 자들을 또한 그 아들의 형상을 본받게 하기 위하여 미리
정하셨으니 이는 그로 많은 형제 중에서 맏아들이 되게 하려 하심
이라"(롬 8:29).

　　어머니 태에서부터 나를 빚어 이 세상에 보내신 하나님의 디
자인은 예수를 본받는 것이다. 예수를 닮아 사람다운 사람으로 성
숙해가는 것이다. 성령으로 우리 각 사람 안에서 예수 닮도록 하는
작업을 현재 진행하고 계신다(고후 3:18). 종말에 완성하시고야 말
우리를 향한 최후 계획도 바로 예수님처럼 되는 것이다(요일 3:2).

사람은 예수처럼 살아야 한다. 그의 성품, 그의 언어, 그의 행위를 닮아가야 한다. 그분의 지성, 감성, 의지를 본받아야 사람다운 사람이 된다. 자기 노력이나 수양으로 예수를 닮기란 불가능하다. 그래서 예수께서 영으로 우리의 인격이 자라가도록 지금도 이끌고 계신다. 사람은 스무 살까지 자라면 육체의 성장이 멈춘다. 그 후에는 성숙을 향해 나아간다. 사람의 성숙이란 자라감(성장)과 익어감(숙성), 두 단계를 거친다. 먼저 소년 예수가 자라가는 모습을 배우며 우리가 어떻게 성장해야 할지 고민해 보자. 그러고 나서 우리와 함께하시는 예수의 현존이 무엇을 은혜의 수단으로 사용하셔서 우리를 성숙시켜 가는지도 살펴볼 것이다.

재목材木이 안 보이는 한국 교회

청년집회에서 나는 이런 말을 자주 했다.

"한국 교회가 푸르긴 푸르지만 재목으로 쓰일 나무가 자라는 숲이 아니다. 열무, 배추만 자라는 채소밭 같다."

성경은 믿음의 사람을 '나무'에 비유한다. 하나님의 자녀는 "시냇가에 심겨진 나무"요(시 1편), "의의 나무"다(사 61:3). 우리는 예수님의 피 흘림으로 죄 사함 받아 하나님과의 바른 관계가 이루어진 의인이다. 하나님은 믿는 자 개개인이 구원받아 의로워지는 것을 최우선으로 여기신다. 그러나 거기에 만족하지 않으신다. 당신의 자녀들을 통해 온 누리에 하나님의 의가 물이 바다 덮음같이 충만하게 하려는 원대한 계획을 펼치신다.

우리는 불의로 황폐해진 이 땅에 하나님께서 손수 심으신 "의의 나무"다. 하나님은 우리를 비뚤비뚤 죄다 모양이 다른 소나무로 심으신 듯하다. 왜 쭉쭉 뻗은 잣나무나 전나무로 심지 않으셨을까? 왜 넓고 비옥한 땅이 아니라 힘센 나라 눈치 보느라 살기 힘든 이 좁고 척박한 땅에 우리를 심어놓으셨을까? 심술궂게도 일자리 많던 시절 다 지나고 취업이 하늘의 별 따기인 이때에 나를 여기 심어놓았을까?

안타까운 마음은 이해한다. 그러나 부질없는 질문이다. 다 하나님의 뜻이다. 우리가 알 수 없는 창조주, 섭리주의 뜻이 있다. 하나님의 주권을 믿고 "범사에 감사합니다!" 하는 게 맞다. 숙명론자처럼 '운명애'(Amor Fati)를 갖자는 말이 아니다. "그릇이 토기장이에게 왜 날 이렇게 만들었소?" 항의할 수 있겠는가(롬 9:20, 21). 심겨진 그곳이 세찬 바람 몰아치는 제주도 모슬포 바닷가든 태백산맥 어느 산등성이든 상관없다. 잘 자라주면 그만이다. 누가 알겠는가. 김정희의 불후의 명작 세한도에 영감을 주는 나무가 될 수도, 재로 내려앉은 숭례문을 다시 세우는 데 쓰인 금강송 재목이 될지.

1967년, 내 나이 25세 때 부르심을 받았다. 대학생복음운동에 헌신했다. 15년간 한국의 캠퍼스 선교에, 그후 15년간 런던에서 신학을 공부하고, 유학생과 주재원, 교민들을 위한 교회를 개척 목회했다. 1997년, 귀국해서 다시 청년대학생 연합사역인 학원복음화협의회(학복협), 해외유학생사역인 코스타를 섬기기 시작했다. 하나님과 한국 교회의 부르심이라 믿었다. 캠퍼스 내 여러 모임, 선교단체와 지역 교회 집회에 참여하고 청년대학생들과 사역자들과 교제하며 많이 배웠다. 그때만 해도 청년들, 교인들이 잘 모였다. 대학의 기독인연합 집회마다 학생들과 교직원, 교수들이 많이 참여했다. 내가 처음 말씀을 전한 어느 대학 개강예배에는 천여 명이 모였다. 고형원이 지은 〈부흥〉을 청년집회마다 예외 없이 애절하게 부르던 때였다. 늙어 힘을 잃은 유럽 교회에 비해, 한국 교회는 싱싱하고 푸르렀다. 내가 해외에 머물던 80년, 90년대에 한국 교회와 선교단체 수가 놀랍게 성장했다. 화려하고 거대한 예배당을 짓고, 열정적으로 모였으며, 잘 바쳤고, 많은 선교사들을 파송했다. 놀랍고, 감사할 뿐이었다.

리더십 위기가 도사린다

조금 더 관찰하면서 처음 가졌던 생각이 조금씩 바뀌었다. 교회와 선교단체 연합운동을 10여 년 섬긴 덕분에 교회 청년부를 섬기는 젊은 전도사, 목사들과 대화할 기회가 잦았다. 그들은 한결같이 슬퍼했고, 화가 나 있었다. 담임목사들이 자기를 동역자로, 인격체로 대하지 않는다는 것이다. 마치 군대 상관이 부하 대하듯, 직장 상관이 직원을 함부로 대하듯 한다는 불만이 컸다. 섬기는 종 예수를 믿고 전하는 목회자들이 먼저 변화되지 않고, 오랫동안 한국 사회를 지배해 온 군대문화, 유교문화에 젖어 있었기 때문이다. 그런가 하면 담임목사들은 좋은 청년부 사역자를 추천해 달라고 내게 부탁하는 경우가 적지 않았다. 담임목사들의 불만은 청년들을 제대로 키워주고 청년부 회원 수를 양적으로 성장시킬 능력 갖춘 전도사나 부목사 구하기가 어렵다는 것이었다. 공통적으로 하는 말은 이것이었다. 요즘 주의 종들이 사회 직장 다니는 것과 차이가 없다고. 월급이 얼마냐, 정시 퇴근할 수 있느냐에만 관심이 있는 듯하다고, 주의 종답지 못하다고 혀를 차고 있었다. 장로들이 진정으로 목사를 존경하거나 목사들이 장로들을 존경하는 모습도 드물었다. 청년부 리더들이 청년부 목사나 전도사를 존경하고 따르는 경우도 찾기 힘들었다.

한국 교회에 리더십 위기가 도사리고 있었다. 무엇보다 목회자들의 인격과 교양 부족이 심각하게 느껴졌다. 새벽 기도 영성을 가졌고, 세련된 매너로 사람을 대했으며, 그럴 듯한 예화를 곁들인 설교를 할 줄 알았다. 하지만 목사들이 대부분 성경을 깊이 알고 있지 못하다는 점에 충격을 받았다. 신학 지식, 인문학적 사고능력, 일반교양을 갖춘 지성을 만나기 힘들었다. 주님께 순종하는 삶에서 우러나오는 인격적 겸양, 섬기는 종의 미덕도 보이지 않았다. 지적 수준이 높은 성도들을 설득할 만한 문제의식, 사회의식, 역사의식을 지닌 목회자들을 찾기 힘들었다.

미안한 말이지만 할 말은 해야겠다. 내 주관적인 평가이므로 동의하지 않는 분도 있겠지만 교회 지도자들의 의식 수준이 일반 사회 지도자들의 수준에 한참 못 미치는 것 같다. 국내 신학대학원 의 편목 코스를 한 학기 밟다가 깜짝 놀라 한 달 만에 그만둔 적이 있다. 신학교 교육이 충격적으로 부실했다. 신학생들을 목사로 양 성하는 과정이 너무 허술하다. 무인가 신학교나 무자격 목사가 활 개 치는 판이다. 현재 한국 기독교가 당하는 위기는 목회자가 스스 로 판 웅덩이에 빠진 격 아닐까.

수준 낮은 지도자들한테서 무엇을 배울 수 있을까. 교회를 10년 다녔어도 창세기나 복음서를 소그룹에서 인도할 만한 신자 가 얼마나 될까? 기독교 가정에서 사춘기 자녀의 질문에 납득이 가도록 설명해 줄 수 있는 부모가 얼마나 될까? 사대주의라고 몰 릴까 봐 조심스럽지만 한 마디 하는 게 유익할 듯하다. 80년대 초, 영국의 기독대학생 모임, 지역 교회에서 평신도들의 수준을 접하 고 놀란 적이 있다. 선교단체 간사로 12년간 섬겼던 내가 창피했 다. 대학생이었던 그들은 성경주석, 성경사전, 중요한 신앙서적들 을 마련해두고 있었다. 그들이 모이는 성경공부와 한 주에 한 번 열리는 복음주의권 강사들의 성경강해에 참여하고 부러워했던 적도 있다. 이런 말을 하면 돌아오는 질문이 있다.

"그런데 영국 교회는 왜 죽어가죠?"

고루하게 전통을 지키는 교회들이 무너지고 예배당이 모스 크가 되는 경우도 있다. 하지만 복음주의권 교회들 중에는 건강하게 자라는 교회도 적지 않다. 교인수가 중요하지 않다는 말은 아니다. 질적 희석으로 이룬 양적 성장은 모래 위에 지은 집이다. 언제 무너질지 몰라 위태롭다.

우리는 예수님을 따르는 사람이다. 예수님은 사람으로 오셔서 성숙한 사람이 어떤 모습인지 삶으로 시위하셨다. 하나님의 일꾼이 무슨 목표로 어떻게 일할 것인가도 요한복음 17장 '대제사장 기도'에서 모두 밝혀주셨다. 그분은 어제나 오늘이나 변함없는 진리 자체이시므로 그분의 목표와 사역 방식은 이스라엘이나 한국이나, 2,000년 전이나 21세기인 지금이나 늘 유효하다. 예수님은 떡을 구하러 모여든 무리 5천 명보다 영생의 말씀을 따르는 열두 제자를 더 귀하게 여기셨다(요 6:66-69). 소수의 헌신된 제자들에게 자신을 온전히 내어주셨다. 예수님이 천국에 들어가시자 천사장 가브리엘이 불안한 마음으로 물었다.

"아니, 예수님. 지상의 하나님나라 사역은 어떻게 하시고 이렇게 (무책임하게) 올라와 버리셨습니까?"

예수님은 머뭇거리지 않고 즉각 답하셨다.

"다 제자들한테 맡기고 왔지."

가브리엘이 미덥지 않다는 표정으로 다시 물었다.

"아니, 제자들이 실패해버리면 어떡하죠?"

예수님의 답.

"대안이 없지!"(No alternative!)

예수님께는 결코 실패가 없다. 복음서에서 빌빌대던 제자들은 사도행전에 와서는 세상을 뒤엎는 일꾼이 되어 하나님나라 복음을 증거했다. 바벨론 포로 생활에 절망하던 이스라엘 백성에게 황폐해진 조상들의 산에 하나님의 영광을 나타낼 "의의 참나무" 숲을 이루는 날을 그리던 이사야. 그의 예언은 약 700년이 지나 마침내 예수님의 제자양성을 통해 역사 속에 실현되었다.

내 어린 시절 이 땅은 민둥산 천지였다. 그 벌거숭이산에 나무 심고 물 주어 푸른 숲을 만들어 냈다. 가뭄에는 아줌마들이 물동이를 이고 자식 키우는 정성으로 나무에 물을 주곤 했다. 두 세대가 지났다. 민둥산은 푸른 나무 물결치는 진초록 숲으로 바뀌었다. 대한민국의 세계적 자랑거리, 산림녹화운동의 상징적 인물이 있다. '임종국.' 그는 전쟁으로 황폐해진 산에 나무 심기가 나라 사랑의 길이라고 뜻을 세웠다. 주위의 만류를 뿌리치고 평생에 걸쳐 장성 축령산에 편백나무 250만 그루, 삼나무 63만 그루, 밤나무 5만 4천 그루를 심고 가꾸었다. 울울창창한 치유의 숲을 가꾸어 나라에 바쳤다.

교회를 종교 백화점이 아니라, 의의 묘목을 키우는 종묘장으로 바꾸자. 묘목을 키워 아름드리 숲을 이루자. 숲을 가꾸어 불의의 미세먼지로 숨 막히는 세상에 의의 산소, 치유의 피톤치드를 뿜어내게 하자. 의의 나무로 숲을 이루어 세상을 치유하자. 예쁘고 향내 나는 꽃을 피우고 의의 열매 주렁주렁 맺는 나무로 숲을 이루

자. 아름드리 재목을 키워서 마을마다 의의 나무로 한옥을 짓자. 이 땅을 사람 살 만한 의로운 세상으로 만들자.

부모는 바란다, 자녀의 성장을

부모는 자녀가 튼튼하게 자라길 바란다. 아기가 엄마 젖만 빨지 않고, 때가 되면 이유식과 밥도 먹고, 더 자라면 닭다리도 소갈비도 맛있게 뜯을 만큼 잘 먹고 잘 자라길 원한다. 자녀가 쑥쑥 자라지 않으면 부모는 애가 탄다. 큰아들이 초등학교 5학년 시절 키가 작아 안타까웠다. 종합병원에 가서 뇌 사진을 찍어보기도 했다. 키가 작지만 건강하다기에 한숨 돌린 적이 있다.

우리가 늘 징징대거나 소리 지르며 "하나님, 이거 해주세요. 저거 해주세요!" 때만 쓰는 철없는 아이라면 하나님도 애가 타실 것이다. 부모는 자녀가 자라서 자기와 대화를 나누는 친구가 되길 바란다. "애야, 우리 대화 좀 나누자. 내가 만든 이 아름다운 세상을 사람들이 탐욕과 무지로 못 쓰게 만들어 놓았다. 어떻게 해야 이 세상을 다시 살기 좋은 곳으로 만들 수 있겠니?" 아브라함은 "하나님의 벗"이라고 불렸다(약 2:23). 모세와는 얼굴을 마주 대하고 친구처럼 대하시면서 이스라엘의 출애굽 역사에 동역했다(신 34:10). 우리들을 향한 하나님의 영고불변의 계획은 주의 형상 본받아 "온전한 사람", 곧 성숙한 사람(the whole person, the total man, the mature man)으로 우리를 변화시키는 것이다(롬 8:29; 고후 3:18).

성경에서 '온전한', '완전한' 또는 '성숙한'으로 번역된 단어는 그리스어로 '텔레이오스'(teleios)다. "충분히 자란", "목표를 성취한", '목적한 대로 이루어진'(having attained the end or purpose)이란 뜻이다. '창조주의 처음 계획대로 이루어지다', 철학 언어로는 '합목적적이다'라는 의미다. 자녀가 나이가 들어서도 철부지 아이같이 생각하고 말하고 행한다면 부모는 미칠 것이다. 유치한 자로 머무르는 것은 창조주의 목적을 저버리고 제멋대로 사는 망나니 인생이다. 성숙한 자만이 세상에 태어난 목적을 다하는 "합목적적 인생"을 멋지게 사는 셈이다. 주께서 우리를 구원하신 목적도, 성경을 주신 목적도 우리를 온전한 하나님의 사람으로 세우기 위함이다(딤후 3:17). 그렇다면 성숙한 사람이란 어떤 사람일까?

첫째, 예수 그리스도를 본받는 사람(롬 8:29)이다. 다른 표현으로는 "그리스도의 충만하심의 경지에까지 다다른" 사람이다(엡 4:13, 새번역). 그리스도의 성품과 행위에는 '은혜와 진리'가 충만하다(요 1:14). 성숙한 사람은 은혜롭고, 전인격이 겸손하고 진실하다. 고상한 아름다움과 감사가 아로새겨져 있다. 그는 소유를 쌓기보다 진리를 추구한다. 세상 그 무엇에도 얽매이지 않는 영혼의 자유를 누린다. 예수처럼 베풀고 섬기는 종의 도가 몸에 배어 있다.

둘째, 하나님 자녀답게 사는 사람이다. "너희 아버지께서 완전하신 것 같이 너희도 완전하여라"(마 5:48)는 말씀을《메시지 성경》은 이렇게 풀어 준다. "한마디로 내 말은 성숙한 사람이 되라는 것이다. 너희는 천국 백성이다. 그러니 천국 백성답게 살아라. 하나님이 주신 신분에 합당하게 살아라." 하나님을 아버지로 모시고 그의 사랑에 만족하며 그의 인정받기를 생의 목표로 삼은 사람은 환경의 지배나 사람들의 평가에 연연하지 않는다. 다윗이 중년에 이르러 사춘기 아이 같은 행동을 한 적이 있다. 교만과 정욕으로 간음과 살인을 저지른 후, 아들 압살롬의 반역으로 모진 징계를 겪고 나서 이렇게 고백한다. "내 마음은 고요하고 평온합니다. 젖 뗀 아이가 어머니 품에 안겨 있듯이 내 영혼도 젖 뗀 아이와 같습니다"(시 131:2, 새). 노년의 바울도 감옥에서 고백한다. "나는 어떤 처지에서도 스스로 만족하는 법을 배웠습니다"(빌 4:13, 새번역).

셋째, 성령의 인도 받는 사람이다. 거듭나면 자연 그대로 있거나(고전 2:14) 육에 속한 사람에 머물지 않고(고전 3:1), 영에 속한 사람/신령한 사람(고전 2:15; 3:1)으로 성화된다. 다르게 표현하자면 성령 충만하고 성령의 열매 맺는 사람이 된다(갈 5:22, 23). 성령의 열매는 타고나는 성품이 아니다. 믿는 자의 심령에 내주하시는 성령께서 이런저런 경험을 통해 전인격 속에 이루시는 결과물이다. 이런 사람은 하나님 앞에서 "사랑과 기쁨과 화평"을 누린다. "오래 참음과 자비와 선함"으로 남에게 너그럽다. "신실함과 온유와 절제"로 자기에게 엄격하다.

여기까지 이르면 좀 답답해진다. '난 도저히 소망 없어'라고 포기하고 싶다. '그 집사님 보면 편하게 예수 믿고 복 받고 잘만 사시던데……' 하는 말이 치밀어 올라올 것이다. "저 높은 곳을 향하여 날마다 나아갑니다"라고 고백하지만 성경이 가르치는 성숙과 내 현실이 하늘과 땅만큼이나 아득하게 느껴지기도 한다. 그러나 낙심하지 말자. 우리는 '소망의 하나님'을 믿는 자다. 하나님이 주시는 소망은 우리를 부끄럽게 하지 않는다(롬 5:5). 하나님의 사랑과 권능이 당신의 참자녀들을 기어이 키워주신다. 기억하자. 하나님은 쉽게 계획을 포기하는 우리와는 다른 분이시다.

　　우리가 예수 믿는 이유가 무엇인가? 나는 "사람답게 살고 싶어서"라고 답하겠다(졸저《왜 나는 예수를 믿는가》, 2장 "사람답게 사는 길" 참고). 교회에 속하는 이유는 또 무엇인가? '삼중 축복 받으려고', '세련된 귀족 제자 되고 싶어서'라고 답할지 모른다. 우리는 바울의 고백을 나의 고백으로 삼는다. "온전한 사람이 되어서, 그리스도의 충만하심의 경지에까지 다다르고"(엡 4:13) 싶다고. 주님은 우리를 성숙한 사람으로 키워 "선한 일을 위하여 살아가는" 명품 인간, 걸작 인생을 살게 하시고야 말 것이다(엡 2:10). 우리가 예수님께 붙어만 있으면, 반드시 성숙해지는 날이 온다. 바울이 골로새 교회에게 보낸 이 말씀이 소망을 준다. "하나님이 자라게 하시므로 자라느니라"(골 2:19). 그러니 어른들을 보고 포기하지 말고, 하나님을 바라보며 희망의 씨앗을 심자.

　　오늘 우리 눈물로 한 알의 씨앗을 심는다

꿈꿀 수 없어 무너진 가슴에 저들이 푸른 꿈 다시 돋아나도록

......

오래 황폐하였던 이 땅 어디서나 순결한 꽃들 피어나고

푸른 의의 나무가 가득한 세상 우리 함께 보리라(고형원 곡, 〈우리 함

께 보리라〉 일부)

우린 늙어가는 것이 아니라 조금씩 익어가는 겁니다.

2. 성숙을 향하여

이 모든 일에 전심 전력하여 너의 성숙함을 모든 사람에게 나타나게 하라(딤전 4:15).

또 어떤 이는 가시떨기에 뿌려진 자니 이들은 말씀을 듣기는 하되 세상의 염려와 재물의 유혹과 기타 욕심이 들어와 말씀을 막아 결실하지 못하게 되는 자요(막 4:18, 19).

생각을 뿌리면 행동을 거둔다.
행동을 뿌리면 습관을 거둔다.
습관을 뿌리면 인격을 거둔다.
인격을 뿌리면 운명을 거둔다(랄프 에머슨).

가끔 "어르신"이라는 말을 듣는다. 소스라치게 놀란다. 팔순 노인이니 당연하게 들려야 정상인데 난 쑥스럽고 소름 돋는다. '아니, 난 영원한 청년인데 어떻게 된 거야?' 자문한다. 어른다워야 할 나이인데, 생각이나 행하는 걸 보면 철이 덜 들었다. 우리 사회 혹은 교회에 어른이 없다는 말을 듣는다.

"아이고, 저런 친구가 장관이야?"

"저런 사람이 교단 지도자야?"

'아이들이 지도자가 되어 어른들을 다스리게 하는 것.' 불신 사회를 향한 하나님의 심판 가운데 하나다(사 3:4). 정신적으로 미숙아들이 시험 잘 봐서 고시 합격했다고 무조건 지도자가 되면 나라꼴이 어떻게 될까? 고시생들을 어느 정도 안다. 70년대에 법대 기독학생회에서 한 학기 말씀 전했고, 10년 이상 신림동 고시촌에서 살았다. 섬기던 교회 청년부에 고시생들이 적지 않았다. 사법연수원 기독인 모임에서 수차례 설교한 적도 있다. 극도로 자기중심이 되어 생활하지 않고서는 고시 합격이 거의 불가능하다.

사람이 자기중심에서 얼마나 벗어났느냐가 인격 성숙의 지표가 될 수 있다. 국가를 경영할 철학이나 경륜도, 갈등 해결 능력도 없는데다가 거짓술수와 폭력을 수단 삼는 정치꾼이 국민을 다스리려 든다. 미숙한 정치 지도자들, 종교계, 특히 개신교 지도자들이 국민을 실망시킨다. 목사가 평신도들을 숨 막히게 한다. "내가 목사인데 왜 설교를 비판하느냐?" "왜 아멘, 하고 순종하지 않느냐?" 신학교 나와 목사 안수를 받았고, 기름부음 받은 종이라고 구약의 대제사장같이 대접받으려 한다. 그들은 종교개혁 원리를 모르거나 모른 척한다. 직장인들도, 전임 가정주부도 다 하나님의 부르심 받은 성직자다. 바울은 고린도후서 1장 21, 22절에서, 요한은 요한일서 2장 20, 27절에서 모든 신자가 다 "기름부음 받은 종"이라고 했다. 그러나 목사들이 이런 교훈을 받아들이지 않고 종교 특권을 누리려 한다. 한국 교회 위기의 책임은 대부분 미숙한 목사들에게 있다고 말할 수 있다.

그러면 지도자들을 비판하는 나는 어떠한가? 처음 선교단체 간사로 대학생들의 목자로 섬기던 시절, 한심할 만큼 어렸다. 특히 메시지를 전해야 하는 부담이 컸다. '왜 전하는 대로 살지 못하나?' '그러면서도 왜 계속 말씀을 전해야 하나?' '위선자가 되지 않으려면 지금이라도 때려치워야 하지 않을까?' 자기혐오에 시달리고 자책하기 일쑤였다. 기독교 복음의 핵심진리를 알려주는 로마서와 갈라디아서 공부가 그때 결정적인 도움을 주었다. '그래, 어차피 나는 용서받은 죄인이다.' 말씀을 전하지 않으면 "때를 얻든지 못 얻든지 말씀을 전하라"는 명령에 불순종하는 죄인이 되고, 전하면 전한 대로 살지 못해 "너는 가서 행하라"는 명령에 불순종한다. 어차피 죄인일 바엔 다른 사람들에게 조금이라도 유익이 되도록 선택하는 게 낫다고 생각했다.

성숙한 사람은 마음을 챙기는 달인이다. 그러나 나는 지금도 유치한 수준을 벗어나지 못하고 있다. 왜 그럴까? 심리학자들이 이름 지은 '내면 아이'가 마음속 깊이 똬리를 틀고는 어른이 된 나를 리모콘으로 조종하고 있음을 깨닫게 되었다. 나의 미숙한 모습을 어느 날 끄적거려 보았다.

나는 이렇게 미숙하다

격동하는 감정 갑자기 화가 나거나, 증오심이 생길 때가 있다. 의분(義憤)은 좋은 것이다. 하지만 어느 시인이 한탄했다. '난 왜 시대문제, 민족과 인류 문제에는 분노하지 못하면서, 사소한 일에는 불같이 화를 내는 걸까?' '무얼 찾다가 빨리 못 찾으면 왜 또 그리 화가 날까?' 난 아직도 가끔 짜증이 나고 화가 나서 밤잠을 설칠 때가 있다.

말실수 형제자매들을 격려하고 덕이 되는 말 대신, 실망을 주거나 상처 주는 말을 많이 했다. 임의진 시인은 〈개소리〉라는 칼럼에서 선승 료칸의 '말에 대한 계율' 13가지를 소개한다. 그중에 '말이 너무 많은 것', '자기 자랑을 늘어놓는 것', '쉽게 약속하는 것', '잘 알지도 못하면서 남을 가르치는 것', '자기보다 아랫사람을 막대하는 것'은 나를 두고 하는 말이었다. 잠언서나 야고보서가 경고하는 혀 다스리기에 나는 실패했다. 대학생 사역 때, 예수님의 제자 훈련이라는 명목으로 비인격적 언어를 자주 사용했다. 1970년대에는 이런 일도 있었다. 부활절 합창 연습하러 학생들이 약 20명 모였는데, 악보를 복사해서 가져오기로 한 형제가 20분을 지각했다. 그때는 회관에 전화가 없었다. 내가 시간을 끌면서 무언가 말하고 있을 때 그 형제가 회관 문을 열고 겸연쩍게 들어오는 모습에 그만 뚜껑이 열리고 말았다. "너 같은 놈 때문에 민족이 망해!" 하며 그 형제를 향해 수첩을 내던졌다. 제자훈련으로 큐티를 시켰는데 제대로 안 적어오면 온갖 은혜롭지 않은 말을 하고 자매들도 구보를 시켰다. 육군 소위로 제대한 지 얼마 안 되었던 내가 부하들 훈련시키던 악습이었다. 귀족들이 모였다는 대학 학생들에게 이렇게 행했으니 간 큰 남자였다. 군사독재 시절이니 통했지 지금 같으면 큰일났을 것이다.

'그저 잘못했으니 용서해주시오.'

무릎 꿇고 비는 심정으로 여생을 산다. 고맙게도 내게 욕먹으며 훈련받던 학생들이 나보다 성숙했다. 미숙한 목자를 용서해주고 나의 열정과 진심을 받아주며 지금까지 친구로 지내고 있으니 그야말로 예수님 은혜가 족하다!

욕망 절제 못함　여행 중일 때 거의 빠짐없이 아내 몰래 하는 짓이 있다. 호텔방에서 혼자 라면 끓여 먹는 것이다. 신장 하나 없는 장애인으로서는 금기에 속하는 걸 모르지 않으면서다. 아! 식욕, 성욕, 명예욕, 권세욕에서 자유로워지는 때가 오기는 올까? 내 나이가 되면 생리적 이유로, 또 내려놓는 법을 배우면서 비교적 욕망에서 자유로워진다. 그래도 완전 정복되는 건 아니다. 마음속의 상상이 아름답지 못할 때가 있다. 그래서 시인의 기도가 더욱 간절해진다. "내 마음의 묵상이 주님 앞에 열납되기를 원하나이다"(시

19:14). 탐욕이 우상숭배라는 말씀을 알면서도 초연하기는 불가능하다.

헛생각, 잡생각   어려서부터 활자로 된 건 열심히 찾아 읽었다. 그래서인지는 몰라도 기도와 말씀 묵상에 더 집중해야 하건만 이런 생각, 저런 생각이 나를 분산시킨다. 별 영양가 없는 상념, 책이나 잡지, 신문, SNS 등 잡생각에 사로잡힌다. '명석한 두뇌'가 쓰레기통 된다. 명석한 두뇌라는 표현은 중고 시절, 담임선생님이 내 성적표에 "두뇌 명석하나 노력을 덜함"이라고 자주 적은, 말하자면 객관적 평가인 셈이다. 고려자기라도 담배꽁초, 코 닦은 휴지를 넣는 데 쓰면 무슨 가치가 있겠는가.

다른 사람을 높이는 데 인색   교회에서도 머리가 되어야지 꼬리가 되어선 안 된다고 배우던 시대의 산물일까. 경쟁 사회에서 자라서일까, 아님 선천적으로 교만한 유전인자가 핏속에 흘러서일까? 남이 잘되는 걸 진심에서 함께 기뻐하길 힘들었다. 영국 신학교에서 학우들이 다른 사람을 진심으로 축하해주는 모습을 자주 보았다. 처음에는 위선인 줄 알았다. 내가 처음 제출한 구약 에세이가 C마이너스를 받아 의기소침했는데 학생회장 형제가 내게 이런 인사를 건넸다. "네가 있어서 우리 학교가 복 받았다." 와아, 감동이었다. 나보다 한참 어린 형제 입에서 그런 은혜로운 표현이 나오다니! 남의 장점을 보고 칭찬하고 격려하는 덕이 부족하다. 티비 경연 프로에서 경쟁하는 꼬마들도 서로 칭찬하는 모습을 보면 눈물

나올 지경이다.

자기 영광을 앞세움 부패한 심성은 명예욕에 사로잡힌다. 자기 자랑을 하고 인정받고 싶어 한다. 성공지향적 사회 분위기가 자기 성취, 자기 영광, 자기 홍보를 양산한다. 하나님이 은혜 주셔서 이룬 일을 마치 자기가 잘해서 이룬 듯 자랑한다. 동역자들과 함께한 것을 마치 혼자서 성취한 듯 말하거나 행동한다. 졸저《성서한국을 꿈꾼다》가 초라하게 출간되었을 때다. 나의 첫 저서였다. 설익은 내용과 디자인을 떠나, '이승장 지음'을 보고 또 보며 기뻐했다. '와아, 나도 책 냈다'는 자기도취에 빠져서.

고통을 마주하기 힘듦 아이들은 아픈 걸 참지 못하고 엉엉 운다. 나이가 들어서도 마음의 고통을 대면하고 감내할 용기가 없다. 특히 아픈 마음을 숨김없이 드러내려니 겁날 때가 많다.《종의 노래》를 쓸 때의 일이다. 나의 상처, 약점, 아픔을 사람들 앞에 내놓기가 힘들어 무난하고 객관적인 교훈을 쓰기 시작했다. 어느 정도 쓰고 나니 이런 책을 쓸 필요가 있는가, 스스로 묻게 되었다.

'내가 삶으로 보여주지 못한 신앙적인 글이 독자들에게 무슨 소용 있을까?'

썼던 원고를 다 버렸다. 다시 썼다. 숨겨놓았던 고통을 내어놓자 적지 않은 독자들로부터 위로받았다는 반응을 들었다. 내가 오히려 놀랐고 위로받았다. 하지만 아직도 하늘나라 가기까지 내어놓기 싫은 나의 고통과 상처를 부여잡고 있다. 이런 '내면 아이'

의 모습 때문에 자기를 인정하기 힘들어한다. 예수님은 회당에서 많은 사람들이 보고 있는 자리에서 한 손 마른 사람에게 명하셨다. "네 손을 내밀어라!"(막 3:5). 손을 내밀자 그의 손이 회복되었다. 하지만 아직도 오그라진 한 손을 숨길 때가 있다. 유치찬란한 모습이 하도 많아 독자들이 민망해질까 봐 이 정도에서 절제할까 한다.

성경이 말하는 미숙함

그러면 성경이 말하는 미숙의 특징은 무엇일까? 몇 가지 측면에서 정리해 본다.

자립 못함   노인인데 바나나 우유만 먹고 사는 사람이 있다. 엄마 젖만 먹는 아기 같다. 말씀에 뿌리내리지 못해 바람에 날리는 겨와 같다. 어린 시절부터 교회를 다녔는데 자립해서 신앙생활하지 못한다. 말씀과 기도로 교제할 줄 모른다. 목회자만 의지하거나 다른 사람에게 의존하는 생활에 만족하는 사람이다. 설교 잘한다고 이름난 목사의 유튜브 설교에 의존하려 하지, 스스로 성경을 묵상하면 얼마나 좋은지를 알지 못한다. 그래서 신앙생활에 안정감이 없다. 다른 사람의 말, 인터넷에서 주워들은 말, 이런저런 일에 쉽게 요동한다. 바울은 에베소 성도들에게 말한다. "우리가 이제부터 어린아이가 되지 아니하여 사람의 속임수와 간사한 유혹에 빠져 온갖 교훈의 풍조에 밀려 요동하지 않게 하려 함이라"(엡 4:14).

분별력 부족   선과 악, 바름과 틀림을 구분하는 비판 능력, 지혜가 부족하다(잠 22:15). 아이들이 낯선 사람에게 유괴당하는 이유다. 나이가 들수록 해야 할 일과 하지 말아야 할 일을 구분할 줄 알아야 한다. 옳고 그른 것을 분별하는 지성, 선과 악을 구별할 줄 아는 도덕 능력이 자라야 한다. 언젠가 영상에서 본 모습이 잊히지 않는다. 나쁜 의미에서 사회적으로 이름이 난 목사가 상식적으로나 도덕적으로나 말도 안 되는 소리를 어느 정치 집회에서 하고 있었다(여기 차마 적을 수는 없다). "미쳤구나" 하고 말했어야 할 텐데, 거기 모인 교인들이 "아멘!" 하고 있었다. 그의 말이 진리인지 아닌지 분별하는 비판 능력이 없으니 이단 종파나 사이비에 쉽게 속는다. 미숙한 자는 신문이나 방송에서 하는 말을 비판할 줄 모른다.

치우침 사람이 온전해지려면 육체, 지성, 정서, 영성, 사회성, 도덕성이 균형 잡힌 인격을 갖추어야 한다. 기독교 인간관은 통전적이다. 자기 취향을 따라 한쪽으로 치우쳐 성장하면 넘어진다. 기독교 신앙도 '주관적 체험이다', '객관적 진리다' 중 한쪽만 주장하고 진리의 양면성을 인정할 줄 모르면 종합적으로 이해할 수 없다. 고정관념에 사로잡혀 자기 확신이 강한 자들은 주관적 체험과 객관적 진리, 둘 다 갖춘 '믿음의 비밀', 곧 신앙의 역설을 받아들이지 않는다. 사고의 유연성, 개방성이 없는 종교인들과의 지적 대화가 힘들다. 나이가 들수록 생각, 말, 성품, 삶의 모든 영역에서 균형을 잡을 줄 알아야 한다. 조선 백자처럼, 백제 금관처럼 균형 잡힌 멋과 맛을 풍기는 사람이 그립다.

말씀을 가르칠 능력 없음   다음 말씀은 신앙의 미숙과 성숙을 구분하는 잣대가 된다.

멜기세덱에 관하여는 우리가 할 말이 많으나 너희가 듣는 것이 둔하므로 설명하기 어려우니라 때가 오래 되었으므로 너희가 마땅히 선생이 되었을 터인데 너희가 다시 하나님의 말씀의 초보에 대하여 누구에게서 가르침을 받아야 할 처지이니 단단한 음식은 못 먹고 젖이나 먹어야 할 자가 되었도다 이는 젖을 먹는 자마다 어린 아이니 의의 말씀을 경험하지 못한 자요 단단한 음식은 장성한 자의 것이니 그들은 지각을 사용함으로 연단을 받아 선악을 분별하는 자들이니라 그러므로 우리가 그리스도의 도의 초보를 버리고 죽은 행실을 회개함과 하나님께 대한 신앙과 세례들과 안수와 죽은 자의 부활과 영원한 심판에 관한 교훈의 터를 다시 닦지 말고 완전한 데로 나아갈지니라(히 5:11-6:2).

어른의 기준이 무엇일까? 옛 어른들은 결혼해서 자녀를 낳고 기를 능력이 있느냐로 정했다. 그리스도인의 성숙 기준은 무얼까? 복음을 다른 사람에게 전해서 예수 믿고 새 생명 얻도록 돕고, 한 사람을 위해 기도하며 성경을 가르쳐 성장하도록 지속적으로 도운 경험이 아닐까? 한 사람이 예수의 제자로 서기까지 약 10년 정도 집중해서 양육하는 과정이 필요하다고 한다. 평생 말씀선생으로 청년들에게 헌신한 친구가 한 말이다. 동의한다. 서대문 ESF, 예수마을 청년부에서 10년 정도 꾸준히 도운 형제자매들이 다른 사람을 돕는다는 소식을 들으면, 말로 표현하기 힘든 뿌듯한 보람을 느낀다. 그러나 나에게 묻는다. 과연 내가 말씀을 지식으로 가르친 만큼, 삶으로도 보이고 있는가?

왜 성숙하지 못할까

"우린 늙어가는 것이 아니라 조금씩 익어가는 겁니다."

노사연의 〈바램〉에 나오는 노랫말이다. 사람은 성장 과정을 거친 후에야 성숙의 경지에 이른다. 아니, 성장이 그 사람의 생활 양식이 되는 수준에 이를 때 성숙한 사람이라고 할 수 있다. 이건 창조주가 설계하신 것이다. 과일 씨가 움트고 자라 열매 맺고 익어가듯, 우리 인생도 자라고 익어간다. 익기 전에 썩거나 낙과하는 경우가 있다. 그 이유가 무얼까? 새가 쪼아 먹거나, 병충해를 입거나, 태풍을 만나 떨어질 때다. 농부는 땅에 떨어진 과일을 보며 슬퍼한다. 우리가 꾸준히 성장하여 탐스러운 열매를 맺어야 농부이신 아버지 하나님이 기뻐하신다(요 15장). 그런데 세월은 흘렀는데 그리스도인이 성숙하지 못하는 이유가 무엇일까?

분명치 않은 회심 교인 등록했으나 거듭난 체험은 없는 사람이 의외로 많다. 거듭나는 것은 영적으로 다시 태어남을 말한다. 예수 믿기 전 모든 사람은 육으로는 부모를 통해 태어났으나 영으로는 태어나지 못한 자다. 그 결과 죄인으로 태어나 죄인으로 살다가 죄의 결과로 죽음을 맞는다. 그래서 구원, 곧 영원한 생명이 필요하다. 영생을 얻으려면 영으로 태어나야 한다. 영으로 다시 태어나는 것은 하나님 편에서 보면 '중생'(다시 태어남, 重生, regeneration)이요, 사람 편에서 보면 '회심'(자기중심에서 하나님 중심으로 삶의 방향을 돌림, 回心, conversion)이다. 거듭남이나 회심은 동일한 사건을 다른 편에서 보는 표현이다. 베드로는 이렇게 표현한다.

> 여러분은 다시 태어났습니다. 그것은 썩어질 씨로 그렇게 된 것이 아니라, 썩지 않을 씨, 곧 살아계시고 영원하신 하나님의 말씀으로 그렇게 되었습니다(벧전 1:23, 새번역).

> 전에는 여러분은 길 잃은 양과 같았으나, 이제는 여러분의 영혼의 목자이며 감독이신 그에게로 돌아왔습니다(벧전 2:25, 새번역).

한국 교인들은 교회에 쉽게 등록한다. 하지만 그전에 먼저 하나님 앞에서 진실하게 믿음을 고백해야 한다. 내가 하나님의 창조물이며 죄인인 것을 인정하고 예수님의 죽으심으로 죄 사함 받고, 부활로 영생 얻는다는 복음을 영접한다는 결단이 필요하다. 예수님을 나의 구원자요, 주인으로 모시겠다고 마음으로 믿고 입으로 고백해야 한다. 이러한 신앙고백에는 닫혀 있던 나의 마음을 성령님의 감동으로 용기 있게 열어젖히는 결심이 있어야 한다.

"잘 믿어지지 않는데요!"

한 자매가 한 시간 넘게 복음에 대해 들은 후에 신음하듯 내게 내뱉은 말이다. 완강하게 들렸다. 정직한 반응이기도 했다. 주체사상으로 교육받은 20대 후반의 청년에게 복음이 그리 쉽게 받아들여질 리가 없다. 정직하게 말해줘서 고맙다고 한 후 믿음의 결단이란 무엇인가를 구체적으로 설명해 주었다. "주님, 제가 주님을 믿을 수 있게 도와주세요." 하루 한 번 이상 기도하기로 약속한 후 헤어졌다.《왜 나는 예수를 믿는가》도 하루에 한 장(章)씩 읽기로 했다. 한 주 만에 그리 달라질 수가 있을까! 얼굴빛, 눈빛이 달라져 있었다.

"목사님, 그냥 다 믿기로 했어요."

활짝 웃으며 말하는 그의 닫힌 마음, 딱딱한 마음을 누가 열었을까? 이런 변화를 회심이라고 표현한다. 복음의 말씀과 성령님의 감화로 마음속에 이루어지는 열매다. 우리 부부와 교회 기도 후원자들이 기도했다. 신앙고백과 동시에 우리는 새 생명 얻어 하나님의 자녀가 된다. 이건 기적이다. 또한 하나님 가족인 교회에 형제자매로 속하게 된다. 신앙고백 없이 교인이 되는 경우는, 청년들의 "썸타는" 수준과 다르지 않을 것이다. 하지만 복음을 전한다고 듣는 이가 다 예수님을 영접하는 것은 아니다. 기도가 약해서? 사랑이 부족해서? 듣는 이가 완악해서? 아니다. 우리는 모른다. 하나

님의 선택을 받지 못해서가 아니라 아직 때가 오지 않았다고 할 수
밖에 없는 신비의 영역이다. 회심하지 않은 상태로 교인이 되고,
주일 출석하며 헌금 잘하면 집사 직분도 주는 교회들이 있어 사이
비 신자가 늘어난다. 목회자들 탓이 크다. 교회 성장에 목을 거는
장사꾼들이 복음을 할인판매하는 마케팅 전략과 비즈니스 정신
도 한몫했다. 회심 없이 교인 되면, 복음의 씨알이 발아하기도 전
에 교회 문화에 익숙해지는데 이를 교인 된 것으로 착각한다.

생명체가 건강하게 태어나지 못하는 경우를 '출산 결손'(birth
defect)이라고 한다. 태어날 때 신체적, 정신적 결함이 생기면 제대
로 성장하지 못한다. 그러므로 스스로 물어봐야 한다. 나는 거듭난
그리스도인인가? 오순절에 모여든 유대인들을 향해 베드로는 이
렇게 외친다.

> 너희가 회개하여 각각 예수 그리스도의 이름으로 세례를 받고 죄
> 사함을 받으라 그리하면 성령의 선물을 받으리니(행 2:38).

가시나무같은속사람 예수님은 하나님의 말씀을 '씨'로, 말씀 받는
사람의 마음을 '밭'으로 비유하신다. 마음밭은 크게 네 가지다. '길
가, 돌짝밭, 가시덤불, 좋은 땅.' 요즘 그리스도인들의 마음은 어디
에 속할까? 후기 자본주의 시대, 무한경쟁 시대, 고용 없는 성장 시
대, 팬데믹 시대에 현대인들의 마음은 가시덤불처럼 얽히고설켜

있다. 예수님이 비유를 해석해 주신다.

> 가시덤불에 떨어진 것들은, 말씀을 들었으나, 살아가는 동안에 근심과 재물과 인생의 향락에 사로잡혀서, 열매를 맺는 데에 이르지 못하는 사람들이다(눅 8:14, 새번역).

청년들은 물론 중년, 노년도 생존 자체를 힘겨워한다. 우리 마음밭에 좋은 작물을 심어놓지 않으면 누가 언제 그랬는지 모르게 가라지가 자라고, 잡초밭, 가시밭이 된다. 지혜자가 말한다.

> 모든 지킬 만한 것 중에 더욱 네 마음을 지키라 생명의 근원이 이에서 남이니라(잠 4:23).

좋은 말씀이지만 '내 맘 나도 어쩔 수 없어'라고 한탄할 때가 많다. 부패한 내 마음속에서 욕망, 염려, 추한 생각, 거친 감정의 구정물이 끊임없이 솟구친다. 내 마음밭에 생기는 잡초를 완전히 막을 수는 없겠지만, 그때마다 빨리 뽑아내야 가시덤불로 뒤덮이는 것을 막을 수 있다. 묵은 땅은 갈아엎어야 본래의 모습으로 부드러워진다(호 1:12). 예수님은 가시덤불이 근심, 재물, 인생의 향락이라고 풀어 주신다(눅 8:14).

세상 사랑　앞뜰을 산책하다가 아내가 기어이 뽑아내는 독초가 있다. 해외에서 날아왔다는 풀인데 흔히 보는 풀과 다르지 않지만 가만두면 얼마 안 가 삼천리 금수강산이 저 독초로 뒤덮인단다. 스코틀랜드에서 가장 존경받는 20세기 목회자 중 윌리엄 스틸(W. Still) 목사가 계셨다. 그는《영적 성숙Towards Spiritual Maturity》에서 성숙을 막는 세력으로, 육신(부패한 인간 본성), 세상(하나님을 소외시킨 가치체계와 삶의 방식), 사탄(악령)의 권세를 제시한다. 그리스도인은 호시탐탐 내 마음을 지배하려는 3대 원수를 분별하고 물리쳐야 한다. 마음밭이 좋은 땅이 되어야, 작물이 잘 성장하고 열매 맺는다.

여러분은 세상이나 세상에 있는 것들을 사랑하지 마십시오. 세상에 있는 모든 것, 곧 육체의 욕망과 눈의 욕망과 세상 살림에 대한 자랑은 모두 아버지에게서 온 것이 아니라, 세상에서 온 것이기 때문입니다(요일 2:15, 16, 새번역).

성숙에는 등급이 없다

우리 주님께서 명하셨다.

그러므로 하늘에 계신 너희 아버지께서 완전하신 것 같이, 너희도 완전하여라(마 5:48, 새번역).

예수의 제자라면 꾸준히 훈련하고 말씀에 순종하여 완전해

지도록 노력하라는 말씀이다. 주님께서 완전을 명하신 것은 완전의 가능성이 있기 때문이다. 감리교인들은 존 웨슬리의 신학을 따라, 신앙생활에서 인간의 책임을 강조한다(참조. 존 웨슬리,《그리스도인의 완전 *A Plain Account of Christian Perfection*》). 웨슬리는 사람이 완벽해질 수 있다고 주장하지는 않았다. 완전하려는 노력이 더욱 거룩에 이르게 한다는 걸 강조했다.

전세계 목회자들이 가장 많이 읽는 묵상집이 있다. 오스왈드 챔버스의《주님은 나의 최고봉 *My Utmost for His Highest*》이다. 최선을 다하라는 뜻이 함축된 표제가 긴장감을 준다. 영국 친구에게서 추천받아 나도 오랫동안 읽었고, 도움을 받았다. 챔버스의 가르침 가운데 가장 도전을 받은 대목이 있다. 주의 종은 도어매트(doormat)가 되어야 한다는 가르침이다. 비가 많은 영국의 집 안으로 들어오면서 신발에 묻은 흙을 털도록 현관 앞에 매트를 깔아놓는다. 주의 일꾼은 사람들이 구두창을 비벼 매트가 닳듯, 소모품이 되라는 뜻이다. 말은 쉽지만 실천이 어디 쉬운가. 한두 번이야 몰라도 평생을 소모품으로 닳아 없어지는 자세로 살기란 얼마나 힘든가!

수만 명 모이는 교회에서 설교를 하고 담임목사 사무실에서 환담을 나눈 적이 있다. 그 어마어마한 규모에 놀랐다. 대접받고 높아지는 것을 좋아하는 주의 종들은 마지막이 아름답지 못하다. 하나님의 아들도 같잖은 자들에게 멸시받으며 종으로 그들을 섬기셨다. 사도 바울도 "만물의 찌꺼기" 취급을 받으면서 많은 눈물과 겸손으로 성도를 섬겼다(고전 4:13; 행 20:19). 그러나 나에게는 불가능한 일이다. 그때마다 합리화하는 말이 있다.

'나는 예수님도, 바울도 아니잖아.'

평신도로 15년을 섬길 때 목회자들한테서 무시 많이 당했다. 학생들한테도 무시당하며 사역했다(졸업한 지 2년밖에 안 된 간사가 성경과 신앙을 가르치니 그럴 만했다). 50여 년을 전임사역자로 섬기고, 영국에서 공부하고 여러 경력이 쌓인 후에도, 무례하고 어린 청년들에게서 어처구니없는 대우를 받을 때가 있었다. 더구나 헌신적인 도어매트 노릇이 청년들에게 늘 유익한 건 아니다. 나의 최선이 다른 사람에게 도움이 안 되는 경우도 허다하다. 때로는 진리로 책망하는 것이 사랑이기도 하다. 공동체의 질서를 잡기 위해 다투고, 때로는 싸워서 설득해야 할 때도 있다. 도어매트가 아니라, "막대기와 채찍"(삼하 7:14) 노릇이다.

나이 들수록 깊이 깨닫는 것은 나는 소망 없는 존재라는 것이다. 도덕적으로 성자가 되고, 삶으로 '작은 예수'를 보이기가 불가능하다. "오호라, 나는 곤고한 몸이로다." 나뿐만 아니다. 인간의 최선이 그를 완전하게 만들 수는 없다.

'성숙'이라는 주제를 심리학, 명상, 도덕 차원에서 접근한 닐 펨브로크(Neil Pembroke)가 《영적 성숙을 향해 나아가기Moving Toward Spiritual Maturity》를 썼다. 그는 더 나은 삶을 향한 목표가 '완벽주의'(perfectionism)로 변질될 위험을 알린다(49쪽). 특히 1대 신자로서 불신 가족과 일반 직장에서 '작은 그리스도'가 되어야 한다는 압박감을 느끼며 사는 사람들이 있다. 칭찬받을 태도다. 하지만 도달할 수 없는 수준의 도덕성을 목표로 삼다가는 패배감, 죄책감, 자기 비하에 빠지기 쉽다. '의무감의 횡포'에 휘둘린다. 그래서 프란시스 셰이퍼(F. Schaeffer)는 '사람다움'을 강조하려고 'mannishness'라는 표현을 즐겨 사용했다. 타락한 인간이 완벽할 수는 없다.

고1 때 세례를 얼렁뚱땅 받았다. 새벽기도회 때 세례식이 있었는데 자명종도 없던 시절, 늦잠을 자느라 헐레벌떡 뛰어 끝날 무렵에야 참석했다. 나에게 따로 세례를 주신 목사님이 이렇게 마무리 기도를 하셨다.

"주님이 십자가 옆에 달린 강도에게 마지막 구원을 베푸셨듯이, 오늘 세례받은 이승장에게 은혜를 베풀어 주소서!"

마음 상하는 표현이었지만 평생 잊을 수 없는 기도였다. 세례를 받았으니 난 더 이상 죄를 안 지을 줄 알았다. 그런데 웬걸, 세례받은 그날도 학교 가서 나쁜 생각이 들었고, 친구들에게 나쁜 말을 내뱉었다.

'난 아무래도 예수 믿을 체질이 아니구나.'

절망스러웠다. 그러나 강도도 구원해주신 주님의 은혜가 마음판에 새겨져 있었다. '내가 험한 죄 지어도 강도보다는 낫잖아'라고 자위할 수 있었다. 아무리 못 돼먹어도 십자가의 주님은 날

버리지 않으시리라는 기특한 신념이 있었다.

　로마서 7장에서 절규하는 바울의 고백을 기억하는가. 하나님 자녀로 거듭났지만 부패한 죄성이 활개 치는 육신의 몸을 입은 우리가 완벽할 수는 없다. 하나님의 법과 죄의 법 사이에서 왔다갔다 갈등하고 고뇌하며 자학하는 것은 어쩔 수 없다. 그렇다고 포기하면 안 된다. 완벽할 수는 없으나 평생 온전함을 향해 꾸준히 나아가는 방향성이 바로 성숙의 경지이다. 성숙은 완벽함(perfection)이 아니라, 온전함(wholeness)을 바라보는 지향이다. 성숙은 A학점, B학점 등급을 매길 수 있는 게 아니라, 저 높은 곳을 향하여 날마다 나아가는 그리스도인의 존재(being) 그 자체다.

　이 모든 일에 전심전력하여 너의 성숙함을 모든 사람에게 나타나게 하라(딤전 4:15).

　다모데서를 읽어보면 바울이 언급하는 '모든 일'이란 말, 행실, 사랑, 믿음, 정절에 있어서 본이 되는 것, 성경 읽기, 권면(상담 등), 가르치기에 전념하고, 받은 은사를 가볍게 여기지 않기, 믿음의 선한 싸움을 싸우기 등이다. '전심전력'이란 말을 새겨야 한다.

성숙은 하나님 몫이자 내 책임

성숙은 하나님의 몫이니 "나는 잠잠히 있으면서 하나님이 일하시는 걸 보면 돼"라고 생각하기 쉽다. 신앙적으로 들리지만 자기 책임을 회피하려는 의도가 숨은 말이다.

　　성경은 삼위일체 하나님이 사람을 성숙시키는 과정을 보여 주는 기록이기도 하다. 구약의 인물들을 생각해 보라. 어리숙한 아브라함을 하나님이 어떻게 만민을 위한 복의 근원으로 세우셨는가. 사기꾼 야곱을 얼마나 오랜 기간, 집요할 만큼 씨름하시면서 민족의 조상으로 길러주셨는가. 야곱은 노년에 손자들을 축복하면서 이렇게 간증한다. "나의 출생으로부터 지금까지 나를 기르신 하나님"(창 48:15). 모세의 성장 과정은 또 어떠한가. 그는 민족을 위해 혈기로 무언가 해보려다가 실패한다. 광야로 피신하여 목자가 되어 은둔하고 있을 때, 하나님의 부르심을 받는다. 그 후 불평 많은 모세를 기르시는 하나님의 손길이 드라마틱하게 펼쳐진다. 애굽 왕자 40년, 광야 목자 40년, 하나님의 동역자요, 친구로서 이스라엘 민족을 구하는 지도자로 40년. 그가 하나님께 대들면서까지 성숙해가는 과정이 감동을 준다.

　　사무엘서와 시편에 등장하는 다윗을 보라. 하나님은 목동 다윗을 부르셔서 통일 이스라엘의 왕이 되기까지 동행하셨다. 엄청난 범죄를 저지른 후에도 버리지 않으셨다. 아들 압살롬이 반역하는 등, 피눈물 나는 고통으로 다윗을 연단하셔서 다시 세우시는 과정을 보라. 하나님의 아픈 사랑, 모순과 역설을 감당하시는 놀라운 사랑을 배우게 된다. 하나님은 "내가 이새의 아들 다윗을 만나

니 내 마음에 맞는 사람이라 내 뜻을 다 이루리라"(행 13:22)라고 인
정하신다. 당신의 마음에 맞는 사람을 키우는 실력은 가히 전능자,
창조주만이 보여주는 초월적, 예술적 능력 아닐까. 예수님의 제
자 양성, 성령께서 사도들을 키우시는 역사도 살펴보라. 모든 것
이 합력하여 선을 이루시는 신비로운 삼위일체 하나님의 섭리(The
overruling providence of God)가 사람을 성숙시킨다.

성숙은 사람을 창조하고, 구속하며, 성화시키는 '하나님의
섭리', 하나님의 말씀에 순종하려 몸과 마음을 거룩한 산 제물로
바치는 '사람의 최선', 이 둘이 결합해서 맺는 열매다. 농부가 땀 흘
려 일하고, 하늘이 햇빛과 비를 내려 곡식과 과일이 탐스럽게 익어
가듯, 성숙이란 하나님과 사람이 함께 만드는 공동작품이다. 두 사
람이 손잡고 춤추듯, 하나님과 내가 스텝을 밟으며 만드는 아름다
운 춤이다. 성숙은 영이신 하나님과 몸을 가진 사람이 말씀의 멜로
디와 성령의 리듬에 맞추어 손잡고 춤추는 춤사위다. 이끄시며 주
도하시는 분은 물론 하나님이시다.

내 모든 소원 기도의 제목 예수님 닮기 원함이라
예수님 형상 나 입기 위해 세상의 보화 아끼잖네
예수님 닮기 내가 원하네 날 구원하신 예수님을
내 마음 속에 지금 곧 오사 주님의 형상 인치소서

너희 중에 누구든지 지혜가 부족하거든
모든 사람에게 후히 주시고 꾸짖지 아니하시는 하나님께 구하라 그리하면 주시리라

3. 정신: 지혜가 자라다

예수는 지혜가 자라며(눅 2:52).

그의 위에 여호와의 영 곧 지혜와 총명의 영이요 모략과 재능의 영이요 지식과 여호와를 경외하는 영이 강림하리니 그가 여호와를 경외함으로 즐거움을 삼을 것이며(사 11:2, 3).

나에게 만약 건드리는 것마다 금덩이로 변화시키는 지팡이가 있다면 나는 지식이라는 금덩이가 아니라 지식을 창조하는 상상력의 지팡이, 지혜의 지팡이를 놓고 가려고 합니다(이어령, 《거시기 머시기》)

소년 예수는 지혜가 자라갔다. 청소년기의 예수는 전지전능하지 않았다. 세례받으신 후, 하늘이 열리고 성령이 임하여 하나님 아들로서 공적 활동을 하시기 전까지 예수님은 사람의 아들로

서 우리와 같이 지혜가 자라는 과정을 밟았다. 무엇보다 소년 예수
는 배우려는 마음이 간절했다. 열두 살 예수가 유월절 기간에 부모
와 함께 예루살렘 성전 순례를 마치고 귀향할 때였다. 예수는 부모
와 함께 고향집 가는 걸 잊고, 예루살렘 성전에 사흘 동안 머무르
며 선생들의 말을 듣기도 하고, 그들에게 묻기도 했다(눅 2:46). 청
소년기 예수가 어떻게 지혜가 자랐는지 알려주는 자료는 없다. 다
만 추측할 수 있는 근거가 신약을 비롯해 여기저기 발견되어 그나
마 다행이다.

공생애를 시작하는 예수가 나사렛 회당에 들어가 두루마리
성경을 펴서 읽고 가르친 적이 있었다. 이 행위를 누가는 "늘 하시
던 대로"(as was his custom)라고 말한다. 신약 기록은 예수님이 구약
성경을 암송 수준으로 정통하셨다고 증거한다. 인구 200명가량의
작은 마을에서 회당은 공동체의 종교, 문화, 교육 센터 기능을 했
다. 지금까지 발굴된 팔레스타인의 회당만 60개가 넘는다(*Collins
Atlas of Bible History*, 139쪽 참조). 가버나움 회당 유적을 나도 방문한
적이 있는데 규모가 상상보다 컸던 기억이 난다. 회당에는 여섯 살
이 되면 다니기 시작하는 '책의 집'(Bet ha-Sefer, House of The Book)
이라는 부설 학교가 있었다(장 피에르 이스바우츠Jean-Pierre Isbouts,
Jesus and the Origins of Christianity, 13쪽 참조). 소년 예수가 학교 교육을
받았으리라 추정할 수 있다. 30세가 된 예수님의 가르침을 듣고 이
웃 사람들이 깜짝 놀랐다(눅 4:22). 비상한 지혜였다. "이 사람이 어

디서 이런 것을 얻었느냐 이 사람이 받은 지혜와 그 손으로 이루어지는 이런 권능이 어찌됨이냐"(막6:2).

믿고 인감까지 맡겼더니

누가가 말하는 지혜란 공부를 잘하거나 꾀가 많은 걸 가리키는 말이 아니다. 성경의 '지혜'란 지성, 감성, 윤리의식, 판단력, 문제해결 능력, 인간관계, 감정 통제, 언어 사용, 심지어는 건축이나 인테리어 기술 등 모든 정신 활동 능력을 아우르는 통합적인 개념이다. 지혜의 성장은 '지식'의 축적만이 아니다. 그런데 우리는 자라면서 지혜를 구하기보다는 책 많이 읽고 시험 점수 잘 따는 지식 축적에 몰두한다. 나 역시 대학 졸업 후에야 내가 얼마나 유치하고 어리석은 인간인가, 얼마나 잘못 자랐는가를 왕창 깨지는 체험을 하면서 배웠다.

1965년, 졸업과 동시에 나는 ROTC 3기 장교로 강원도 인제와 양구에서 2년간 군 복무를 했다. 부대 배치 3개월이 되어 군대 생활 초짜를 벗어나지 못한 시기인데, 갑작스레 사단 간 전투 훈련에 파견 명령이 떨어졌다. 통신대대 보급관 직책을 명받아 800명 장병의 먹고사는 보급 업무와 훈련에 필요한 차량, 휘발유, 통신 케이블과 배터리 등 재산 총괄 책임을 맡게 되었다. 평상시 대위가 맡는 직책이었다. 군 생활을 오래 한 중사가 실무를 담당했다. 사람을 쉽게 믿는 나는 그에게 모든 걸 맡겼다. 군대 있을 때 아니고서 언제 놀아보겠냐며 주말이면 동기생과 함께 설악산을 오르는 등 룰루랄라 잘 돌아다니며 놀았다. 훈련기간을 마치고 자부대 복귀를 며칠 앞두고 문제가 터졌다. 내 인감까지 갖고 있던 그 중사가 행방불명되었다. 막대한 군 재산을 횡령하고 탈영해버린 것이었다. 법적 책임자인 내가 감옥에 갈 수도 있고 불명예제대할 수도 있다는 걸 알았다. 다급했다. 불명예제대로 취업 등 앞날이 막히는 상황에 빠진 것이었다. 부모님이 부채를 얻어 마련해준 도움으로 위기를 벗어났지만 비싼 수업료를 내고 세상과 인생을 배워야 했던 수치스러운 경험이다. 공부는 했으나 삶의 구체적 현실에서 지혜가 꽝이어서 완전 실패를 맛보았다.

　　스물셋의 나는 예수 믿으니까 무조건 사람을 믿고 친절해야 한다고만 생각했다. 그래서 사병이지만 나이 많은 분에게 "난 군생활을 몰라요. 중사님을 믿으니까 알아서 잘해주세요" 하고 인감까지 맡겼으니 인간의 거짓과 부패한 심성에 무지했다. 순진하고 어리숙했다. 성실한 인간으로서의 기본자세, 국군 장교로서의 의무, 국가재산 관리자로서의 청지기 정신도 다 팽개치고 즐기고 싶었다. 친구들과 함께 여행하고 당구, 바둑 등을 배우는 재미가 쏠쏠했다. 그 결과는 쓰디썼다. 마음씨는 어린이 같더라도(childlike), 지혜에는 애들 같지(childish) 말고 어른이 되라는 교훈을 무시했다 (고전 13:11). 유치한 바보였다. 왜 사회생활 첫발부터 수렁에 빠지는 어리석은 짓을 했을까? 좀 확대해서 생각해 보자면 왜 사람들은 지식이 폭발하는 시대에 자기 앞도 못 가리고 어리석은 짓을 계속하고 있을까?

> 어리석은 자는 그의 마음에 이르기를 하나님이 없다 하는도다
> 그들은 부패하고 그 행실이 가증하니 선을 행하는 자가 없도다
> (시 14:1).

하나님의 존재를 인정하지 않는 게 우매함의 근원이다. 지난 100여 년간 하나님의 존재를 인정하는 지식 체계는 빠른 속도로 지성사회에서 설 자리를 잃고 도태되어 왔다. 현대 인문학은 신의 존재 유무가 종교적 도그마와 신앙 영역에 속한 초자연적 차원이므로 인간 이성과 경험에 기반한 지적 토론이 불가능하다고 주장한다. 세속 대학에서 밀려난 소수 기독교 지성은 미국의 휘튼 대학교, 칼빈 대학교, 한국의 한동대학교 등 기독교 대학에서 연명하고 있으나 지성 사회의 주류에서 밀려났다.

하나님을 소외시킨 인류는 스스로 지혜 있다고 주장하지만, 실상은 어리석은 사람이 되었다(롬 1:22). 21세기 코로나 사태로 드러나듯, 유럽과 미국 사회는 개인도덕이나 사회윤리가 무너져 간다. 기독교 정신 위에 세워졌던 국가들이 하나님의 존재를 거부하면서 서구사회의 병폐가 치료 불가 상태로 치닫는 형국이다. 지난 1세기, 하나님을 소외시키며 바벨탑처럼 드높아졌던 과학기술 의

존의 지식 체계가 사람 살 만한 좋은 세상을 만들었을까? 물질적 풍요는 이루었지만 빈부 격차, 자연생태환경 파괴, 바이러스로 인한 팬데믹, 정신적 혼란, 개인과 사회의 도덕적 부패는 무엇으로 설명할 수 있을까? 지혜 없는 지식은 위험하다.

원자폭탄의 아버지라고 불리는 오펜하이머(J. Robert Oppen-heimer) 이야기를 들었을 것이다. 당대 최고 핵물리학자로 로스앨러모스 연구소장이었던 그는 2차대전 중에 그의 탁월한 지식으로 만든 원자폭탄 때문에 수많은 사람들이 죽고 치명적 불구가 된 장면을 보고 땅을 치며 후회했다지 않은가! 초월자 신 없이 인간 내재의 지식으로 풍요하고 정의롭고, 자유와 복지가 평생 보장되는 유토피아 세상을 만들어 인간 스스로에게 영광 돌리려던 야망은 어리석은 자의 넋두리가 되고 말았다.

여호와를 경외하는 것이 지식의 근본이거늘 미련한 자는 지혜와 훈계를 멸시하느니라(잠 1:7).

이제야말로 창조주의 존재를 인정하고 그의 창조 질서와 지혜로 돌아가야 인류에게 희망이 있다는 절규가 드높아지는 시대다. 성경의 지혜는 추상적 개념만이 아니다. 놀라울 만큼 현실적이고 실제적이다. 살아가는 솜씨까지 포함한다. 산 속에 들어가 면벽 명상으로 얻는 "산은 산이요 물은 물이로다"라는 설법이나, 철학적 논지와 거리가 멀다. 구약에서 '지혜'는 '지식'과 호환적인 단어다(잠 1:7; 시 111:10). 언어가 발달하면서 '지식'은 하나님의 창조물로서의 세상과 인간에 대한 과학 체계를, '지혜'는 하나님 경외하는 경건한 삶의 기술을 의미한다고 구분하기도 한다. 하나님의 지혜는 높고 넓고 깊어서, 바울도 로마서에서 논리적 설득을 포기하고 하나님을 찬양하고 만다(롬 11:33).

차가운 지성, 뜨거운 감성

너희는 이 세대를 본받지 말고 오직 마음을 새롭게 함으로 변화를 받아 하나님의 선하시고 기뻐하시고 온전하신 뜻이 무엇인지 분별하도록 하라(롬 12:2).

"마음을 새롭게 한다"(the renewing of the mind)는 말은 각오를 새로 하라는 말이 아니다. 새로운 생각을 하라, 지성을 새롭게 계발하라, 하나님을 빼놓고 헛생각 말고 그리스도인답게 새로운 각도에서 생각해 보라는 말이다. 예수 믿는 사람들은 몸을 헌신하는데 만족하는 경향이 있다. 주일성수, 교회봉사, 구역모임 참여 등이다. 그러나 그들의 내면의 생각은 "이 세대를 본받는 사람"에 머무른다. 어린 시절부터 가져온 생각이 고인물처럼 머릿속에 고여 있다. 어느 후배 목사가 목사로서 절망스러웠던 때를 말해주었다.

아무리 설교하고 성경공부해도 교인들이 변화가 안 된다고. 기껏 구역 성경공부로 모였다가 쇼핑으로 마친다며 모든 대화가 돈, 집, 여행 등 세상사람과 변화가 없어 절망한다는 것이었다.

　　사람의 수준은 무엇으로 판가름 나는가? 개역개정역 잠언 23장 7절은 이렇게 말한다.

　　　무릇 그 마음의 생각이 어떠하면 그의 사람됨도 그러하니 (For as he thinks within himself, so he is).

　　무엇을 생각하고 살고 있느냐가 바로 그 사람이다. 세상 것만을 생각하는 사람은 세상 사람이다. 하지만 영적으로 거듭난 사람은 하나님의 사람이다. 하나님의 사람답게 위엣것을 생각하고 하나님을 생각하며, 하나님의 생각을 따라 인간과 세계와 역사를 생각한다. "계시 의존적인 사고"를 익혀간다. 새 생명 얻는 사람은 몸만 주께 드리는 게 아니다. 생각을 늘 새롭게 하고 계발시켜 나가야 한다. '기독교 지성'(The christian mind)이란 구태의연한 꼰대로 머물러 있는 걸 용납하지 않는다. 자랑 같아 조심스럽지만, 나는 분명히 이 나이에도 부족한 대로 늘 새롭게 생각하게 되고 새로운 생각에 젖어든다. 기독교 지성은 계발되는 특성을 가지고 있다. 영국 복음주의 대학생 사역을 평생 섬겼던 바클레이(Oliver Barclay)는 《기독 지성의 계발 Developing a Christian Mind》에서 이 주제를 다룬다. 대학시절 신앙훈련을 받은 청년들이 졸업 후 "이 세대를 본받느라"고 정신줄을 놓기 쉽다. 그는 직장인이 되고 가정을 이루고서도 불신자들같이 세상 일만 하지 말고, 창조적으로 생각하며 긴장을 풀지 말고 신앙성장과 인격 성숙을 위해 지성을 활용할 것을 강조했다. 지적 훈련을 받은 사람들은 지성주의(intellectualism)나 반지성주의(anti-intellectualism) 등 지성에 철학적으로 접근하기 쉽다. 그러나 일상의 삶에서 기독교 지성을 계발해 나가야 할 필요가 있다. 인간에 대한 새로운 이해, 일, 직업, 결혼과 육아, 실업 문제, 정치 참여 등에 대해 그리스도인으로 어떤 견해를 가지는 것이 바람직한가 고민해보는 태도다. 나는 바클레이와 약 한 시간 반을 함께 걷다가 학생 사역자로서 여러 질문을 던진 적이 있다. 은퇴를 앞두고 있던 그가 얼마나 지적으로 역동적이고, 그 관심의 영역이 넓고 깊은지를 느끼며 경외심 비슷한 감정을 갖게 되었다.

　　기독교 세계관, 기독교 지성이 청년대학생들 사이에 유행한 적이 있었다. 그런데 창세기 공부도 안 하고 세계관 책부터 보는 건 지혜롭지 못하다. 기독교 세계관은 창조주 하나님의 존재를 인정하고 그의 눈으로 세계를 보는 것이 첫 출발이기 때문이다. 내가 처음 기독교 지성과 세계관에 관심을 갖게 된 계기는 간사로 섬긴 지 얼마 지나지 않아 프랜시스 셰이퍼의 《이성으로부터의 도피 Escape from Reason》, 《거기 계시는 하나님 The God who is There》이란 책들을 접하면서다. 이해 못한 부분도 많았지만 기독교 신앙이란

"의심 말고 무조건 믿기만 해!" 하며 이성을 '바이패스'(bypass)하는 맹목이 아니라, 불신자 대학생들이 이해할 수 있는 언어로 설명할 수 있다는 걸 깨닫게 되어 기뻤다.

나의 내밀한 사고 습관에 문제가 있음을 깨달은 것은 영국 유학 시절 블래마이어즈(Blamires)의 《기독교적 사고Christian Mind: How should a Christian Think?》를 읽고서다. 제일 먼저 내 생각이 세속적이란 사실을 새삼 발견했다. 수치스러웠고 실망이 컸다. 그 후 "내 생각을 생각하자!" 하며 성경적인 사고를 하고 있는지, 육신적이고 세속적인 생각을 하고 있는지 점검하게 되었다. 사람의 수준은 그 생각의 질에 있다. 어느 날 스코틀랜드 신학자 존 베일리(J. Baillie)의 기도문을 읽었다. 현대의 고전이 된 이 기도문의 첫 기도가 아침에 일어나자마자 떠오르는 처음 생각에 집중하고 있음이 인상적이었다.

영원하신 내 영혼의 아버지, 오늘 아침 맨 먼저 떠오르는 생각이 당신이게 하시며, 무엇보다 먼저 하고 싶은 것이 당신을 향한 예배이길 원합니다. 입에서 제일 먼저 나오는 말이 당신의 이름이 되게 하시며, 처음 하는 행동이 당신 앞에 무릎 꿇어 기도하는 것이 되게 하소서(A Diary of Private Prayer, 저자 번역).

스위스와 영국의 라브리(L'Abri fellowship) 공동체에서 8개월

간 머무르며 셰이퍼 박사를 비롯해 여러 간사들과 나눈 대화는 평생 가장 아름다운 추억 중의 하나다. 참으로 유익했다. 그들의 책과 강의 테이프 등을 두고 나눈 대화, 그들과의 교제, 가정생활 관찰에서 배우는 게 많았다. 기독교 지성, 세계관, 일상 영성, 가정의 소중함, 그리스도의 주권 아래 사회를 변혁할 필요 등을 배웠다. 배운 만큼 조금이라도 더 지적으로나 인격적으로 성장하는 기회가 되었다. 기독 지성, 기독교 세계관을 배우고 싶어 하는 독자들에게는 제임스 사이어(J. Sire)의 《기독교 세계관과 현대사상*The Universe Next Door*》, 《지성의 제자도*Discipleship of the Mind*》, 《지식 건축법*Habits of the Mind*》 등을 강추한다.

배우는 과정에서 글쓰기의 중요성을 언급하지 않을 수 없다. 대학에서 배워야 할 가장 중요한 것이 무엇일까? 바로 '글쓰기'다. 지식, 지혜는 글로 정리되는 속성이 있다. "독서는 지식을 주고, 대화는 민첩하게 하지만, 쓰기는 정확성을 준다." 괴테의 말이다. 대학 시절 거의 하루도 빠짐없이 일기를 썼다. 책을 읽고서는 독후감 쓰기 습관을 훈련했다. 그런 덕에 이런 글을 쓰고 있는 것 아닐까 생각한다.

지혜로운 사람은 이러하다

예수 믿는 사람들 가운데 감정의 역할을 오해하는 사람이 있다. 감정을 무조건 나쁘게 본다. 어느 CCM 가운데 "감정으로 살지 않고 믿음으로 산다"는 가사가 있었다. 그러나 감정은 믿음과 대립 개념이 아니다. 감정은 좋을 수도 있고, 나쁠 수도 있다. 삼위일체 하나님도 기뻐하거나 분노하시거나 질투도 하시는, 감정을 가지신 분이다. 하나님 형상으로 창조된 사람이 감정적인 것은 정상이다.

예수님도, 사도 바울도 분노, 긍휼, 슬픔, 눈물을 보이셨다. 예수님한테서 부정적인 감정의 흔적을 찾을 수 없다. 우리도 예수를 믿게 되는 회심의 때에 죄 때문에 슬퍼하고 내 죄를 대신해서 십자가에서 피 흘리신 주님의 사랑 때문에 목 놓아 우는 경험을 한다. 회심에 감정의 역할이 있다는 증거이다. 딸이 죽고 아내나 나나 한없이 슬퍼하며 통곡했다. 인간이 사별 앞에서 울고 슬퍼하는 것은 인간다운 감정의 표현이다. 그런 슬픔, 그런 눈물은 건강에도 좋다고 의사들이 권하지 않는가.

의로운 분노는 역사를 바꾸는 사건이 된다. 우리 현대사에서 5.18을 비롯해 민주화를 앞당긴 사건들은 청년들의 분노로 일어났다. 성전을 장사꾼 집으로 만든 상인들을 향해 상을 뒤엎으며 분노하시던 예수님은 한없이 자비롭기만 하신 초상화의 이미지를 바꾸어 놓는다. 긍휼의 감정을 잘 가꿀수록 우리는 공감 능력 있는 성숙한 사람으로 자란다. 우는 자와 함께 울 수 있을 때 우리는 진정한 의미에서 그 사람을 도울 자격을 얻는다. 아름다움을 사랑하는 감성을 키워나가면 예술을 즐기고, 심미적 취향을 길러가면서 내면을 순화시키는, 멋진 사람으로 자랄 것이다. 도스토옙스키는 "아름다움이 세상을 구원할 것이다"라는 유명한 말을 남겼는데 아름다움을 즐길 줄 아는 것이야말로 사람다움의 축복 아닐까.

그러나 감정은 이성으로 다스려져야 한다. 감정에 통제가 필요한 이유는 좋은 감정보다는 나쁜 감정이 더 많기 때문이다. 화를 내더라도 사탄에게 틈을 주지 않기 위해 해지기 전에 풀어야 한다(엡 4:26-27). 친구와 말다툼을 하거나 부부 싸움을 한 후에는 반드시 잠들기 전에 화해하고 합심 기도하는 법을 익혀야 한다. 작은 감정 다툼이 불씨가 되어 가정이란 집이 이혼으로 불타버리기도 한다. 탐욕, 특히 음욕에 사로잡혀 신앙을 저버리고 관계가 파손되기도 한다(골 3:5). 우울증은 질병이 아니라 다스려야 할 감정이라고 주장하는 정신과 의사도 있다. 감정을 다스릴 줄 모르는 사람은 아직 어린 사람이다. 성숙한 사람, 지혜로운 사람은 감정으로 통제하는 나름의 기법을 많은 실수를 통해 익히게 될 것이다. 예수님처럼 차가운 지성과 뜨거운 감성을 함께 가진 조화로운 사람이 성숙한 사람이다.

지혜문학서로 구분되는 욥기, 시편, 잠언서, 전도서, 아가서는 어떠한 사람이 지혜로운지 삶의 다양한 영역에서 예시한다. 인터넷 검색으로 얻는 게 아니다. 일상에서 지혜로운 삶을 찾아야 한다.

지혜에게는 너는 내 누이라고 말하고, 명철에게는 너는 내 친구라고 불러라. 그러면 그것이 너를 음행하는 여자로부터 지켜주고, 달콤한 말로 호리는 외간 여자로부터 지켜 줄 것이다(잠 7:4, 5).

지혜 있는 사람은 두려워 할 줄 알아서 악을 피하지만, 미련한 사람은 자신만만해서 조심할 줄을 모른다(잠 14:16).

유혹을 이기고, 죄에 빠지지 않는 선택을 할 수 있는 의지, 바른 길을 걸어가는 것이 지혜다. 어려운 시험에 합격하고 사회적으로 성공한 많은 인물들이 무너지는 이유가 무엇이겠는가.

지혜의 길은 즐거운 길이요, 그 모든 길에는 평안이 있다(잠 3:17).

지혜를 소중히 여겨라. 그것이 너를 높일 것이다. 지혜를 가슴에 품어라. 그것이 너를 존귀하게 할 것이다(잠 4:8, 새번역).

어떤 사람이 지혜 있는 사람인가? 사물의 이치를 아는 사람이 누구인가? 지혜는 사람의 얼굴을 밝게 하고 굳은 표정을 바꾸어 준다(전 8:1, 새번역).

자기가 진정 추구하는 복이 무엇인지도 모르고 남과 경쟁하면서 사는 게 하나님 없는 인생의 어리석은 모습이다. 진정한 복은 '복음'을 영접할 때 얻는 법이다. 예수 그리스도를 통해 하나님, 사람, 만물의 관계를 바로잡는 회개와 믿음으로 영생을 얻는 자가 행복을 누리게 된다. 즐겁고 행복한 인생을 사는 법을 알고, 누릴 줄 아는 법을 터득한 자가 지혜로운 자다.

나라에 …… 슬기와 지식이 있는 사람이 다스리면, 그 나라가 오래 간다(잠 28:2, 새번역).

지혜가 있는 사람은 힘이 센 사람보다 더 강하고, 지식이 있는 사람은 기운이 센 사람보다 더 강하다. 전략을 세운 다음에야 전쟁을 할 수 있고, 참모가 많아야 승리할 수 있다(잠 24:5, 6, 새번역).

함부로 말하는 사람의 말은 비수 같아도, 지혜로운 사람의 말은 아픈 곳을 낫게 하는 약이다(잠 12:18, 새번역).

누가 현숙한 여인을 찾아 얻겠느냐 그의 값은 진주보다 더 하니라(잠 31:10).

지혜 있는 사람은 하늘의 밝은 빛처럼 빛날 것이요, 많은 사람을 옳은 길로 인도한 사람은 별처럼 영원히 빛날 것이다(단 12:3, 새번역).

세상 살기 힘든 이유 중의 하나는 어리석은 자가 지도자로 있기 때문이다. 이사야 시대, 하나님 심판 중의 하나가 철부지들, 어린 것이 권력을 행사한 것이었다(사 3:4). 일찍이 플라톤은 좋은 정치가는 '철학자'라야 한다고 주장했다. '철학'이란 단어가 '지혜를 사랑한다'는 뜻 아닌가. 가정, 학교, 기업이나 교회, 국가나 세계, 모두 지혜로운 자가 다스릴 때 거기에 평화가 있다. 사람 덜 된 자가 지도자 행세하는 조직을 보라. 비수같이 사람에게 상처 주는 언어, 법의 이름으로 행해지는 폭력은 고통을 준다. 신앙 안에서 역사와 세계의 주인이신 하나님을 경외하는 지혜로운 지도자는 캄캄한 하늘에 별처럼 빛날 것이다.

지혜를 얻는 세 가지 길

지혜를 얻는 길 세 가지가 있다. 자연적으로 습득하거나, 배워서 습득하거나, 바울이 말한 "지혜와 계시의 영"(엡 1:17)의 도우심이다(드럼 라이트 L. Drumwright, "wisdom", *The Zondervan Pictorial Encyclopedia of the Bible*, 944쪽 참고).

자연스럽게 습득한 지혜 부모의 지혜로운 말과 행동을 보며 지혜로운 삶의 우선순위와 가치체계를 관찰하면서 자란다면 복 받은 자들이다. 조부모, 친척, 좋은 스승, 목회자들을 만나 자연스럽게 배울 기회를 갖는 것도 엄청난 축복이다.

배워서 얻은 지혜 케이건(Jerome Kagan)은《무엇이 인간을 만드는가On Being Human》에서 인간 되게 하는 12가지 요소를 제시한다. 그중 핵심 요소는 "스스로 생각하고 공부하는 능력"이다. "공부해서 얻는 능력이 더 현명하고 나은 사람이 되는 것"이라고도 했다. 공부는 힘든 면도 있지만, 즐거운 면이 많다. 알아가는 재미 못지않게 가르치는 즐거움도 크다. 공자는 천하의 인재를 모아 가르치는 일이 기쁘다고 하지 않았던가. 예수 믿는 자의 복은 생각 다스리는 법을 배우게 된다는 점이다.

> 육신의 생각은 사망이요 영의 생각은 생명과 평안이니라(롬 8:6).
> To set mind on the flesh is death, but to set the mind on the Spirit is life and peace.

그리스도인은 자기 생각을 부패한 죄성에 두지 않고, 하나님의 진리의 영에 둔다. 그때 생명과 평안이 우리 내면을 다스린다. 당장 실험해보라. 잠자러 들어가기 전에 시편 한 편을 묵상해보라. 영혼에 평안이 깃들어 잠도 잘 온다. 우리는 자기 마음의 습관을 하나님 앞에서 성찰할 필요가 있다. 눈에 안 보이는 바이러스가 무섭듯이 우리 내면을 갉아먹는 보이지 않는 마음의 습관이 있다. 염려, 음란한 상상, 미움, 남과 비교하는 열등의식, 우울한 감정, 돈과 시간을 잘못 투자한 것들, 영화나 게임 등이 주입시키는 온갖 부정적이고 어두운 생각의 포로가 되기 쉽다.

'하나님의 생각'이 기록된 성경을 묵상하면서 우리는 성장한다. 예수께서도 회당에서 성경을 배우면서 지적으로 성장하셨다. 생각을 사상으로 발전시키는 생각의 불쏘시개를 성경에서 얻는다는 것은 얼마나 놀라운 복인가. 아우구스티누스의 《고백록》이나 파스칼의 《팡세》를 묵상하며 읽어보자. 좋은 기독교 서적을 추천받아 읽기를 취미로 삼자. 지혜를 구하며 찾았던 구도자가 지녔던 마음의 습관을 배울 수 있다.

계시로 받은 지혜 '계시'는 이성이나 경험으로 알 수 있는 인식의 경계선을 넘어, 하나님이 초자연적으로 알려주시는 지식이다. 하나님은 우리에게 당신 자신과 당신의 뜻을 알려주시는 계시로 성경을 주셨다. 성경 중에도 '지혜문학서'로 불리는 책들이 있다. 지혜서는 사람이 살면서 묻게 되는 여러 질문과 현실적 문제를 다룬다. 지혜서로 불리는 책의 주제는 여러 가지다.

욥기―고난의 의미
시편―지혜가 주제인 몇몇 편, 특히 묵상과 탄원기도의 유익
잠언―지혜로운 실제 삶
전도서―허무 극복
아가―성적 즐거움

구약은 잠언, 신약은 야고보서가 '지혜'라는 주제를 다양하

고 깊이 있게 다룬다. 우리 아들들이 중고등학교 다니던 시절 가정예배를 일주일에 한 번 가졌다. 가스펠송을 몇 장 부르고 한글과 영어성경으로 잠언 한 장씩 소리 내서 읽었다. 각자 마음에 드는 한 절을 택해 느낀 점을 말하고, 한 주간의 감사 조건, 기도제목을 나누었다. 사회는 아이들이 돌아가면서 보고, 네 명 모두 돌아가면서 기도했다. 말씀으로 자기 삶을 돌아보는 데 유익하고, 예배와 묵상, 기도 습관, 덤으로 가정의 하나 됨을 맛보게 되어 평생 감사한 마음을 갖게 되었다.

성경을 철학서나 역사서, 또는 관심 영역에 따라 법전, 심지어 행정학 원전이나 경제학 원전, 인류 최고의 문학서로 보는 분들도 있다. 일리가 있다. 성경이 기독교라는 세계 종교의 경전임을 모르는 사람은 드물다. 하지만 불교의 팔만대장경, 유교의 사서삼경, 회교의 코란 등과 성경을 비교해보면 당황스러운 점이 많다. 성경에는 좋은 교훈만 있는 게 아니라 수많은 인물이 도덕적으로 상상하기 힘든 죄와 실수를 저지른 흔적이 담겨 있다는 점이다. 심지어 며느리와 시부 사이, 아버지와 딸 사이, 오빠와 누이 사이 성관계 등 막장드라마 같은 사건들이 여과 없이 기록되어 있다. 공자는 먹는 것, 입는 것에 대해 말하는 사람들과는 사귈 필요가 없다고 가르쳤다는데, 성경은 하나님 아들이 먹는 것 탐하고, 물로 포도주 만들어 혼인잔치 하객들이 마시게 했다는 이야기도 나온다.

생각해 보라. 대학에서 강의하는 주제, 지식인들이 세미나에서 나누는 고담준론, 과학자들의 연구실험 등은 인류 문명 발전에 공헌하는 바가 크다. 하지만 보통사람들이 살면서 겪는 숱한 현실 문제는 어떠한 것인가? 먹는 것, 마시는 것, 입는 것, 집과 직장 구하기, 돈 벌고 빌리고 투자하기, 부모와의 관계, 친구 사귀기, 몸 가꾸기, 이성 문제, 결혼해서 배우자와 갖는 성생활, 자녀 낳고 잘 기르기, 사회생활하면서 일 잘하기, 재미있게 놀기, 말 잘하기, 화내지 않고 감정 다스리기, 성공하기, 음란한 자와 악한 자 피하기, 국가의 지도자 세우기 등 구체적 일상을 슬기롭게 살아나가는 지혜 아닌다. 성경은 그런 문제를 폭넓게 다룬다.

구해야 할 지혜는 어떤 것들인가

내 능력으로는 벅찬 직분을 살아가면서 맡아야 할 때가 있었다. 일할 때마다, 사람을 만날 때마다 내 지혜의 빈곤을 느꼈다. 실수도 많았다. 그런데 실수가 잦을수록 겸손해지고 지혜가 생긴 것 같다. 사람은 겸손해져야 기도로 지혜를 구하게 된다. 그렇다면 사람답게 살기 위해 주께 구할 지혜가 어떤 것들일까?

언어생활　S대 못 들어갔다고 "너 같은 것은 죽어버려"라고 무시한 교수 아버지를 K대생 아들이 죽인 끔찍한 사건이 있었다. 하지만 "너야말로!" 하며 인정, 격려, 칭찬, 위로와 소망의 말은 사람을 살리기도 한다.

돈　남에게 물질로 호의를 베푼다고 무조건 좋은 결과가 오는 게 아니다. 도움 받아도 후에 관계가 안 좋아지는 경우가 많다. 책이 많다고 공부 콤플렉스에서 벗어나는 것도 아니다. 아들들 키우면서 잘했다고 생각되는 돈 지출이 몇 가지 있다. 두 아들이 중·고등학생 시절에 컴퓨터 사준 것과 브리태니커 백과사전 한 질을 사준 것이다. 당시 우리 형편으로는 무리를 해서 엄청난 투자를 한 것이다. 또한 아이들을 글로벌 인재로 키운다고 영국, 유럽, 미국 여행을 다녔다. 그런데 별로 효과 없는 투자 아닌가 후회스러울 때도 없지 않았다. 아이들은 박물관, 미술관의 작품 감상은 흥미가 없었고, 박물관 뜰에서 공 차는 것, 햄버거나 라면 먹는 것만 더 좋아했으니까.

시간/기회 활용 생산적이지도 않고 의미도 없는 일에 시간을 뺏기는 경우가 얼마나 많은가? 모세가 남긴 유일한 시가 시편 90편이다.

우리에게 우리의 날을 세는 법을 가르쳐 주셔서 지혜의 마음을 얻게 해주십시오(12절, 새번역).

아침에는 주님의 사랑으로 우리를 채워주시고, 평생토록 우리가 기뻐하고 즐거워하게 해주십시오(14절, 새번역).

해외생활하면서 마음이 허전하거나 초조해질 때 나는 이 시편을 읽으며 위로와 지혜를 얻었다. 모세에게 지혜란 머잖아 죽어 거룩하신 하나님 심판대 앞에 설 날을 준비하는 마음이다. 동시에 매일 아침 주님의 사랑으로 충만한 상태에서 하루를 출발하고 순간을 즐기는 삶이었다.

누구든지 지혜가 부족하거든

사람으로 오신 예수님은 지혜가 자라며 성숙하는 과정을 거쳐 완전한 사람이 되셨다. 인격 완성을 이루셨다. 사도 바울은 골로새서에서 이렇게 예수님을 소개한다.

> 그리스도 안에는 모든 지혜와 지식의 보화가 감추어져 있습니다
> (골 2:3, 새번역).

그리스도인은 예수 안에 있음으로 주의 지혜와 지식을 자신의 것으로 삼는 특권을 누린다. 희랍 철학과 이방 종교의 신비를 접해야 지혜를 얻을 수 있다고 가르치던 거짓 선생들의 악영향을 받아 속고 있던 고린도 교인들에게 바울은 이렇게 권면한다.

> 그러나 여러분은 하나님의 자녀로서 그리스도 안에 있습니다. 그는 우리에게 하나님으로부터 오는 지혜가 되시며, 의와 거룩함과 구원이 되셨습니다(고전 1:30, 새번역).

구약의 지혜는 하나님을 경외하는 것이요, 신약의 지혜는 예수를 따르고 닮아가는 삶이다. 박사학위를 열 개 가졌다고, 기도원에 가서 40일 금식기도한다고 얻어지는 게 아니다.

주님을 경외하는 것이 지혜의 근본이다(시 111:10, 새번역).

지혜는 다윗의 고백처럼 매일매일 일상에서 주를 경외하고 주님의 뜻에 순종하기를 즐기는 삶이다. 주의 뜻과 내 뜻이 충돌할 때, 고집부리지 않고 얼른 내 뜻을 접을 줄 아는 겸손을 배우는 것이요, 주님이 좋아하시는 최상의 가치를 얻기 위해 내가 좋아하는 차상의 것을 포기할 줄 아는 것이다. 나는 대학시절 배운 "Better is the enemy of the best"(차선은 최선의 적이다)란 영어 속담을 좋아한다. 내가 선택하는 우선순위가 확고하고, 그 선택에 책임질 줄 아는 사람이 성숙한 사람이다. 남 탓, 세상 탓만 하지 않고 내가 주체로서 선택하고 책임지는 만큼 사람은 자라는 것이다.

나는 믿는다. 내 노력보다는 내 안에 계시는 주님의 영이 권고하셔서 지혜가 꾸준히 자라게 하신다. 우리를 산 위로 데려가셔서 아래를 내려다보게 하신다. 불신자들이 관심 갖지 않는 영역, 바라보지 못하는 지평, 눈을 감는 초월의 세계에서 현상 세계를 내려다보는 관점을 갖는 게 지혜다. 우리가 인생 항해에서 폭풍노도를 만나고 난파를 당해 빛이 안 보일 때, 이 험하고 복잡한 세상에서 열심히 산다고 했는데 제대로 되는 일이 없어 어찌할 바 모를 때, 어디서 배운 적도 없고 상상할 수도 없는 일이 생겨 당황할 때 하나님의 자녀들은 안심하라. 우리에게 주신 보배롭고 영광스러운 약속이 있다.

> 너희 중에 누구든지 지혜가 부족하거든 모든 사람에게 후히 주시고 꾸짖지 아니하시는 하나님께 구하라 그리하면 주시리라 오직 믿음으로 구하고 조금도 의심하지 말라(약 1:5, 6).

> 주 없이 살 수 없네 나 혼자 못서리
> 힘없고 부족하며 지혜도 없도다
> 내 주는 나의 생명 또 나의 힘이라
> 주님을 의지하여 지혜를 얻으리

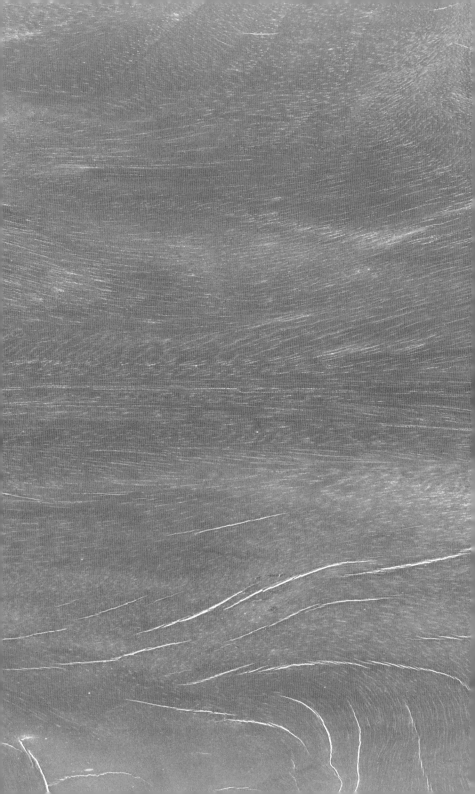

하나님의 자녀들은 자기 자신을 향해 외쳐야 한다. 소리 없는 아우성으로. '내 몸이 창조주의 걸작이라는데 네가
뭔데 까불어?'

4. 몸: 키가 자라다

예수는 …… 키가 자라가며(눅 2:52).

너희 몸은 너희가 하나님께로부터 받은 바 너희 가운데 계신 성
령의 전인 줄을 알지 못하느냐 너희는 너희 자신의 것이 아니니라
값으로 산 것이 되었으니 그런즉 너희 몸으로 하나님께 영광을 돌
리라(고전 6:19, 20).

기독교는 고등종교 가운데서 몸의 소중함을 철두철미 인정하는
거의 유일한 종교다. 기독교는 물질의 선함을 믿는다. 하나님 자
신이 사람의 몸을 취하셨음을 믿으며, 하늘나라에서도 우리에게
새로운 종류의 몸이 주어질 것이며, 몸이 우리의 행복, 아름다움,
에너지의 필수 요소라고 믿는다(C. S. 루이스, 《순전한 기독교》, 원서 91
쪽, 저자 번역)

소년 예수님의 성장 기록은 성경에 거의 나오지 않는다. 그래서 예수님의 청소년기 18년을 '숨겨진 생애'(the Hidden Life)라고 칭한다. 발달 심리학자들은 사춘기가 사람의 생애에서 얼마나 중요한 기간인가를 강조한다. 우리도 '하나님 아들' 예수이면서도 '사람의 아들', 곧 인자(人子)이신 예수의 성장과정이 몹시 궁금하다. 고맙게도 의사 출신인 누가가 요점 정리를 하듯 짧지만 핵심이 담긴 소중한 기록을 남기고 있다.

예수는 지혜와 키가 자라가며 하나님과 사람에게 더욱 사랑스러워 가시더라(눅 2:52).

청소년 예수님

예수님은 네 가지 차원에서 균형 잡히게 자라셨다. 이 말은 육체, 정신, 영성, 사회성에서 조화롭게 잘 자란 사람이 온전한 사람이라는 뉘앙스가 있다. 나는 40대에 이르러서야 이 말씀을 붙잡고, 나의 성장, 아들들의 성장, 내가 섬기는 형제자매들의 성장을 저울질하는 잣대로 삼아왔다. 성도에게 자녀가 태어나거나 돌 잔치예배를 드리면 이 말씀을 적어서 선물로 주곤 했다. 또 스스로에게 적용해서 물어보기도 했다. 나는 지혜가 자라고 있을까? 몸이 튼튼해지고 있는가? 하나님께 더욱 사랑스러워지고 있을까? 다른 사람에게 더욱 사랑스러워지는 인격으로 자라고 있을까? 끊임없이 나 자신에게 묻고 또 물어보며 살아왔다.

　20대에 나는 마틴 루터 킹 주니어의 〈완전한 3차원의 생활〉이라는 설교문을 인생 원칙으로 삼았다. 사도 요한이 계시로 본 하늘의 예루살렘 성은 "길이와 너비와 높이가 같더라"(계 21:16)고 한다. 마틴 루터 킹 주니어는 이 수학적 표현을 신앙과 도덕 차원으로 해석했다. 인생에서 추구해야 할 목표가 있는데 길이로는 나 자신과의 관계, 너비로는 타인과의 관계, 높이로는 하나님과의 관계를 균형 있게 발전시켜야 한다는 교훈이었다. 나는 '심쿵'하는 충격을 받았다. 나는 지금 자신을 발전시키는 데 약 1,000미터, 타인을 위한 너비는 약 100미터, 하나님을 위해서는 약 10미터의 기괴한 인생 구조물을 짓고 있는 게 아닐까, 하는 자기 발견이었다. 그런데 이 말씀은 사실, 예수께서 가르치신 사람의 도리를 가르치는 대강령을 다르게 표현했을 뿐이다.

　네 마음을 다하고 목숨을 다하고 뜻을 다하여 주 너의 하나님을 사랑하라 …… 네 이웃을 네 자신같이 사랑하라(마 22:37, 39).

　하나님 사랑, 이웃 사랑, 자기 사랑, 이 세 가지 사랑의 방향이 어느 한쪽으로 기울거나 치우치지 않고 고르게 유지된다면, 그 사람은 예수님이 바라시는 균형이 깨지지 않는 멋있는 인생을 사는 것이다. 방탄소년단의 노래에 반복되는 "Love Myself"만으로는 온전한 사람으로 성장할 수 없다. 누가의 예수 성장 원리를 존중해서 앞으로 네 장에 걸쳐 사람이 어떻게 성장해야 할 것인가 함께 생각해보려 한다. 첫째 육체적 건강, 둘째 정신적 지혜, 셋째 영성 계발, 넷째 인간관계 순서로 살펴보자.

나는 몸에 대한 콤플렉스가 강한 편이었다. 약골이어서 평생 불만이다. 그런데 가만 보니, 거의 모든 사람이 자기 몸에 대해 감사하기보다 불만이 많다는 걸 알게 됐다. 예수님은 어린 시절, 나이가 들어가면서 키도 함께 자라셨다. 일반적으로 예수님이 하나님의 아들이므로 그의 성장과정도 특별하리라고 생각한다. 그러나 잊지 말아야 할 것은 예수님이 인자, 곧 사람의 아들이시기도 했다는 사실이다. 신약학자인 프란스(R. T. France) 교수의 강의 시간에 들은 내용이다.

찬송가 〈그 어린 주 예수〉 2절에 이런 가사가 나온다. "저 육축 소리에 아기 잠 깨나 그 순하신 예수 우시지 않네." 이 찬송을 부르면서 예수님이니까 울지 않으셨을 거야, 하고 의심 없이 받아들였었다. 그런데 이 가사가 과연 예수님의 아기 시절을 바르게 묘사한 것일까? 예수님이 다른 아기들과 마찬가지로 짐승 우는 소리에 깼다면, 아기로서 우는 게 정상이지 않을까?

예수님의 성장 과정에 우리들과 다른 점이 있다. 예수님은 죄나 결함이 없으신 완전한 몸과 마음을 소유하셨지만, 우리는 죄로 타락한 몸과, 부패를 향해 가는 몸을 가지고 태어났다는 점일 것이다. 그러나 공통점은 더 많다. 위의 내용 외에는 모두 우리와 같은 몸을 가지신 완전한 사람이셨다. 영이신 하나님의 아들이 몸으로 세상에 내려오신 성육신 사건은 이해하기 쉽지 않다. 그러나 한 가지 분명한 사실이 있다. 성육신은 사람의 몸이 중요하다는 사실을 가르쳐준다. 사람으로 살아가는 데, 예수 믿고 바르게 성숙해 나가는 데 몸은 참으로 중요하다. 신앙생활에서 영적 성장을 강조하는 만큼 몸에 대해서도 성경이 무엇을 가르치는지 알아야 한다. 몸에 대한 바른 이해, 몸을 바르게 다스리기, 몸을 주께 드린다는 의미를 함께 생각해 보자. 우리 몸을 어떻게 이해하고 어떻게 다루어야 할 것인가는 인간 성장에 매우 중요한 주제다.

아니, 내 몸인데?

몸에 대한 태도 중에 두드러진 두 가지 의견이 있다. 몸을 부정적으로 보고 사람의 몸에 가혹 행위를 하는 자들이 있다. 몸이 영혼의 감옥이라고 여기는 자들이다. 금욕적이고 자학적이다. 특히 희랍의 스토아 철학자들과 힌두교, 불교 등 동양인들에게 널리 행해지는 종교문화이기도 하다. 몸을 학대하면 학대한 만큼 영혼은 자유로워지고 정신이 수준 높은 단계에 올라간다고 믿는다. 기독교 신앙에서도 일부 사막 교부들이나 수도원 운동에서, 청교도 신앙인으로 불리던 기독교인들이 행하던 태도다. 이는 너새니얼 호손의 《주홍글씨》에서 딤즈데일 목사가 음란한 죄를 극복하기 위해 자기 몸에 상처 내는 행위에 잘 표현되어 있다.

몸을 숭배하는 태도도 있다. 21세기는 몸을 가꾸는 외모 지상주의가 청년이고 노년이고 할 것 없이 지배하는, 몸을 숭배하는 상황 아닐까. 옥스퍼드대학출판부(OUP)에서 출간되는 문고 중에 실링(C. Shilling) 교수의 책(*The Body: A very short introduction*)이 있다. 흥미롭게도 몸을 상품화하는 경향이 가장 심한 국가로 대한민국을 꼽아 성형 통계자료까지 제시해 놓았다. 여자나 남자 구별 없이 외모 가꾸는 일에 우리처럼 극심하게 몰두하는 나라는 지구상에 없을 것이다.

하나님 믿고 사는 우리는 몸을 어떻게 이해해야 할까? 그리스도인은 기독교 인간관을 창조-타락-구속의 세 차원에서 종합적으로 이해해야 한다. 몸은 본래 좋은 것이다. 창조주는 사람을 당신의 모습으로 만드신 후 만족스러워하셨다. "하나님이 지으신 그 모든 것을 보시니 보시기에 심히 좋았더라"(창 1:31). 사람은 창조주의 최고 걸작품이다. 먼저 몸, 곧 육체를 만드신 후 하나님의 숨을 불어넣으시자 '살아 있는 존재'[a living being(NIV), a living creature(ESV)]가 되었다. 창조 시 우리의 몸은 성형수술 필요 없는 아름다운 몸, 바이러스나 세균에 감염되지 않는 건강한 몸, 죽지 않고 썩지 않는 영광스런 몸이었다. 에덴에서 남자와 여자가 사랑을 나누고 그 사랑의 열매로 자녀를 생육하며, 문화를 창조하며 즐겁게 일하는 몸이었다. 창조주 앞에서 맘껏 즐기고 누릴 수 있는 몸이었다.

이 좋은 몸, 행복한 세상이 어쩌다가 엉망진창이 되어 버렸나? 사람이 하나님을 거역하고 죄로 타락해서 받은 저주 때문이었다. 타락 후 몸은 옷이 필요해졌다. 땀 흘리며 일해야 밥 먹고 살수 있다. 선보다 악을 좋아하고, 더러운 욕망의 지배를 받게 되었다. 몸을 동성끼리 욕되게 사용하기도 한다(롬 1:26, 27). 죄로 부패한 마음의 지배를 받는 몸이다. 그 몸은 가시덤불과 엉겅퀴가 뒤덮인 땅에서 고생고생 하다가 병들고 늙어야 한다. "너는 흙이니 흙으로 돌아갈 것이니라"(창 3:19). 자기 근원인 흙으로 돌아가야하는 몸이 되었다. 우리는 조상들에게서 저주 받은 상태의 몸을 유전으로 받았다. 몸을 가지고 사는 것 자체가 고통의 연속이 되고 말았다.

하나님을 찬양하고 그의 놀라운 사랑과 은혜에 감사하자! 예수님의 십자가와 부활을 믿는 우리들의 몸은 구속되었다. '구속'(救贖, redemption)이란 "노예상태에 있는 자를 값을 치루고 해방시켜주는 일"을 말한다. 몸과 마음이 다 부패하고 거짓된 죄와 사망의 노예들을 구원하셔서 창조 시의 하나님 형상을 회복시켜 주신다. 거저가 아니다. 하나님 아들이 자기 목숨 바쳐 보혈 흘려 죄를 씻겨주심으로 이루어진 값진 선물이다. 사도 바울은 주변 문화의 영향으로 성적 방종에 빠져 있던 고린도인들에게 몸에 대한 교훈을 들려준다.

여러분의 몸은 여러분 안에 계신 성령의 전이라는 것을 알지 못합니까? 여러분은 성령을 하나님으로부터 받아서 모시고 있습니다. 여러분은 여러분 자신의 것이 아닙니다. 여러분은 하나님께서 값을 치르고 사들인 사람입니다. 그러므로 여러분의 몸으로 하나님을 영화롭게 하십시오(고전 6:19, 20).

당시 고린도인들에게 이 말씀은 어마어마한 충격이 되었을 것이다. "아니, 내 몸인데, 내가 원하는 대로 사용할 수 없다니 말이 돼?"라는 반응이 나올 법하다. 예수를 주요, 그리스도로 영접한 하나님 자녀들에게는 내 삶의 주인이 바뀐다.

믿는 자의 몸이 성령이 계시는 "성령의 전"이라는 말씀은 놀랍다. 두더지같이 땅에 속해 온갖 죄로 얼룩진 우리 몸이 갑자기 하늘의 영광을 안고 저 창공으로 비상하는 독수리라도 된 듯한 신비이다. 내 몸의 가치는 얼마나 높은 모델료를 받는 외모를 가졌는가로 평가되지 않는다. 우주와 그 안에 있는 만물을 창조하시고 생명을 주신 하나님의 영, 태어나면서부터 죽음을 향해 가는, 죄로 타락하고 저주받아 비참한 인생들을 구원하신 그리스도의 영이 내 몸 안에 살고 계신다는 것은 얼마나 가슴 떨리는 말씀인가. 별로 소중하게 여기지 않던 나의 존재 가치, 내 몸의 소중함이 대박을 터뜨리는 횡재 아닌가.

바울은 믿는 자의 몸이 "그리스도의 지체"라고 주장한다(고전 6:15). 아니, 내 손, 내 발이 우리 주님의 몸에 속한 지체라고!? 너무 엄청난 진리는 믿기 어려운 법이다. 마치 몸과 손의 관계처럼 내 몸이 그리스도의 지체여서, 우리 몸은 주님을 위해, 주님은 우리 몸을 위해 존재하신다고 말한다. 거지가 왕이 되는 것 같은 느낌이 드는 게 그리스도 복음이다. 잘 안 믿기는데 어떻게 해야 할까? 아내에게 물었다.

"당신은 어떻게 해서 이 사실을 믿게 되었지요?"

"감각적으로는 안 믿어지지만 성경에 기록된 말씀이니까, 있는 그대로 받아들였지요, 뭐."

그렇다. 내 몸은 썩음을 향해 돌진하던 몸이었다. 예수 믿는 순간, 나를 위해 죽고 부활하신 그리스도께서 나를 사서 당신의 소유 삼으셨다. 영생을 주셨다. 우리의 죽을 몸을 당신의 영으로 살리실 것이다(롬 8:11). 그리스도의 영이 내 안에 들어오심으로 내 몸은 그리스도의 지체로, 성령님이 살고 계시는 거룩한 성전이 되었다. 함부로 살 수 없다. 거룩해야 한다. 내 몸으로 하나님께 영광 돌리는 삶을 살아야 한다. 두렵고 떨리는 말씀이다.

그 목사님이 청순가련형이어서

몸이 성부 하나님의 작품이요, 성자 그리스도께서 값 주고 사신 그의 지체요, 성령께서 내주하시는 성전이라는 게 확실한 하나님 말씀이라면 비록 내가 매일 보는 몸이라고 해도 내 기분대로 대해서는 안 된다. 내 몸을 내가 평가할 자격이 없다. 약점처럼 보이는 부분 때문에 자신의 몸을 못마땅해하는 사람이 많다. 눈이 좀 컸더라면, 코가 좀 오뚝했으면, 키가 좀 크고 몸매가 날씬했으면 등등 불만이 있을 수 있다. 하지만 하나님의 자녀들은 자기 자신을 향해 외쳐야 한다. 소리 없는 아우성으로. '내 몸이 창조주의 걸작이라는데 네가 뭔데 까불어?'

외모를 이렇게 만드신 데에는 창조주의 숨은 뜻이 있다. 피카소의 후기작들을 보자마자 "야, 대단한 걸작이야!"라고 감탄할 사람은 거의 없을 것이다. 미술의 기초부터 배워서 그려야지 저게 뭐야, 하고 중얼거리게 된다. 하지만 피카소가 10대부터 그린 구상 그림들을 보며 그가 어떤 천재인지 알고 난 후, 그의 추상을 다시 보고 그 의미를 알면 경이롭다. 타인이 볼 때 약점이라고 볼 부분이 오히려 사람들을 주님께로 인도하는 길이 될 수 있다.

도저히 잊을 수 없는 일이 있다. 런던에서 두 번째 교회를 개척할 때였다. 친구가 어느 분에게 물었다.

"아니, 런던에 한인교회가 많이 있는데 하필 그 교회를 택한 이유가 뭐야?"

그분의 답, "그 교회 목사님이 청순가련형이어서……."

이것이 내가 섬기는 교회로 오게 된 동기였단다. 나를 아는 사람은 안다. 얼마나 연약하게 보이는지를. 내가 허약해 보이는 약골인 것이 주님을 섬기는 데 아주 유리하다. 아, 저 목사는 헌금을 자기가 다 먹진 않겠구나, 하고 안심하게 만든다. 대학생연합운동, 해외유학생 섬기는 연합운동을 섬길 때였다.

> 주님께서 내 장기를 창조하시고, 내 모태에서 나를 짜 맞추셨습니다. 내가 이렇게 빚어진 것이 오묘하고 주님께서 하신 일이 놀라워, 이 모든 일로 내가 주님께 감사를 드립니다(시 139:13, 14, 새번역).

시인은 자기 몸의 신비를 이렇게 노래한다. 우리도 헛생각 말고 나를 만들고 심히 기뻐하신 하나님을 찬양하고 감사하자. 생긴 대로 놀자. 괜히 폼생폼사 하려다 하나님 작품 망치지 말자.

예수님의 체력

예수님은 어린 시절 키가 잘 자랐고, 청년 시절에는 몸을 많이 단련하셨던 것 같다. 공적 생활을 출발하시기 전 30세 되기까지 나사렛에서 부지런히 목수 일을 하셨을 것이다. 당시 목수는 큰 나무도 날라야 하고, 톱과 끌을 사용해서 나무를 잘라내거나 깎아내야 하고, 집이나 가구를 육체노동으로 만들어야 했다. 지금처럼 전기톱이 없을 때였으니까. 청년 시절 노동으로 단련된 몸으로 힘든 메시아 사역을 감당하셨을 것이다. 하루는 유대 땅에서 출발하여 사마리아 지방의 수가라는 마을까지 걸어가셨다. 지도상의 직선

거리로 계산해도 무려 50킬로미터를 걸으셨다. 나도 이스라엘 여행 중에 가본 적이 있는데 버스로도 한참 걸렸던 기억이 난다. 예수님은 그 험하고 먼 길을 하루 종일 빠르게 걸을 수 있는 엄청난 체력을 갖춘 몸이었다.

우리 몸의 주인은 하나님이시고 사람은 자기 몸을 관리하는 청지기다. 청지기는 주인의 소유를 지혜롭고 진실하게 관리해서 이윤을 남겨야 할 책임이 있다(눅 12:42). 인생의 성패에 가장 중요한 요소 중 하나가 건강이다. 특히 성장기에 몸을 잘 단련시켜 놓으면 평생 수지맞는다. 내 경우 중학교 시절 매일 줄넘기를 하고, 바닷가에 가서 외치던 습관이 키 크고 목소리 좋다는 말을 듣고 살게 해주었다. 나이 들수록 건강한 생활 습관의 중요하다. 하나님 섬기고, 장차 하나님 나라 일꾼이 되려면 몸 훈련이야말로 필수과목이라고 생각한다. 특히 나이가 들어갈수록 후회되는 것은 이것이다. '운동으로 근력을 좀더 키워놓을걸.' 젊은 날, 운동하고 근육 키우고 심장 튼튼하게 하는 것은 인생 후반기를 위해 보험을 드는 지혜로운 투자다.

예수마을교회 청년들 가운데 자원자를 뽑아 'YPP'라는 제자훈련을 시킨 적이 있다. 'Yesumaul Prayer Partners' 약자다. 자원한 청년들에게 주간 생활보고서를 제출하게 했다. 여러 항목 가운데서 잠자러 침대에 들어간 시간, 일어난 시간을 적는 훈련이 있었다. 10년쯤 지나, 그 훈련을 받았던 형제에게 물어봤다. 훈련을 받은 게 얼마나 도움이 됐는지. 딴 훈련은 생각 안 나는데 일찍 자고 일찍 일어나는 훈련만큼은 잊혀지지 않는다고 했다. 뿌듯했다. 건강에 해로운 음식, 술, 담배, 지나친 카페인, 탄산음료를 삼가는 습관, 밤샘을 피하고, 즐거운 마음으로 헬스장이나 필라테스에서 걷고 달리고, 수영을 규칙적으로 하는 청년, 장년, 노인 모두를 우리 주님은 엄지척하고 박수치며 응원하실 것이다.

주의 일꾼으로 섬기기 시작할 때 몸을 제대로 관리하지 못하고 아주 망가뜨렸다. 요즘 청년들의 유행어로 내 몸을 "갈아 넣어야" 한다는 순교정신을 맘속으로 부르짖었다. 우리 세대는 굵고 짧게 살자는 게 뜻있는 인생 설계였다. 빌빌대며 오래 살면 무엇할 것인가. 그러나 몸을 학대하며 주의 일을 제대로 할 수 없음을 느끼는 데는 그리 오래 걸리지 않았다. 간사로서 첫 여름수련회를 마치고, 바로 광주 지역 수련회를 섬기러 가는데 기력이 없어서 걷기도 힘들었다. 체해서 토사곽란하느라 수련회를 제대로 섬길 수 없었다. 한마디로 바보같이 산 것이다. 몸 건강하게 가꾸고 단련하기는 인간 성숙에 선택 아닌, 필수과목이다. 사람마다 몸 단련하는 방법은 자기 건강상태와 성향에 맞게 하면 될 것이다. 전도인 사도 바울이 이렇게 간증했다.

나는 내 몸을 쳐서 굴복시킵니다. 그것은 내가, 남에게 복음을 전하고 나서 도리어 나 스스로는 버림을 받는 가련한 신세가 되지 않으려는 것입니다(고전 9:27, 새번역).

내 눈을 지키자

그리스도인은 몸으로 저지르는 음행, 간음을 피하고 깨끗하게, 당당하게 살아야 한다. 신약에서 음행은 혼전 성교, 간음은 기혼자가 배우자 아닌 다른 이성과 성교하는 것으로 구분한다. 혼전 성교를 허용하는 문화 속에서, 아니 섹스에 미쳐 돌아가는 세상에서 우리 몸을 깨끗하게 지켜야 할 이유가 무엇인가?

> 몸은 음행을 위하여 있는 것이 아니라, 주님을 위해 있는 것이며, 주님은 몸을 위하여 계십니다. …… 여러분의 몸이 그리스도의 지체라는 것을 알지 못합니까? …… 여러분의 몸은 여러분 안에 계신 성령의 성전이라는 것을 알지 못합니까? …… 여러분은 값을 치르고 사들인 사람입니다. 그러므로 여러분의 몸으로 하나님을 영화롭게 하십시오(고전 6:13, 15, 19, 20, 새번역).

성교가 성적 욕구를 만족시키고 생육하는 행위에 그치지 않는다는 사실은 가장 충격적인 가르침이다. 성행위는 육체뿐 아니라 영적으로도 하나 되는 전인격적 행위다. 세계 어느 문화에서도, 어떤 종교에서도 찾아보기 힘든 엄청난 수준의 교훈이다. 셀린 휴즈(S. Hughes) 목사한테 상담학을 공부한 적이 있다. 그분은 심지어 결혼을 약속한 사이라고 해도 혼전 성교를 경험한 사람은 하나님의 원칙을 어긴 사실을 인정하게 했다. 하나님께 죄를 고백하고 요한일서 1장의 가르침대로 죄 씻음 받은 후에 결혼예배에 참여하기를 권한다. 첫 단추를 바르게 꿰어야 한다는 영적 원리를 지킨다는 논리였다. 나도 그의 가르침에 동의하기 때문에 예비 신랑 신부에게 "만약 그런 경험이 있다면" 하고 조심스럽게 권고하곤 했다. 결혼 앞둔 청년들 중에 몸을 순결하게 지킨 사람을 찾기 어려웠기 때문이다.

청년 시절, 성적 충동을 길들이기란 거의 불가능하다. 하도 그 에너지가 강하기 때문이다. 성적 충동으로 인생이 망가지는 한 청년을 소개한다. 사사기 16장에 나오는 삼손이다. 성적 에너지를 잘못 사용해서 실패한 생을 마쳤다고 평가받을 수밖에 없다. 그가 젊은 날 성욕에 포로가 되지 않고 그 엄청난 가능성과 잠재 능력을 주를 위해, 겨레를 위해 바쳤다면 얼마나 놀라운 일을 성취할 수 있었을까, 아쉬움이 크다.

청년 못지않게 중년, 노년의 성적 일탈로 망가지는 자들을 주위에서 많이 본다. 중년의 위기에서 넘어진 가장 뼈아픈 예는 다윗이다. 그는 외적으로 목표한 거의 모든 과업을 성취한 성공한 인물이었다. 통일 이스라엘을 이루고, 주변 국가들을 정복하여 제국을 건설하는 데 성공했다. 나라는 정의롭고 평화로웠으며 부하들은 충성스럽게 나라를 다스렸다. 하지만 외적으로 큰 성취를 이루었다 해도 내적으로, 도덕적으로 무너지면 실패한 인생이다. 여인 의 나체를 보고 성적 충동을 이기지 못해 자기 충신인 우리아의 아내 밧세바와 간음하고 그 죄를 은폐하기 위해 우리아를 죽이기까지 한다.

성적 일탈을 막는 지혜는 역시 성경 인물, 요셉한테 배운다. "내가 어찌 이런 나쁜 일을 저질러서 하나님을 거역하는 죄를 지을 수가 있겠습니까?"(창 39:9) 요셉은 하나님을 경외하는 지식의 근본이 의식·무의식 세계에 깊이 뿌리 박혀 있었다. 하나님의 눈초리 앞에서 그의 심판을 두려워할 줄 아는 경외심이 자기 몸을 지키게 한다. 또한 요셉은 성적 충동에 불을 댕기는 환경에서 다른 곳으로 도망쳐 갔다. 은근히 이성을 끌어당기려 하는 분위기를 만들지 않는 게 중요하다. 바울이 디모데에게 "청년의 정욕을 피하라"(딤후 2:22)라고 권했지 대결하라고 하지 않았다.

그런 점에서 우리 몸 가운데서도 '눈'이 가는 곳, 시선의 방향을 정하는 의지가 필요하다. 특히 음란 영상물의 홍수 시대를 사는 그리스도인들이 눈을 바른 방향으로 두자니 말은 쉬운데 즐거움을 좇으려는 눈의 유혹은 아주 끈질기다.

30대 후반에 아내와 석 달을 별거하게 됐다. 음습한 영국의 가을, 겨울을 큰 집에서 혼자 지내는 게 쉽지 않았다. 학기 중에는 공부 따라가느라 정신이 없어서 딴 생각할 겨를이 없었다. 바쁜 꿀벌은 슬퍼할 틈이 없다는 격언이 실감났다. 겨울 방학이 되어 친구들도 다 자기 집으로 가버리고 동네 편의점 비슷한 가게를 갔다가 선반에 버젓이 깔려 있는 이상한 잡지에 눈길이 갔다. 포르노 잡지였다. 누가 안 보나 비겁하게 주위를 살핀 후 사 가지고 돌아왔다. 당시에 한국에서는 상상하기 힘들 만큼 노출이 심한 잡지였다. 처음 보던 사진들을 눈여겨보다가 음란한 상상에 젖어들 수밖에 없었다. 며칠 지난 후였다. 내가 주의 종인데, 한국의 청년 사역자인데, 지금 하나님의 특별한 은혜로 신학 공부하는 유학생인데 내 꼴이 왜 이렇게 지저분한가, 하는 자책이 왔다. 나는 이런 깨달음은 분명 성령께서 주시는 책망으로 받아들인다(요 16:8, 9). 집밖에 놓여 있는 쓰레기통에 집어 던진 후에야 자유가 왔다. 회개의 기도를 드리면서, 이렇게 하나님의 종답지 못하고 지저분하게 살 바에는 차라리 나를 데려가 달라고 조금은 극단적인 기도를 드렸다. 우리 의지가 약하기 때문에 우리는 주의 도우심을 순간순간 구하지 않고서는 자기를 지킬 수 없다. 시편 기자는 이렇게 기도했다.

> 내 눈이 헛된 것을 보지 않게 해주시고, 주님의 길을 활기차게 걷게 해주십시오(시 119:37, 새번역).

석 달 만에 드디어 아내와 아들들이 영국에 왔다. 부부가 함께 살면서 바울의 권고가 실감났다. "남자는 여자를 가까이하지 않는 것이 좋습니다. 그러나 음행에 빠질 유혹 때문에, 남자는 저마다 자기 아내를 두고, 여자도 저마다 자기 남편을 두도록 하십시오." 하나님은 남자와 여자에게 각각 성적 욕망을 주셔서 그 욕망을 통해 인류를 번성케 하시는 경륜을 이루신다. 또한 결혼이라는 제도를 두고 그 한계 안에서 서로 성적으로 마음껏 즐기는 성적 쾌락을 선물로 허용하셨다. 타락한 죄성으로 하나님이 정하신 한계 밖으로 탈출해서 음행하는 것을 개인의 자유로운 선택이라고 주장하는 자들도 있다. 이러한 성 개방 시대의 영향으로 그리스도인들이 성적으로 자기 몸 지키는 절제는 여간해서는 이루기 힘든 덕목일 것이다. 미국이나 한국 교회의 유명 목사, 신학자, 이름난 사회 지도자들이 자기 몸을 지키지 못해 넘어지고 일어서지 못하는 경우를 거의 날마다 보고 있지 않은가.

그런데 요즘같이 성적으로 모든 행위가 허용되는 시대에도 자기는 순결을 지켜왔다고 주장하는 신랑 후보를 만난 적이 있다. 천연기념물 같은 존재였다. 그는 두 가지 이유 때문에 순결을 지킬 수 있었다고 말했다. 첫째는 하나님의 자녀로서의 거룩한 자존심 때문에 함부로 성적 순결을 버릴 수 없었고, 둘째는 일생을 함께해야 할, 하나님이 짝 지워주신 여자에게 정조를 바쳐야 평생 양심의 가책 없이 떳떳하게 부부로 살 수 있을 것 같았고, 그것이 나를 믿고 나에게 인생을 건 여자를 향한 예의라고 말하는 것이었다. 순결한 청년은 바보이거나 정신적으로 이상하다고 생각하는 시대다.

순결한 신랑 신부를 모래사장에서 쌀알 찾듯 보기 힘들다. 본능대로 사는 게 인간다운 인간이라고 생각하며 몸을 아무렇게나 굴리는 수많은 청년들보다 하나님 앞에서 진실을 지키는 한 사람의 청년을 그분은 더 귀하게 여기실 것이다.

도망치는 산 제물

예수 믿고 새 생명 얻은 우리는 자기 인생에 대해 진지하게 질문하게 된다. '내 몸을 온전히 바쳐 이루어야 할 일은 무엇일까?' 누구보다 치열하게 주님과 주님의 뜻을 위해 헌신했던 사도 바울의 권고를 우리는 늘 묵상할 필요가 있다.

여러분의 몸을 하나님께서 기뻐하실 거룩한 산 제물로 드리십시오. 이것이 여러분이 드릴 합당한 예배입니다(롬 12:1, 새번역).

내 몸을 거룩한 산 제물로 하나님께 바치는 삶! 여기에 답이 있다. 유대인들은 '제물'의 의미를 잘 이해하고 있었다. 양이나 염소, 소를 죽여 성전 번제단 위에 고기를 두고 불로 살라 하나님께 바치는 제사를 번제라 했다. 바울은 때로 짐승의 피를 제단에 쏟는 제사로 자기 몸을 바칠 준비가 되어 있다고 고백한 적도 있다(빌 2:17). 이런 제사를 '관제'라고 했다. 구약 시대에는 '죽은' 제물을 드렸다. 하지만 신약시대 하나님은 이제 죽은 짐승의 제물 대신

'산' 제물로 네 몸을 바치라고 명하신다.

문제는 '산 제물'이어서 불에 놓으면 "앗 뜨거!" 하고 도망칠 가능성이 있다는 사실이다. 젊은 날 헌신한 후, 지난 반세기 이상 주님께 내 몸 바친다고 하면서도 주님이 날 제물로 삼으시려 하면 로뎀나무 그늘로 도망쳤던 적이 많았다. 그 결과 성숙하고 훌륭한 종이 되지 못했다. 나의 한계다.

우리 몸은 육체를 위해 범죄에 사용되는 '불의의 무기/연장'가 되거나 주님의 나라 위해 주의 몸 세우는 데 귀하게 쓰임 받는 '의의 무기/연장'으로 사용될 수 있다(롬 6:13). 기독교 역사에는 자기 몸을 문자 그대로 '의의 무기'로 하나님께 온전히 바친 위대한 종들이 많이 있었다. 기독교 역사는 순교자의 피가 뿌려져서 자라고 열매 맺은 역사 아닌가. 복음주의 청년·대학생 사역을 해오면서 내게 영감을 준 분들이 많이 있었다. 중국 내륙과 아프리카 선교에 몸을 드린, 케임브리지 7인으로 유명한 스터드(C. T. Studd, 1862-1931), 휘튼 칼리지 출신 선교사로서 순교한 짐 엘리어트(Jim Elliot, 1927-1956), 일제 말기 성서조선 운동을 펼치고 흥남비료공장에서 노동자들을 섬기다가 돌아가신 김교신 선생, 여순사건 중 두 아들을 죽인 공산당 청년을 양자 삼고 한국전쟁 중에 나병환자들을 돌보다가 순교한 손양원 목사. 그들의 죽음이 수많은 청년들, 주의 일꾼들에게 도전을 주고 영감의 원천이 된 이유가 무엇일까.

하지만 순교도 자기 맘대로 되는 게 아니다. 생명의 주님께서 당신의 계획대로 어떤 사람은 어려서 순교하게 하시지만, 어떤 사람은 장수하며 선한 영향을 끼치게 한다. 찰스 시므온(Charles Simeon, 1759-1836) 목사는 케임브리지 대학생들을 섬기기 위해 54년을 한 교회에서 목회하다가 죽기까지 헌신한 복음주의자다. 내가 일반 목회 대신 기독청년대학생들 목자로 헌신하고 하나님나라 운동에 참여하는 데 방향을 잡아주고 지혜를 준 멘토다. 그는 새벽 4시에 일어나서 네 시간을 개인 성경묵상과 기도에 바친 후에야 목회, 선교운동, 사회개혁운동, 영국성공회 복음주의 운동 등에 몰두했다. 따라가려 해도 도저히 따라갈 수 없는 분이다.

주님은 어떤 사람은 영적 거장으로, 어떤 사람은 이름 없이 빛도 없이 주님을 섬기게 하신다. 이름나게 활동하는 것은 중요하지 않다. 알아주든 안 알아주든 하나님이 주신 은사대로 자기 분량에 맞게 자기 몸을 온전히 주께 드렸느냐가 중요하다. 찬송가 저자들의 기도문은 우리를 깊은 헌신으로 나가도록 격려해준다.

나의 생명 드리니
주여 받아 주셔서
세상 살아갈 동안
찬송하게 하소서

Take my life and let it be consecrated to Thee.

Take my moments and my days,

let them flow in ceaseless praise.

아침에 주의 인자하심이 우리를 만족하게 하사 우리를 일생 동안 즐겁고 기쁘게 하소서

5. 영성: 하나님에게 사랑스러워가다

예수는 …… 하나님에게 더욱 사랑스러워 가시더라(눅 2:52).

성령이 비둘기 같은 형체로 그의 위에 강림하시더니 하늘로부터 소리가 나기를 너는 내 사랑하는 아들이라 내가 너를 기뻐하노라(눅 3:22).

내가 그대에게 하고 싶은 말은 이것입니다. "당신은 사랑받는 사람입니다." 사랑이 듬뿍 담긴 부드럽고 힘 있는 이 말씀을 들을 수 있길 바랍니다. 나의 모든 소원은 "당신은 사랑받는 사람입니다"는 말씀이 당신의 전 존재 구석구석마다 메아리치고 울려 퍼지는 것입니다(헨리 나웬,《이는 내 사랑하는 자요》, 저자 번역).

예수님은 지혜와 키가 자라면서 하나님께 사랑스러워가셨다. 태초부터 하늘 아버지 품에 계시던 아들이 사람으로 태어나 자

라나는 모습을 지켜보시던 아버지 하나님의 마음은 어떠하셨을
까. 우리가 다 헤아릴 수는 없지만, 누가는 한 마디로 요약해서 "사
랑스러웠다"라고 기록한다. 하나님은 독생하신 아들 예수에게 마
음껏 사랑을 베푸셨다. 아버지 하나님의 축복과 사랑을 받으며 아
이 예수는 아무런 부족을 모르며 자랐다.

하루가 아침에 달렸다

예수께서 메시아 사역을 시작하시기 전, 세례받으실 때 하늘
이 열리며 성령이 비둘기 같이 그의 위에 강림하시고, 하늘로부터
소리가 났다.

너는 내 사랑하는 아들이라 내가 너를 기뻐하노라 (눅 3:22).

예수님의 나이 30세쯤 되셨다. 인간으로서의 성장 과정에 대
해 하나님은 최고학점을 주시면서 인정하셨다. 이제 메시아로서
일을 시작해도 된다는 합격 선언, 메시아 대관식에서의 축사이기
도 할 것이다. 신학자들은 위의 말씀을 근거로 예수님이 하나님 아
들로서 자의식을 가진 시점을 논쟁하기도 한다. 하지만 오늘 우리
관심은 외아들 예수님을 향한 하나님의 아버지 사랑에 초점을 모
을 것이다.

말구유에 누인 아기 예수를 바라보시는 하나님의 심정이 어

떠했을까? 유대인의 한 아기로 오신 예수. 그는 "하나님의 품 속에 있는 독생하신 하나님"(요 1:18)이시다. 예수는 하나님이 얼마나 나를 사랑하시는지, 인류를 사랑하시는지 보여주시기 위해 이 땅에 오셨다. 영으로, 하늘 위에만 계신다면 사람들이 하나님 사랑을 알 수가 없다. 그의 생애는 말구유에 누이시던 때, 메시아로서 사역을 출발하시던 때, 십자가에서 죽으시던 때까지 하나님 사랑으로 일관되었다. 예수님의 생애를 사랑으로 충만하게 해준 원천은 하나님께서 자기를 사랑하신다는 확신이었을 것이다.

　　나는 성도들에게 큐티(Quiet Time)를 가지라고 평생 강조해 왔다. 큐티는 늘 새벽녘, 하루를 출발하면서 하나님과 교제 시간을 가진 예수님을 본받으려 영국 복음주의자들이 만든 전통에서 나왔다(막 1:35). 하루를 시작하면서 주님은 무슨 기도를 드렸을까? 그날의 계획을 의논하시거나, 지혜와 능력을 구하기도 하셨을 것이다. 그러나 먼저 하나님께서 들려주시는 음성을 들으셨을 것이다. "너는 내 사랑하는 아들이라 내가 너를 기뻐하노라." 사랑한다는 말은 백만 번을 들어도 좋은 말이다. 예수님의 자기 정체성, 특권, 만족은 바로 "널 사랑한다"는 하나님의 음성을 들으시는 데서 출발하셨을 것이다.

　　인간 영혼이 저 깊은 곳에서부터 목말라 하는 갈망, 가장 근원적인 욕망은 무엇일까? 숱한 문인, 예술가, 심리학자, 종교인들이 그 답을 '사랑'에서 찾고 있잖은가. 아무리 현대사회가 개인의 사회적 성취와 효율성에 가치를 둔다지만 존재의 심연에서 갈망하는 가치는 '인정받고', '사랑받는' 것이다. 하나님 아버지의 사랑만이 목마른 우리 영혼을 만족시킨다.

> 아침에 주의 인자하심이 우리를 만족하게 하사 우리를 일생 동안 즐겁고 기쁘게 하소서(시 90:14).

일생은 하루하루가 모여 이루어진다. 오늘을 만족스럽고 즐겁게 사는 비결이 무엇인가? 모세는 120년 생애의 황혼이 짙어지던 때 그 비결을 발견한 듯하다. 바로 아침에 하루가 달렸다는 것. 하나님의 인자, 곧 한결같은 언약의 사랑, 나를 결코 버리지 않으시고 포기하지 않으시는 사랑에 심령이 아침에 만족해야 행복한 하루를 살 수 있다는 것이다.

사람은 과거의 죄책감이나 아픈 기억에 발목 잡히고, 미래를 향한 두려움과 염려에 기가 꺾이기 쉽다. 하지만 하나님 자녀들은 과거나 미래보다 현재, 지금 여기서 즐겁고 기쁘게 사는 비결을 알고 있다. 오스 기니스가《오늘을 사는 이유Carpe Diem Redeemed》에서 독자들에게 애써 심어주고자 하는 한마디가 바로 오늘 하루를 주 안에서 즐기며 살라는 교훈 아닌가. 비록 모세처럼 민족 구원이라는 거창한 일을 성취하지 못해도 상관없다. 현재 하나님의 변치 않는 사랑으로 만족한다면 그만이다. 모세는 장차 하나님이 약속하신 가나안 땅에 들어가지 못한 채 느보 산에 올라 가나안을 바라보는 것으로 만족하고 죽어야 했다. 그게 하나님의 작정이었다. 얼마나 밟아보고 싶은 가나안 땅이었겠는가. 하지만 상관없었다. 지금 여기서 내가 하나님 사랑을 맛보고 누릴 수만 있다면 만족한다는 의미일 것이다.

60년대, 신촌 지역의 대학생들을 섬길 때부터 가까이 동역하던 형제와 자매가 결혼해서 미국에 살고 있다. 막내아들이 의료 사고로 뇌성마비가 되어 태어났다. 20여 년을 길렀다. 수년 전 오랫만에 그들의 집을 방문했다. 전에 살던 저택을 팔고, 아들을 돕기 편한 구조의 작은 집으로 이사를 했다. 60대 후반으로 접어든 부모가 몸을 가누지 못하고 평생 누워 지내는 아들을 정성으로 돌보고 있었다. 나도 병든 자녀를 길러본 경험이 있기에 그 고통을 어느 정도 가늠할 수 있었다. 그 수고를 위로하려 말을 건넸는데 돌아오는 답이 놀라웠다.

"목자님, 현우가 우리 가정에 가장 큰 하나님 선물이에요. 이 아이 때문에 세상으로 향하던 우리 마음을 하나님께로 향하게 붙잡아 주었어요. 자라면서 늘 부모를 향해 웃고, 사랑스런 말을 건네는데 우리가 어디서도 얻을 수 없는 진짜 행복을 날마다 선물해 주고 있지요."

부모와 아들이 서로 얼마나 좋아하고 고마워하고 사랑하는지, 얼마 동안 머물면서 그 모습을 지켜보았다. 보는 것만으로도 어느 부흥회에서도 맛보지 못한 영적 은총을 경험할 수 있었다. 막내아들이 태어났을 때 부모가 받은 충격과 절망감은 감당이 되지 않을 정도였다. 그러나 부모도, 두 아들도 의사 집안이었던 그들은 장애를 가진 막내아들 덕분에 서로 돕고 위로하고 감사하는 가정이 되었다. 현우는 유대인이 경영하는 장애인 돌봄센터에 아침에 갔다가 오후에 집으로 돌아온다. 아버지는 자기보다 더 몸집이 큰 20대 아들을 침대에서 일으켜 두 팔로 들어 차에 옮겨 태워야 한다. 나이 든 아비가 안아 옮기기엔 힘겨워 보였지만, 70킬로그램은 됨직한 아들을 타인에게 맡기지 않고 거뜬히 감당하고 있었다. 아들을 차에 옮겨주는 일을 하루라도 더 오래 감당하기 위해 날마다 헬스장에서 근육을 만들고 있었다. 아들을 품에 안은 아버지의 얼굴에는 피곤한 기색이 없었다. 무한한 사랑, 무한한 기쁨이 넘쳐 보였다. 아들 사랑이 그를 강하게 만들고 있었다.

　내가 떠날 때가 되자 현우가 중얼거리듯 말했다. 무얼 말하는지 나는 알아듣지 못했다. 하지만 부모는 정확하게 알아들었다.

　"목사님, 축도!"

　부모가 통역해 주었다. 떠나기 전에 축도해 달라는 말이라고. 현우와, 그의 부모, 우리 부부가 합심하여 기도하면서 나는 그 거실 안에 태산을 넘어 험곡에 가도 하늘의 영광이, 주의 사랑이 충만해지고, 주의 기쁨이 강물처럼 흐르는 신비한 느낌을 받았다. 찬송가 〈예수 사랑하심은〉에 이런 가사가 있다.

내가 연약할수록 더욱 귀히 여기사

높은 보좌 위에서 낮은 나를 보시네

날 사랑하심 날 사랑하심 날 사랑하심

성경에 써 있네

부모에게 자녀는 절대 사랑의 대상이다. 자기를 온전히 의지하고 사랑하는 자녀는 부모로 하여금 산을 옮겨 바다에 넣는 힘을 준다. 사랑은 기적을 낳는다. 장애를 갖거나 질병을 앓는 연약한 자녀는 부모에게 사랑의 기적을 맛보라고 주신 하나님의 은혜의 선물이다.

아버지의 빈자리

사람이 태어나서 성인으로 자라기까지 부모의 보호와 양육을 받도록 창조주는 디자인하셨다. 사람이 창조주를 거역하고 그의 품을 떠난 후부터, 자라면서 마땅히 누려야 하는 특권, 곧 마음껏 부모의 알뜰한 보살핌을 누리는 자가 드물어졌다. 한부모 가정에서 자랐거나, 이혼이나 사고로 부모를 잃은 자녀들의 아픔은 겪어보지 못한 사람은 헤아릴 수 없다. 청년·대학생들을 대상으로 목회하면서 어김없이 가장 힘든 경우는 결손 가정에서 성장한 청년들을 돕는 일이었다. 도날드 밀러의 《아버지의 빈자리*Father Fiction*》라는 책이 있다. 어린 시절 부모의 이혼으로 아버지 없이 자란 저자가 30세가 되었을 때다. 교회 친구의 부모님 댁에서 함께 살면서 자기의 결핍, 몰랐던 상처를 발견하고, 하나님을 경외하는 친구 아버지를 통해 치유받는 과정을 적은 책이다.

부모가 자녀들에게 어떤 존재이기에 성장 과정에 그토록 필요할까? 별로 생각하지 않던, 스쳐 지나가던 주제일 수도 있지만 잠시 정리해보자. 그래야 하나님 자녀로서 하나님이 우리에게 베푸시는 은혜가 얼마나 엄청난 은혜인가를 새삼 감사할 수 있을 것이다.

- 생명을 준 창조자다.
- 먹을 것, 입을 것, 잘 곳 등 자녀의 필요를 채워주는 공급자다.
- 늘 함께해주는 존재요, 동반자다.
- 힘들 때 격려해 주는 위로자다.
- 친구요, 상담가다.
- 잘못 나갈 때 바르게 고쳐주는 훈련관이요, 교육자다.
- 자녀가 해결하지 못하는 문제를 해결해 주는 구원자다.

창조주는 아이의 생명을 돌보는 청지기로서의 특권과 책임을 부모에게 위임한다. 그러나 인간 부모는 자녀와 같은 피조물이므로 '롤 모델'로서 한계가 있다. 부모 역시 죄로 타락한 본성을 가졌기 때문에 좋은 영향보다는 씻을 수 없는 상처를 주는 경우가 많다. 늘 술 취해서 집에 들어온 아버지가 어머니에게 욕설과 폭행을 행하는 가정에서 자란 자녀를 생각해 보라. 차라리 자기가 죽어 없어졌으면, 부모가 없어졌으면 하는 마음이 들지 않겠는가. '역기능 가정'에서 자란 청소년들의 심각한 문제는 하나님을 믿고 싶지만, 하나님을 '아버지'로 부르기 힘들다는 것이다. 플로이드 맥클렁(F. McClung)의 《하나님의 아버지 마음The Father Heart Of God》에는 어려서부터 아버지에게 성폭행을 당해 끝내 매춘부가 된 한 자매를 하나님께 인도하는 눈물겨운 이야기가 나온다. 마음의 상처가 너무 깊어 '아버지'란 단어를 차마 입에 담을 수 없는 그 아픔을 부모 사랑을 받고 자란 사람이 어떻게 공감할 수 있겠는가.

예수님은 자라면서 육체의 부모 마리아와 요셉의 사랑과 보살핌 가운데서 자라셨을 것이다. 또한 성장해 가면서 하나님 아버지에게 한없이 사랑스러워가셨다. 아니, 정확하게는 하나님의 사랑을 많이 받았다는 표현이 맞다(눅 2:52, 새번역). 부모가 자녀를 사랑하고, 자녀가 자랄수록 부모에게 사랑스러워가는, 이런 관계가 어떻게 가능할까? 가정해체 현상이 심각하고, 청년 정신질환자가 급증하고 있다. 우리는 하나님을 영혼의 아버지로 삼는다. 하나님을 아버지로 모신 하나님의 딸, 아들들은 설령 육체의 아버지가 없어도, 슬픈 운명을 이겨낼 수 있다. 하나님 아버지는 육체의 부모나 나 자신보다 나를 더 잘 아시는 분이시다. 내 모든 필요를 채우시며, 사랑과 지혜로 인도해 주시는 분이시다.

사춘기 롤케이크 사건

어린아이와 같지 아니하면 천국에 들어갈 수 없다고 예수께서 말씀하신 적이 있다(마 18:3). 주석가마다 그럴 듯하게 어린아이의 특성을 해석한다. 어렵게 볼 일이 아니다. 아이를 키워보고, 손주가 자라는 모습을 지켜보며 배우게 된다. 아이들이 어떻게 엄마 아빠에게 사랑스러울까? 아빠에게 더 이상 예쁘고 사랑스러울 수 없는 존재가 딸이다. 아홉 살에 하늘 아버지 품에 안기기 전까지 늘 아팠지만, 내 딸은 참으로 사랑스러웠다. 세상을 떠나기 전까지의 짧은 추억이 하도 생생해서 나는 딸에 대한 글을 쓰려면 세월이 그토록 흘렀건만 눈물이 고이고 가슴이 얼얼해져서 이제는 손녀 이야기를 해야 할 듯하다.

초등학교에 들어간 늦둥이 손녀가 자기 엄마아빠에게 하는 말이나 행동을 곁에서 가만 지켜보면 어쩜 저렇게 사랑스러울 수 있을까 감탄이 나온다. 특히 아빠에게 하는 짓은 모두 예쁘고 귀엽다. 아빠도 딸이 사랑스러워 깜빡 죽는 듯하다. 서로 깔깔대고 까불며 장난치는 모습이 아버지 하나님과 예수님의 모습 아닐까. 하나님 아버지를 향한 예수님의 마음을 생각하면서 내 마음에 떠오르는 모습 네 가지가 있다.

- 절대 신뢰
- 절대 순종

· 절대 자유
· 절대 사랑

나는 딸 하나, 아들 둘을 키워보았다. 인간적으로나 신앙적으로 약점 많은 부모이고, 육체적으로나 신앙적으로 약점 많은 자녀들인데도 결혼해서 각자 가정을 이루기까지 참 행복하게 지냈다. 이 글을 쓰면서 회상해 보았다. 언제 자녀들이 가장 사랑스러웠나. 딸이 아프고 하늘나라 가기까지 아픔도 있었지만 자녀들이 어린 시절은 즐거웠고 행복했다. 아들들이 사춘기에 접어들면서 어려운 고비도 없진 않았다. 부모가 섬기는 선교단체 간사 사역이 세상에서 별로 인정받는 일이 아님을 객관적으로 평가할 만한 사춘기가 된 큰아들이 엄마에게 불만을 터뜨린 적이 있었다. 친구들 집에 가보니 다들 집도 크고, 차도 몇 대씩 있는데 아버지는 공부도 많이 하고 그 사람들보다 못할 것이 없어 보이는데 왜 이런 직업을 택해서 2층에 방 두 개짜리 셋집에서 눈치 보며 사는지, 롤케이크를 먹고 싶은데 사달라고 말하기도 어려우니 이해가 안 된다는 불평이었다.

가정예배 시간에 아들의 불만 섞인 질문을 아내에게서 전해 듣고 내가 설명했다. "아들아, 세상에는 두 종류의 버는 직업이 있단다. 하나는 돈 버는 직업, 다른 하나는 사람 버는 직업이다. 네 엄마와 아빠는 예수님이 '너희는 사람 낚는 어부가 되라' 하셔서 돈 버는 대신 사람 버는 직업을 택한 거야. 너희들을 그토록 사랑해주는 대학생 삼촌, 이모들이 다 훌륭한 사람들이 되면 우리 한국도 잘 사는 나라가 되고 세상이 좋아질 것이라는 꿈을 꾸면서."

고맙게도 아들들은 부모가 설명하는 말에 고개를 끄덕여 주었고 우리는 함께 기도했다. "야, 우리 밖에 나가자. 롤케이크 사러." 비상금을 털어 먹고 싶은 케이크를 사주었다. "내가 사람 버는 사람이다!" 얼마나 멋있는가! 내가 그런 말을 할 수 있었던 것은 자녀들의 기억에 남도록 위기 때 주신 성령의 말씀이었다고 믿는다. 고맙게도 아들들이 성인이 되어 부모와 떨어져 자립적으로 살아가면서, 사랑과 존경의 말과 행동으로 우리를 격려했다. 이제 노인이 되어 아들들의 보호를 받으며 사니, 참으로 사랑스럽고 고마운 심정이다. 우리 아들들이 부모에게 말이나 글, 전화로 감동을 주는 경우 중에 몇 가지 기억에 남는 말을 적어본다.

- 부모를 칭찬하며 부모가 자랑스럽다.
- 진심에서 부모를 존경하고 사랑하고 있다.
- 자기들을 잘 키워주었다고 감사한다.
- 어른이 되어서도 부모에게 물어보고 배우려고 한다.

사랑은 내리사랑이다. 부모가 먼저 사랑해서 자녀도 그 사랑에 대한 반응으로 부모를 사랑하게 되는 것이다. 사도 요한은 이렇게 말했다. "사랑은 여기 있으니 우리가 하나님을 사랑한 것이 아니요 하나님이 우리를 사랑하사 우리 죄를 속하기 위하여 화목제물로 그 아들을 보내셨음이라"(요일 4:10).

주의 사랑에 휘어잡힐수록

인생이란 사랑을 배우며 성장하는 과정이다. 기독교 신앙이란 무엇인가? 하나님과 사랑에 빠지는, 아버지와 자녀 사이 사랑의 관계다. 나를 향한 하나님의 사랑, 그리스도의 은혜를 더 깊이 깨달아가는 여정이다. 독생자까지 내놓으시는 바보 같은 아버지 사랑, 그분의 미친 사랑 앞에 나를 맡기며 그에게 전 존재를 바치는 삶이다. 기독교 역사에는 영적 거물로 흠모의 대상이 된 사람들이 있다. 하나님의 사랑에 사로잡혀 일생을 바치고 그분의 사랑을 알아가고 그 사랑을 전하기 위해 살았다는 점이 공통점이다. 널리 알려진 이름들, 아시시의 성 프란체스코(1182-1226), 선다 싱(1889-1929), 손양원 목사(1902-1950). 그들의 이름만 들어도 왜 마음이 따뜻해지고, 숙연해질까?

그리스도인의 영적 성장은 그리스도 안에 나타난 하나님의 사랑을 더 알아가는 데 있다. 사도 바울은 생의 마지막이 다가올 때, 에베소 성도를 위해 차가운 감옥 바닥에서 무릎 꿇고 이런 기도를 드렸다.

너희가 사랑 가운데서 뿌리가 박히고 터가 굳어져서 능히 모든 성도와 함께 지식에 넘치는 그리스도의 사랑을 알고 그 너비와 길이와 높이와 깊이가 어떠함을 깨달아(엡 3:17-19).

존 스토트 목사가 멘토로 평생 흠모하며 배운 이가 있다. 앞서 언급한 케임브리지의 찰스 시므온 목사다. 영국 복음주의 부흥의 아버지처럼 존경받는 그는 평생 청년·대학생 사역자였다. 그가 죽음을 앞두고 곁에서 돕는 형제에게 읽어 달라고 부탁한 말씀이 위에서 인용한 바울의 기도문이다. 그가 지상에서 이루고 싶었지만 다 이루지 못한 목표가 바로 그리스도의 사랑을 깨달아 아는 것이었다. 그 사랑의 너비, 길이, 높이와 깊이. 그 사랑을 받아 그 사랑을 주기 위해 일생을 바쳤다. 사랑이 그를 위대하게 키워주었다. 사랑이 사람을 만든다.

어린 시절 우리 집은 가난했지만 그래도 사람들 사이에 사랑이 있었다. 가족, 학교 친구들, 동네 사람들, 심지어 직장 동료들 사이에도 사랑이 있었다. 사랑받고 사랑 주면 사람의 영혼이 밝아진다. 사랑 있으면 세상은 살맛나는 곳이 된다. 아시아, 아프리카의 가난한 나라 행복지수가 왜 강대국보다 높을까. 삐까번쩍한 집에서 최고급 승용차 타고 다녀도 사랑 없는 인생은 바짝 마른, 살았으나 죽은 자다. 인간미도 생명력도 없어진다. 세계를 다녀보라. 우리나라만큼 잘사는 나라가 별로 없다. 그러나 우리나라 사람들

표정은 그리 밝지 못하다. 지하철에서 사람들 얼굴을 유심히 바라볼 때가 있다. 살맛나는 밝은 얼굴 없나 하고.

불법이 성하므로 많은 사람의 사랑이 식어지리라(마 24:12).

사람들 사이에 사랑이 식는 원인이 무엇인가? 불법이 성하기 때문이다. 불법에서 '법'이란 유대인들에게는 구약 율법을, 이방인들에게는 양심법/도덕법을 가리킨다. "하나님을 사랑하라", "네 이웃을 네 몸처럼 사랑하라." 이것이 창조주 하나님이 사람에게 명하신 율법의 대강령이다. 우리 양심에 기록된 도덕법은 사람들이 사이좋게 사랑하며 지내야 한다는 걸 알려준다. 인간이 탐욕과 어리석음으로 사랑의 법을 어기고 무한경쟁의 법을 따르니 세상이 냉랭해지는 것이다.

세상 사람들 사이에 사랑이 식는다면, 하나님의 공동체인 교회가 가장 힘써야 할 일이 무엇일까? 예수의 사랑으로 사람을 사랑하는 일이다. 그러나 한국 교회는 "오직 믿음으로!"의 깃발 아래 믿음만을 강조해 왔다. 믿음으로 구원받고 더 높아지고 더 부요해지는 복을 받으려 한다. 현실적으로 불가능해 보이지만 믿음으로 가능하게 만들고 싶은 것이 있다. 믿음으로 자녀가 좋은 대학 가고, 믿음으로 안정된 직장에 들어가고, 믿음으로 좋은 배우자 만나 결혼하는 것이다. 그들이 믿고 전파하는 건 '내가복음', 또는

'강남스타일복음'이다. 이게 과연 예수께서 선포한 '하나님나라 복음'일까?

예수님이 오신 목적은 하나님이 얼마나 우리를 사랑하시는 가를 보여 주시려는 것이다.

하나님이 세상을 이처럼 사랑하사 독생자를 주셨으니(요 3:16).

예수께서 하늘의 영광과 부요를 버리고 말구유까지 낮아지 신 이유는 사랑 때문이다. "내가 너를 사랑한다!"라고 알려주고 보여주시기 위함이다. 기독교의 영적 성장은 신비하고 거창한 체험이 아니다. 그리스도인은 모르는 것을 새로 배우기보다 아는 것을 더 깊이 알아가면서 성장한다. 하나님 사랑을 어찌 우리가 다 이해할 수 있으랴. 어머니 사랑도 다 헤아리기 힘든데. 예수님처럼 우리가 인간으로 성장하는 길은 우선 하나님 사랑을 풍성히 받고 그 사랑을 아낌없이 주님께, 이웃에게 주는 법을 배우는 것이다. 내 마음에 십자가 사랑이 그득 채워지면 다른 사람을 사랑할 수 있는, 미로슬라브 볼프의 표현대로 "타자를 위한 공간"이 내 마음에 마련된다(《배제와 포용》, 427쪽). 하나님의 사랑으로 우리 영혼을 채우는 길이 없을까? 사도 바울은 인격 성장 마지막 단계에 성령으로 부어지는 하나님 사랑을 알려준다.

우리가 환난 중에도 즐거워하나니 이는 환난은 인내를, 인내는 연단[character, 새번역은 '인격']을, 연단은 소망을 이루는 줄 앎이로다 소망이 우리를 부끄럽게 하지 아니함은 우리에게 주신 성령으로 말미암아 하나님의 사랑이 우리 마음에 부은 바 됨이니(롬 5:3-5).

성령으로 마음에 부어지는 하나님의 사랑! 생의 고독, 허무, 무의미에 갇혀 신음하던 내 영혼, 죄책감과 사망의 권세에 포로가 된 채로 영원히 멸망할 나를 독생자의 죽음으로 구해주신 하나님 사랑! 우리는 그 사랑을 쉬이 잊는다. 쉽게 떠난다. 하지만 하나님의 언약의 사랑은 잊기 잘하는 우리 체질을 아시고 성령으로 우리 영혼을 찾아오신다. 그 무한하고 영원한 사랑이 성령으로 내 마음에 부어지면, 우리는 넘어졌다가도 다시 일어설 수 있다. 내가 할 일은 마음을 비우는 일이다. 우리가 주의 사랑에 사로잡힌 자가 될수록 더욱 주님께 사랑스러워갈 것이다. 주의 사랑으로 휘어잡힐수록 사람은 사람 되어 갈 것이다. 우리가 이 어둔 세상에서 사람답게 살려면 해바라기가 해를 향해 몸을 돌리듯, "예수 그리스도의 얼굴에 있는 하나님의 영광을 아는 빛"(고후 4:6)을 향해 눈을 들어야 할 것이다.

주의 사랑 비칠 때에 기쁨 오네

근심 걱정 물러가고 기쁨 오네

기도하게 하시며 희미한 것 물리쳐

주의 사랑 비칠 때 기쁨 오네

그 큰 사랑 내 맘 속에 충만하게 비칠 때에 찬송하네

그 큰 사랑 내 맘 속에 화평함과 기쁨 주네 그 큰 사랑

하나님의 아들도 사람들에게 사랑스러워가는 사회성을 기르는 데
30년 세월이 필요했다.

6. 관계: 사람에게 사랑스러워가다

예수는 …… 사람에게 더욱 사랑스러워 가시더라(눅 2:52).

우리 구주 하나님의 자비와 사람 사랑하심이 나타날 때에(딛 4:4).

우리를 하나로 묶는 것은 그리스도교적 형제애에 대한 경험이 아니라, 형제애에 대한 튼튼하고 확실한 믿음이다. …… 예수 그리스도만이 우리를 하나로 묶으실 수 있다(본회퍼,《신도의 공동생활》, 43쪽).

모둠살이에서 닦이는 인격

지난날을 돌아보며 가슴 아픈 것은 내가 사람들에게서 사랑스럽거나 사람들을 사랑하지 못하는 사람이었다는 점이다. 극단적으로 신앙생활하는 사람들 가운데, 성경을 신학적으로 종합해서 이해하지 못하고 어느 구절을 문자적으로 받아들이는 경우가 있다. 내가 바로 그런 사람이었다. "내가 사람들에게 좋게 하랴 하나님께 좋게 하랴 사람들에게 기쁨을 구하랴 내가 지금까지 사람들의 기쁨을 구하였다면 그리스도의 종이 아니니라"(갈 1:10)는 말씀으로 사람들에게 좋게 할 필요가 없다고 생각할 때도 있었다. 우리는 인간관계에 실패를 거듭하기 때문에, 예수님이 성장 과정에서 어떻게 인간관계를 잘 맺으셨는가도 배워야 할 것이다.

문제는 인간 예수를 알고 싶은데 청소년기 18년간의 기록 공백 때문에 자료가 충분하지 않다는 점이다. 그나마 고마운 것은 19-20세기, 고고학의 발견이다. 제임스 마틴(James Martin)은 《예수, 여기에 그가 있었다Jesus》에서 예수님의 고향인 나사렛 고고학 발굴 결과를 소개한다. 예수님 당시 나사렛은 인구 200~400명의 시골 마을이었다. 주로 곡물과 올리브, 무화과, 포도를 재배했다. 가까이에 대도시도, 현대의 고속도로라 할 '로마 도로'도 없는 궁벽진 곳이었다. 집 구조는 공동으로 사용하는 마당을 가운데 두고 작은 집 두세 채가 옹기종기 붙은 형태였다. 그런 집에서 사람들이 태어나고 죽었다. 아이들은 회당에서 랍비에게 배우고 마당이나 산과 들로 나가 친구들을 사귀었을 것이다.

우리도 산업화 이전에는 이웃집에 숟가락이 몇 개 있는지까지 알았다. 몸의 특징, 장단점, 성격, 습관, 성장 과정도 이웃끼리 시시콜콜 다 알았다. 아파트에서 옆집 이웃과 인사도 없이 사는 우리들이 볼때는 견디기 힘든 삶, 사생활이 지켜지기 힘든 환경이었다. 대신 음식을 나누어 먹고, 기쁘거나 슬픈 일, 출생, 육아, 교육,

결혼, 장례까지 혼자 감당이 안 되는 일은 함께 짐을 지었으며 농사철에는 서로 돕는 두레 공동체 생활을 했다. 요즘 제주도와 지방 소도시에서 일어나는 '마을공동체 운동' 흐름은 바로 옛 조상들이 익숙하던 삶의 형태를 현대화시킨 모델일 것이다.

　　사람은 고독 속에서 '재능'을 키운다. 학자, 연구자, 예술가들은 혼자서 전문지식이나 기술을 익힌다. 하지만 사람의 인격은 서로 존중하고 사랑하며 더불어 사는 법을 익히면서 빚어진다. 혼자서 도를 닦는다고 되지 않는다. 사람들이 모여 지지고 볶는, 지껄이고 북적거리는 모둠살이(hurly-burly) 속에서야 인격은 갈고 닦인다. 대가족 생활에서 형제자매들과 서로 싸우고 같이 놀면서 인간 이해도 깊어지고 서로를 용납하고 용서하는 법, 오래 참는 법을 배운다. 관계가 틀어지면 어떻게 용서를 구하고 화해하는가도 배운다. 노인들, 아이들, 어른들, 또래 친구들, 부자나 가난한 자, 건강한 자나 약한 자가 다 이웃으로 살아가며 사회성을 배운다. 인간애와 인간미를 갖추게 된다.

　　예수님은 목수였으니, 일을 통해서도 사람들과 관계를 맺었을 것이다. 때로 가버나움 같은 대도시에서 주문도 받고 납품하기 위해 낯선 사람들과 거래하는 법도 익혔을 것이다. 당시 유대인 평균 수명이 30대 후반이었다. 공생애를 출발하던 30세의 인간 예수님이 어떤 성품이셨을지 짐작할 수 있을 것 같다. 누가는 이렇게 기록한다. 예수님은 자라면서 사람들에게 사랑스러워가셨다고.

밥에 담긴 사랑

"인생 최고의 행복은 사랑받고 있다는 확신이다."

빅토르 위고의 말이다. 그의 걸작 《레미제라블》은 '비참한 사람들'이란 뜻인데 이 소설에 나오는 비참한 자들은 예외 없이 가정과 사회에서 사랑받지 못한 자들이다. 그러나 은촛대를 훔치다가 체포되어 다시 감옥에 가야 할 처지의 장발장은 미리엘 주교의 용서하는 사랑을 받고 새로운 인생을 출발한다. 사랑이 사람을 변화시킨다. 그는 다른 사람들에게 사랑을 심는 새로운 인생을 살게 된다.

이 세상 살면서 가장 필요한 것이 무엇일까? 사람들이 노래하는 가장 인기 있는 주제는 사랑이다. 아니면 이별이다. 왜 그럴까? 그만큼 사람들은 사랑을 갈구한다. 물질주의가 인류를 정복한 21세기에 한정된 현상이 아니다. 1세기도 마찬가지였다. 바울은 AD 60년경 신앙의 아들 디모데에게 세상 마지막에 대해 알려준다. 말세에는 사람들이 고통하는 때가 이를 텐데, 그 원인은 사람을 향한 사랑이 식어 냉랭해지기 때문이다. 마지막 때에 사람들이 자기를 사랑하며, 돈을 사랑하며(딤후 3:2), 쾌락을 사랑한다(딤후 3:4). 하나님은 사랑이시다. 그러므로 하나님 형상인 사람도 사랑받고 사랑 주며 살도록 빚어진 존재다. 하지만 타락 이후 사람들은 마땅히 받아야 할 만큼 사랑을 받지 못하면서 육체만 자란다. 그래서 마음에 그늘이 지고 생채기가 생긴다. 온갖 정신 질환이 생기는 이유는 사랑 결핍 때문이다.

　이 글을 준비하면서 나는 어린 시절, 사랑을 많이 받으면서 자랐다는 걸 새삼 깨달았다. 부모님의 사랑, 형제의 사랑, 친구 사랑, 스승의 사랑, 아내의 사랑, 자녀의 사랑, 목회자, 선교사의 사랑, 교우의 사랑 등등. 어디서나 누구에게서나 미움 받기보다 사랑 받으면서 자랐다는 걸 새삼 깨달았다. 창조주는 사람이 사랑으로 보호 받도록 가정 제도를 만드셨다. 창조주의 뜻을 무시하고 정욕을 따르다가 가정이 무너지면 세상도 무너진다.

　고아 고등학생 둘과 고아원 선생님을 집으로 초대해서 아내가 정성껏 차린 밥을 먹고 대화를 나눈 적이 있다. 마치고 돌아가는 시간이었다. "밥그릇에 담긴 밥"을 생전 처음으로 먹었다며 학생들이 고맙다고 했다. 고아원에서는 학교나 군대처럼 식판에 밥을 담아 먹는데 밥그릇에 담긴 밥을 먹으며 대접 받는 기분이었을 것이라고 선생님이 후에 설명해 주었다. 우리가 가정에서 당연히 누리는 것들이 어떤 이에게는 특별한 체험이 된다. 아이를 입양한 친구 부부가 있다. 그들은 교제 시절, 결혼하면 자기 자녀를 낳는 대신 아이 둘을 입양하자고 약속했다 한다. 한국이 '고아를 수출하는 나라'로 악명 높다는 말과, 아직 입양을 기다리는 고아들이 많다는 뉴스가 계기가 되었다고 한다. 입양 후, 아이들은 마음이 치유되기까지 정성과 시간이 필요하다. 특히 생부모가 자기를 고아원에 맡기고 떠나버렸기 때문에 '버림받음'에 대한 두려움이 극심

하다. 입양 후에도 양부모가 잠깐 안 보이면 곧 죽을 듯 소리 지르
며 울어댄다.

한국에서 가장 시험공부 잘한다는 대학생들을 섬기면서 배
운 점이 있다. 그들의 부모가 전문인인 경우 유복한 가정에서 자라
목표했던 대학에 들어오지만 의외로 아픔이 많다. 어려서 부모의
보살핌을 받지 못한 데서 온 상처들이다. 학교에서 돌아와 집에 엄
마가 없을 때 오는 허전함과 슬픔이 있다. 어려서 할머니, 할아버
지 집에서 자랐거나 유모의 돌봄을 받고 자란 청년들은 부모와의
애착 관계가 이루어지지 않아, 늘 불안해한다.

공부하라는 강압으로 마음이 짓눌려 있는 청년도 많다. 어느
형제는 초등학교 시절 98점 받은 수학 시험지를 엄마에게 드렸는
데 100점 못 받았다고 엄마가 시험지를 박박 찢더니 매를 든 적이
있다고 했다. 성인이 된 지금도 엄마를 사랑하기 힘들어했다. 그
점수가 반에서 최고 성적이었다는데. 나는 후에야 예수를 믿게 된
그 엄마에게 반드시 아들에게 용서를 빌라고 넌지시 알려주었다.
부모한테서 융숭한 사랑을 받지 못한 사람에게는 평생 채워지지
않는 빈자리가 있다. 하나님의 무조건적이고 절대적인 사랑이 그
빈자리를 채워줄 때까지는.

예수님이 공적 활동을 출발하면서 제일 먼저 확인한 것은 아
버지 하나님의 사랑의 음성이었다. "이는 내 사랑하는 아들이요
내 기뻐하는 자라"(마 3:17). 우리가 하나님의 자녀로 다시 태어나

면서 확신하는 것은 내가 하나님의 사랑받는 딸/아들이라고 내 영혼에 찍힌 성령의 인 치심 때문이다. 이때부터 진정으로 우리는 자기를 존중하는 자존감이 생긴다. 내가 온 세상과도 바꿀 수 없는 하나님의 사랑받는 자녀라는 확신을 갖게 된다. 용기도, 배짱도 생긴다. 사람들이 뭐라 평가하든 상관없다. 실수하고 실패하더라도, 심지어 죄로 망가져도 탕자처럼 일어서서 돌아갈 품이 있다.

밥이 붙잡은 청년들

예수님은 하늘로 올라가시면서 이 땅에 당신의 몸으로 교회를 세우셨다. 교회는 지상에 계실 때 예수께서 보여주신 "사랑의 수고"(살전 1:3)를 감당한다. 예수님은 사회에서 소외된 세리들, 죄인들, 창녀들을 환영하고 함께 식사하셨다. 예수님의 환대에 하나님의 안아주시고 품어주시는 사랑, 하나님나라의 부요와 환희가 깃들어 있다. 하나님나라는 "내가 그에게로 들어가 그와 더불어 먹고 그는 나와 더불어 먹으리라"(계 3:20)는 말씀이 이루어지는 곳이다. 헨리 나웬은 《영적 발돋움 Reaching Out》에서 '환대'란 "우리가 이방인에게로 나아가 그들을 우리의 친구들로 초청하는 자유롭고 친밀한 자리를 마련하는 것"이라고 했다(92쪽). 아브라함이 낯선 손님 셋을 집으로 모시고 극진히 대접하는 모습(창 18장), 다윗이 친구 요나단의 아들이자 두 다리를 저는 므비보셋을 초청해서 "너는 언제나 나의 식탁에서 함께 먹도록 하여라"(삼하 9:7)라며 보여준 격을 깬 왕궁 환대, 초대교회 성도들이 "집집이 돌아가면서 빵을 떼며, 순전한 마음으로 기쁘게 음식을 먹고, 하나님을 찬양" (행 2:46) 하는 모습이 주의 몸인 교회의 두드러진 특징이다.

　　현실 교회는 "아무나 와도 좋소!" 환영하는 예수님 정신이 사라진 듯하다. 도시의 화려한 교회 건물 입구는 잠겨 있다. 교회는 "돈 있고 교양 있는 사람들만 오시오!" 하는 듯하다. 필립 얀시의 책이 있다. 번역 제목이 멋있다. 《교회, 나의 고민 나의 사랑Church: Why Bother?》. 지난 세월 작은 기독 동아리, 선교단체, 교회를 섬기면서 온몸으로 경험한 교회는 정말 내 고민이요 내 사랑이었다. 교회는 그리스도의 사랑으로 자기를 희생하고 남을 사랑하는 아가페 사랑의 가족 공동체다. 해외선교단체 OMF 총재로 일본을 비롯하여 동아시아 선교에 헌신했던 마이클 그리피스(M. Griffiths)는 한자문화권인 동북아에서 성경의 '에클레시아'를 '교회', 즉 '교육받는 모임'으로 번역한 것은 잘못이라고 지적한다. 에클레시아의 뜻은 '부름 받은 사람들'이다. 교회가 사랑의 가족관계보다 교육기관이란 선입견을 갖게 한다. 교회는 학교가 아니다. 나는 서울 봉천동에서 교회를 개척하면서 주일학교란 말을 없앴다. 아이들이 학교나 학원에 질려 있으니, 아예 이웃이 모여 노는 '마당'으로 이름을 바꾸었다. 유아부는 '아이들마당', 유년주일학교는 '어린이마당', 중고등부는 '청소년마당'. 학교 학원에서 학대받는 우리 어린이들이 환대받는 마당에 놀러오라는 의미가 있었다. 어린이교육 전문가 양승헌 목사와의 대화에서 얻은 지혜다.

팀 체스터(Tim Chester)의 《예수님이 차려주신 밥상*A Meal with Jesus: Discovering Grace, Community, and Mission around the Table*》은 교회의 본질을 잘 말해주고 있다. 예수님은 사랑이시다. 자기를 배반하고 물고기를 잡으러 갈릴리 호수로 갔던 제자들을 친히 찾아가 생선과 떡을 구워 아침 식사를 마련해주신 사랑에 감동받지 않을 사람이 있을까. 밥상에서 성도가 교제하며 의미 있는 역사가 이루어진 예가 기독교 전통에 많다. 루터가 방문객들과 식탁에서 나눈 대화는 《탁상 담화》라는 책으로 전해진다. 1982년 여름, 우리 가족은 스위스 라브리에서 한 달, 영국 라브리에서 여덟 달을 지냈다. 그때 맛본 따뜻한 분위기를 잊을 수 없다. 셰이퍼 박사는 청년들의 어설픈 질문도 다 받아주며 열정적으로 답하시다가 대화를 마친 후에야 식은 음식을 혼자 드시곤 했다. 긴장했던 마음이 그 은혜로운 자리에서 여름 햇살 알프스 산의 눈처럼 녹아내리는 느낌이었다.

가끔 후배들한테서 질문을 받는다. "어떻게 평생 대학생들을 전도하고 주님의 제자들로 키우는 사역을 감당할 수 있었느냐?" 서슴없이 답하는 고정 멘트가 둘 있다. 첫째는 "미숙의 은사를 받아서"다. 둘째는 "난 실력이 없어서 학생들에게 배우는 입장이었지만, 아내가 배고픈 청년들을 늘 밥해 주어서 붙잡지요!"이다. 우리 식구만 저녁 식사를 가지는 경우는 거의 없었다. 적어도 손님 네 명 정도의 저녁밥은 항상 준비해 두었다. 손전화도, 집 전

화도 없던 시절, 어떤 때는 내가 예고 없이 청년들을 우르르 데려
오는 바람에 아내가 밥을 굶은 적도 있었다. 한참 후에야 나에게
털어놓은 말이다. 또 어떤 자매는 밥은 안 먹고 반찬을 혼자서 먹
어치우는 바람에 보다 못한 아들이 "이모는 왜 밥은 안 먹고 반찬
을 혼자 다 먹어요?" 하고 대든 적도 있었다. 그때 반찬은 비쌌다.

그렇게 늘 청년들과 함께 저녁 식사를 함께하다가 영국에 오
게 되었다. 초등학교 3학년이 된 큰아들이 식사 기도를 했다. "하나
님, 오랜만에 우리 식구끼리 먹으니까 참 감사해요!" 그때가 결혼
13주년을 맞은 해였다. 신촌과 신림동에서, 런던에서 나는 밥해
주는 아내를 의지해서 목회한 셈이다. 때론 생활비가 다 떨어져 아
내는 이대 앞 시장 골목에서 쌀이나 야채를 외상으로 꾸어다가 학
생들 밥을 해주기도 했다. 그게 쓰리도록 달콤한 추억이라고 했다.
대학 시절 우리 집에서 지냈던 형제자매들을 만날 때가 있다. 미국
을 방문했을 때 어느 형제가 우리에게 캘리포니아와 멕시코 여행
하라고 차를 렌트해주고, 포도주를 겸한 럭셔리 식사를 대접했다.

"예과 다닐 때 집이 멀어서 시험 때면 목사님 댁에서 머물며
시험 본 적이 많았어요. 잊을 수 없어요."

얼마 전엔 대학 시절 모임에 참여하던 한 자매로부터 연락이
왔다. 뜬금없이 계좌번호를 알려 달라고 했다. 우린 잘 지내고 있
으니 마음만 받겠다고 사양했지만 간곡히 재촉하는 것이었다. 적
지 않은 액수의 돈을 보내왔다. 왜 이렇게 많이 보냈느냐 물었더

니, 대학 시절 목사님 댁에 머물면서 사랑받은 빚진 심정에 감사를 표현할 기회를 주어서 고맙다고 했다. 이 정도만 말하겠다. 사랑을 주고받으면서 인간은 성장한다. 근데 이 글을 쓰며 왜 눈물이 고일까.

사랑은 예술이다

사랑, 다 좋다. 그러나 현실은 달콤한 로맨스가 아니다. 사랑이 "눈물의 씨앗"일 때가 많다. 사랑받고 싶은데 주는 사람이 없다. 내가 원치 않는 사랑을 자기 식으로 주는 사람에게는 기분이 상한다. 사랑을 어떻게 표현해야 좋을지 모를 때도 있다. 아내와 남편, 부모와 자녀, 형제자매, 친구 사이, 스승과 제자, 특히 목회자와 성도 사이에 사랑으로 인한 오해와 갈등이 얼마나 많은가.

사춘기에 가출 경력이 있던 나는 아이들을 간섭 말고 자유롭게 해주어야 한다고 생각해왔다. 특히 공부를 강요하지 않았다. 지식보다 인격과 좋은 생활습관이 중요하고, 공부보다 부모와 형제 간의 사랑의 관계가 더 중요하다고 여겼기 때문이다. 훈육보다 삶의 모범을 보여주고, 무슨 잘못을 해도 깨닫기까지 기다리는 게 중요하다고 생각했으니 나름 트인 애비라고 자부했다. 한 번은 둘째 아들이 친구들을 데려왔는데 게임을 하는지 새벽녘까지 자지 않는 것 같았다. 이튿날 친구들이 떠난 후, 아들한테서 설명도 듣지 않고 큰소리로 야단 치고 말았다. 그날, 아들이 난생처음으로 내게 넉 장에 달하는 편지로 변명하고 억울함을 호소했다. 아차, 책망한다는 게 아들을 노엽게 했구나. 설명 듣고 책망하고, 인격적으로 대접했어야 하는데 망할 놈의 성질 때문이라고 자책했다. 엎질러진 물이었다. 그날 저녁 나는 아들 방에 노크하고 들어가 못난 애비가 실수했다, 미안하다고 용서를 빌었다.

간사로 일 시작한 1967년이었다. 월급이 거의 없었다. 육군 소위로 막 제대한 25세의 내가 학생들에게 사랑을 표현할 길은 먹을 것 사주는 것 외엔 별로 없었다. 지금의 대학로 근처에서 모임을 마치고 헤어질 때면 저녁이었다. 대여섯 명이 함께 나왔다. 배고픈 그들에게 밥을 사주고 싶었다. 돈도 신용카드도 없던 시절, 손에 끼고 있던 금반지가 전 재산이었다. 전당포에 맡기고 먹을 것을 사주었다. ROTC 다른 동기생들은 14K 반지였으나 나는 명예위원 특혜(일종의 비리)로 18K 반지였다. 돈을 갚지도 팔지도 못해 영영 반지를 잃어버리고 말았다. 반세기가 흐른 지금도 종로5가 기독교회관 근처에 가면 어김없이 그때가 생각난다. 형제자매들을 대접했으니 뿌듯해야 마땅하지 않은가! 그런데 정직하게 당시의 나를 돌아보니 그들을 사랑해서라기보다 "나는 이렇게 사랑 많은 선배야", 은근히 과시하려던 바보짓이었다.

성도는 목회자의 관심을 받고 싶어 한다. 유머였는데 내 말에 상처 받았다는 말을 전해 듣기도 한다. 한 번은 20대 신혼부부가 튼튼하고 잘생긴 사내아이를 낳았다. 심방을 간 나는 웃기려고 말했다.

"아이구, 왜 이렇게 못생겼어!"

사내아이에게 못생겼다고 말하면 더 잘 자란다는 속설이 있었는데, 불쑥 나오고 말았다. 20대 착한 엄마에게 상처가 되었다. 그 자매의 선배를 통해 전해 듣고서 용서를 빌고 수습하느라고 진땀 흘린 적이 있다. 왜 내가 지금 사랑의 실수를 열거하고 있나? 이 말을 하고 싶다. "사랑은 쉽지 않다, 결코!" 고린도전서 13장을 외운다고 사랑을 베풀 수 있는 것도 아니요, 사랑에 관한 독서나 강의를 수천 번 듣는다고, 부부 세미나나 어머니학교에 참여한다고 사랑할 수 있는 것이 아니다.

사랑은 예술이다. 평생 익혀야 할 예술이다. 마음에 들지 않으면 고치고 지우기를 반복하더라도 바라던 수준에 도달해야 하는 작품이다. 서귀포로 여행 가면 어김없이 이중섭 미술관을 찾는다. 이중섭은 피난 시절에도 시간만 나면 종이와 연필을 가지고 미친 듯이 그렸다. 다방에서 친구들과 담소하는 중에라도 담배갑 은박지를 못으로 그림을 새기곤 했다. 먹을 것 없던 시절, 잡아먹은 게에게 미안해서 게라도 그렸다 한다. 피아니스트 조성진은 어떤가. 쇼팽 콩쿠르에서 수상하고 세계적 연주가가 되기까지 연습을 거듭했을 것이다. 사랑도 연습해야 한다. 실수를 거듭하며 닦아 나가는 기술이요 예술이다. 이것이 에리히 프롬이 정신심리학의 중심에 사랑이란 주제를 가지고 온 기념비적 연구 《사랑의 기술 *The*

Art of Loving》에서 말하는 주제다.

그리스도인의 최고 덕목은 무엇일까. 베드로는 사랑이라고 했다(벧후 1:5-7). 바울은 빌립보 성도를 위해 이렇게 기도한다.

내가 기도하노라 너희 사랑을 지식과 모든 총명으로 점점 더 풍성하게 하사(빌 1:9).

이 말씀을 묵상할 때마다 "맞아! 정말 그래! 내게 필요한 게 바로 이거야!" 하고 공감한다. 나에게 절실한 바람이 있다면 사랑이 점점 더 풍성해지는 것이다. 자기 몸을 불사르게 희생한다고 사랑이 아니다. 사랑에는 인간 이해가 필요하고 공감 능력이 있어야 한다. 사람마다 개성과 취향이 다른데 기계적으로 사랑을 표현할 수도 없다. 지식과 총명이 필요하다. 인문학의 과제도 인간 이해가 아닌가. 한 사람을 이해하려면 적어도 3년은 가까이 함께 살 필요가 있다. 무슨 근거로 산출되었냐고 묻는다면 예수님이 제자들과 함께하신 3년을 말하겠다. 사람을 쉽게 믿다가 실망했던 경험에서 나온 교훈이다.

많은 종교인들의 인간관계가 위선과 이기심에 왜곡되어 있다. 사람을 대할 때 계산이 빠르고 숨겨진 계획(hidden agenda)이 있다. 자기 피아르(PR), 꾸민 겸손과 친절로 마음을 훔치던 압살롬 수법(삼하 15:6)에 익숙한 불치의 직업병 환자들이 많다. 하지만 그들의 민낯, 본색이 드러나는 때가 반드시 온다. 자기가 낮아지거나 무시당할 때, 손해 봐야 할 때다. 여름에는 나뭇잎마다 엽록소가 풍성해서 본색이 드러나지 않지만, 가을이 오면 엽록소가 사라지면서 감추어져 있던 본색이 드러난다. 사람의 본색을 보는 통찰력이 바울이 구한 사랑에 더한 지식과 총명이 아닐까. 사람에게 사랑스러워가는 사람은 다른 사람의 사랑을 잘 받고 그를 사랑하는 마음과 행동이 자라는 사람일 것이다.

사랑은 담장도 넘는다

"너는 담장 너머로 뻗은 나무."

청년예배 폐회송으로 〈야곱의 축복〉을 즐겨 부른다. 야곱이 요셉에게 주는 축복의 메시지가 담긴 명곡이다.

요셉은 무성한 가지 곧 샘 곁의 무성한 가지라 그 가지가 담을 넘었도다(창 49:22).

자기 정원에 뿌리 내린 과일나무 가지가 이웃집으로 넘어가면 그 열매는 이웃 소유가 된다. 영국인들은 자기 집 과일나무 가지가 이웃집으로 넘어가면 선물을 주었다고 여기며 진심으로 기뻐한다. 하나님이 명하신 이웃 사랑은 내 가족, 내 겨레라는 담을 넘어선다. 그리스도인의 이웃은 과부, 고아, 외국인 나그네와 난

민, 병든 이, 강도에게 얻어맞고 소유를 빼앗긴 자다. 낯선 이, 외
로운 이, 장애인, 가난하고 고통당하는 이들이다. 이들을 위해 기
도하고 돈을 쓰고 돌보아야 하나님의 가족이라 할 수 있다. 사랑의
공동체인 교회가 이웃 위해 마음과 돈을 사용하는 데 인색하다. 고
난당한 이웃을 위해 돈을 내놓지 못하는 몸은 한쪽 손 마른 사람과
같다. 교회는 예수님의 탄식하며 내리시던 그 명령 "네 손을 내밀
라!"는 음성을 들어야 한다. 교회가 이웃에 무관심했기 때문에 사
회로부터 이기적 종교 집단이라고 버림받고 있다. 그리스도인에
게는 '예수세'가 따른다. 먼저 돈을 바쳐야 한다. 사랑은 감정이 아
니다. 의지이고, 행동이다.

　목회자들의 이기적 행태는 구제불능일 때가 있다. 종교개혁
직전 가톨릭 사제들의 부패상과 같다. 직업 종교인이 되는 건 위험
한 선택이다. 나는 신학교 가겠다는 사람을 만류하는 편이다. 현실
을 무시하진 못하겠지만 목사가 처우에 너무 민감한 게 은혜롭지
않다. 주님의 사역은 자기희생이 따르는 헌신이지, 생업으로 택할
성격이 아니지 않나?

　학원복음화협의회 상임대표로 청년·대학생 사역을 섬기려
55세에 귀국했을 때다. 당시 런던에서 잘 자라던 교회의 개척 담임
목사로 6년째 섬기며 좋은 대우를 받고 있었다. 넓은 집, 고급 승
용차, 넉넉한 월급 등. 그러다가 복음주의 대학생 선교단체 대표들
의 초청과 복음주의 교회 목사들의 추천으로 월급이 얼마인지, 사

무실은 있는지도 모른 채 한국 교회를 섬기려는 진심만으로 귀국했다. 막상 일하려니 갖추어진 게 거의 없었다. 경기도에 있는 좁은 전셋집, 10년 된 낡고 위험한 차, 10년간 받은 월급은 130만 원이었고 그나마 처음 3개월은 재정이 모자라 다섯 간사들 생활비도 못 주는 상태였다. 아내가 충격받은 건 당연했다. 취임 예배에서 친구 목사가 "주님을 위해, 한국 교회 미래를 위해, 캠퍼스의 방황하는 대학생들을 위해 자기를 바치며 손해 볼 줄 아는 종"이라고 소개했을 때 기분이 착잡했다. 집에 돌아오면서 곰곰이 생각해보니 이런 평가 받는 게 감사했다. '바보 예수'를 따르려고 시늉이라도 하는 종이라고 인정해주는 말 아닌가. 바울은 자기가 "세상의 더러운 것과 만물의 찌꺼기"같이 되었다고 고백한다(고전 4:13). 경제적 안일을 구한다면 왜 목사나 선교사가 될까? 처음엔 순교 정신으로 출발한다. 하지만 자녀들이 자라면 현실적 이익을 추구하게 된다. 목사들이 자기 교회 담벼락을 높이 쌓고 사랑의 열매 달린 가지가 이웃으로 넘어가지 않게 한다.

　하나님은 자기 자녀들이 사랑의 사람 되기를 바라신다. 사도들이 유대인의 지리, 인종, 언어, 문화의 경계를 뛰어넘어 이방인에게도 하나님나라 복음을 전하고 그들도 구원받아 함께 하나님 백성 되길 소망하셨다. 인간 본능에 충실한 가족주의, 자민족 중심주의는 죄의 결과로 생겼다. 사람의 한계 때문에 사랑의 의무는 가까운 이웃들부터 출발해야 옳다. 자기 가족도 안 돌보는 자는 불신

자보다 못한 자라고 바울은 말했다.

미안하지만 오랜 기간 나는 일본인이나 중국인에게 친밀감을 느끼지 못했다. 우리 겨레, 일본인, 중국인부터 친구 삼고 도와야지, 하는 나름의 우선순위를 정했다. 내 또래는 증오를 몸에 익히면서 산 불행한 세대다. 북한, 일본, 중국을 원수로 여기며 자란 세대다. 또한 하도 가난해서 남을 돌볼 엄두가 나지 않았던 세대이기도 하다.

90년대에 이르러 연합운동을 섬기며 몇 차례 모금운동을 했다. 청년·대학생 전도 위한 후원, 기아로 고통받던 북한 겨레 돕기와 평양과기대 설립 위한 모금, 그리고 한국, 일본, 중국인들이 함께 모이는 동아시아기독청년대회 모금을 하면서 깨달았다. 몇 교회를 제외하면 한국 교회 대부분은 이웃을 위해 돈 바치는 데 인색하다. 교회당 건축에는 거액의 은행 대출을 받으면서도 다음 세대나 이웃을 위해 물질을 바치지 않는다. 그 화려한 교회 건물보다 대학생들 기숙사를 지어 섬겼더라면 교회는 더욱 하나님 사랑으로 가득하지 않았을까. 사랑은 말과 혀로만 하는 게 아니라 행함과 진실함으로 한다. 사랑은 돈으로 표현돼야 할 경우가 많다. 열매 맺는 포도나무 가지가 담을 넘어가도록 놔두자. 이웃들도 사랑의 열매를 맛보게 하자. 양과 염소를 가리는 주님의 마지막 심판 기준이 무엇인가. 행위로 증명되는 이웃 사랑에 있다. 가난한 이웃에게 주는 사랑이 예수님 향한 사랑이라고까지 당신 자신과 가난한 이웃을 동일시하셨다.

> 내가 진실로 너희에게 이르노니 이 지극히 작은 자 하나에게 한
> 것이 곧 내게 한 것이니라(마 25:40).

청년·대학생 전도와 제자 양육 사역에 집중하느라 나도 이웃 사랑 실천이 미약했다. 감사한 일은 그간 청년들을 섬긴 보람으로 후배들이 하나님나라를 세우려 다양한 영역에서 섬기고 있다는 점이다. 사도 요한처럼 사랑 많이 받은 주님의 제자가 사랑을 전하는 자가 된다. 대학생 사역의 선교전략적 가치가 여기에 있다. 대학생 사역 개척 시절, 우리 집에 함께 살며 가장 가까이 동역하던 형제가 환갑이 되자 잘되던 뉴욕의 치과병원을 정리하고 선교사로 헌신한 덕에 내 기도가 중남미까지 뻗어나가게 된다. 정신지체아를 한 사람이라도 도와보려고 출발한 베다니학교와 청주의 유스투게더는 백여 명의 교사, 간사들이 섬기는 사회복지재단으로 자랐다. 대학생 선교사역, 교육계, 법조계, 경제계, 교회, 선교단체, 각종 기업 활동을 복음정신으로 섬겨보려는 후배들의 소식이 얼마나 은혜로운지, 말로 표현할 길이 없다.

가장 아쉬운 영역이 정치계다. 국가 공동체와 인류 공동체에 정치만큼 영향을 끼치는 영역이 없다. 하지만 극히 어려운 과제다. 김구 선생의 꿈대로, 정의롭고 아름다운 우리 사회를 이루고, 나

아가서 민족의 통일과 동아시아 한·중·일 3국의 평화를 만들어 낼 정치 지도자와 정치세력은 언제쯤 나타날까. 낙심할 일은 아니다. 하나님의 아들도 사람들에게 사랑스러워가는 사회성을 기르는 데 30년 세월이 필요했다면, 나이 든 사람들이 청년·대학생들을 더욱 사랑하면 통일한국을 이루는 한국의 브란트, 콜, 메르켈이 자라지 않겠는가.

예수는 자라면서 하나님에게서만 사랑받은 게 아니라, 다른 사람들에게도 더욱 사랑을 받았다. 사람들에게 사랑을 받을수록, 다른 사람을 사랑할수록 그는 사람다운 사람으로 성장할 것이다.

세상 모두 사랑 없어 냉랭함을 아느냐
곳곳마다 사랑 없어 탄식 소리뿐일세
악을 선케 만들고 모든 소망 이루는
사랑 얻기 위하여 저들 오래 참았네

만약, 하나님이 아무 말씀 하지 않으신다면, 우리가 어떻게 하나님을 알 수 있나요? 그래서 하나님이 예수님을 말씀으로 보내셨습니다.

7. 말씀으로 본받자

또 너희는 많은 환난 가운데서 성령의 기쁨으로 말씀을 받아 우리와 주를 본받은 자가 되었으니(살전 1:6).

모든 육체는 풀이요 그의 모든 아름다움은 들의 꽃과 같으니 …… 풀은 마르고 꽃은 시드나 우리 하나님의 말씀은 영원히 서리라(사 40:6, 8).

일본이 한국을 병합하기 전에 많은 수의 한국인이 기독교에 입교했다. 선교사들은 세계에서 가장 다이너믹하고 선동적인 서적인 성경을 보급하고 또 가르쳤다. 성경에 젖어든 한 민족이 학정에 접할 때에는 그 민족이 멸절되든가, 아니면 학정이 그쳐지든가 하는 두 가지 중 하나가 일어나게 된다(이만열,《한국기독교사 특강》, 128쪽).

2022년 1, 2월 매주 수요일 저녁, 열두 명의 형제자매와 함께 창세기 공부를 시작했다. 코로나 사태로 마음이 답답하고 희망이 보이지 않는 시기여서, 청년들을 말씀으로 섬기고 싶은 마음에서 시작했다. 하나님이 어떤 분이신지, 세상은 왜 이 모양 이 꼴인지, 믿음, 소망, 사랑으로 산다는 게 무엇인지를 함께 배우고 싶었다. 대면하지 못해 안타까웠지만 줌으로 얼굴을 보고 목소리를 들으며 공부하는 맛이 생각보다는 쏠쏠했다. 내가 섬기던 학생선교단체는 창세기를 일대일로 공부하는 게 최고의 대학생 전도 전략이었다. 창세기를 묵상하고 가르치고 대화 나누면서 창세기의 하나님이 사랑스럽고 고마웠다. 한 시간 반 공부를 마치고 나면 몸은 지치지만, 영혼에 기쁨과 뿌듯함이 샘솟았다. 무엇보다 어디서도 삶의 의미와 재미를 맛보지 못하던 청년들이 말씀으로 삶의 의미를 찾고 영혼이 밝게 살아나는 모습을 보면, 세상에 말씀을 배우고 가르치는 삶보다 더 큰 복이 어디 있으랴 싶다.

시편 기자가 말한 대로 말씀이 송이꿀보다 늘 달았던 것은 아니었다. 때론 터벅터벅 영혼의 어둔 밤길을 걸으며 성경에 대해 의심하고, 권태와 지겨움까지 느낄 때도 없지 않았다. 아이러니하게도 성경을, 신학을 하루 종일 공부하던 신학생 시절이었다. 학교 이름이 런던 바이블 칼리지(London Bible College, 지금은 London School of Theology)여서 그야말로 복음주의적 신학, 그중에서도 성서신학에 집중하는 신학교였다. 나는 신학 공부하기 전 전기공학과 출신의 평신도 학생선교단체 간사로 신촌 지역과 신림동 지역을 12년 간 섬기고 있었다. 책으로만 대하던 저명한 교수들을 하나님의 신기한 인도하심으로 신학교에 들어가서 직접 만나 배우는 은혜를 누렸다. 그런데 참 이상했다. 성경의 언어, 철학, 역사, 신학, 주석학, 해석학을 공부하는 기간에 말씀이 주는 은혜를 별로 받지 못했다. 성경을 하나님의 말씀으로 받아들이기보다는 인간의 글로만 분석하고 비판하는 연구였기 때문이었다. 낙제하지 않고 졸업하는 게 목적이 된 부끄러운 기간이었다. 평신도 간사로서 단순하게 후배들과 말씀을 묵상하고 은혜를 나누던 그 시절에 훨씬 더 은혜를 누렸다.

그래도 고마운 시간이 있었다. 외부 강사의 설교가 있는 채플 시간, 한 명의 교수가 한 달 동안 매주 1회 인도하는 성경강해 시간이 광야에서 만나를 먹듯 영적 자양분을 공급했다. 저녁마다 아내, 초등학생 두 아들과 갖는 가정예배, 신학교 2년째 되던 성탄절에 유학생 중심으로 모인 한인교회를 섬기며 매주일 설교하는 시간이 은혜 받는 시간이었다. 왜 성경을 전문적으로 연구한 서기관들을 예수께서 신랄하게 책망하셨던가 이해했다. 직업으로 성경을 배우고 가르치기보다, 평신도로 헌신해서 말씀을 공부하고 가르치는 친구들을 보면 정말 귀하다. 성경 말씀은 사람이 영적으로 힘을 얻고 성장해가도록 하나님이 공급해주시는 양식이다. 예수님도 메시아 사역을 준비하며 사탄에게 시험받으실 때 신명기 말씀으로 이기셨다.

> 사람이 떡으로만 살 것이 아니요, 하나님의 입에서 나오는 모든
> 말씀으로 살 것이라(마 4:4).

데살로니가 교인들이 주님을 본받는 사람이 되기까지 말씀
은 필수 영양식이었다. 바울은 그들에게 "성경을 가지고 강론"하
였고, 예수가 그리스도임을 증거해서 예수 믿고 구원받도록 설득
했다(행 17:2-4). 그 열매로, 지적 훈련이 잘된 헬라인들이나 상류층
귀부인들도 믿음을 갖게 되었다. 하나님 말씀을 받아들이면서 그
들은 우상숭배하던 삶에서 하나님 섬기는 삶으로 생의 주인이 바
뀌었다(살전 1:9). 삶의 목표, 삶의 가치, 삶의 방식이 변했다. "믿음
의 역사, 사랑의 수고, 소망의 인내"(살전 1:3)가 그들의 삶의 특징
이었다. 성경을 읽고 묵상하는 삶의 마지막 표현은 사랑, 곧 하나
님 사랑, 사람 사랑이다. 바울은 유럽에서 교회들을 개척할 때 표
적이나 기사, 체험을 강조하지 않았다. 성경을 풀어 설명하고 성경
대로 사는 삶을 보여주자, 그들이 말씀을 받아들여 예수 믿고 구원
받게 되었다. 성경 말씀이 그들을 온전한 사람으로 성숙해가도록
도왔다.

왜 성경을 읽는가

또 어려서부터 성경을 알았나니 성경은 능히 너로 하여금 그리스
도 예수 안에 있는 믿음으로 말미암아 구원에 이르는 지혜가 있
게 하느니라 모든 성경은 하나님의 감동으로 된 것으로 교훈과 책
망과 바르게 함과 의로 교육하기에 유익하니 이는 하나님의 사람
으로 온전하게 하며 모든 선한 일을 행할 능력을 갖추게 하려 함
이라(딤후 3:15-17).

바울은 디모데에게 성경을 읽어야 하는 이유를 가르쳐준다.
첫째로 성경은 예수 그리스도, 하나님, 성령, 곧 한 분이신 삼위 하
나님이 어떤 분이시며, 그분이 우리 위해 행하신 일이 무엇인지 알
려준다. 하나님을 알게 되면 하나님 눈으로 세계와 나를 포함한 인
간을 보게 된다. 신의 존재를 부인하여 인간과 물질로 구성한 무신
론적 세계관을 해체시키고, 하나님 중심으로 재구성하는 과정을
거치며 기독교 세계관을 갖게 한다. 전에 무관심했던 영적이며 영
원한 세계, 신비하고 장엄한 세계가 새롭게 열린다.

둘째로 성경은 믿음의 출발을 돕고, 믿음으로 산다는 것이
무엇인지 알려준다. 성경에는 다양한 사람과 사건이 나온다. 그
사람과 사건은 하나님을 믿고 순종하는 삶과, 하나님을 불신하거
나 부인하는 삶이 어떻게 다른지 그 과정과 결과를 대조시켜 알려

준다.

 셋째로 성경은 구원에 이르는 지혜를 알려준다. 기독교의 구원이란 일차적으로 죄와 사망, 사탄의 결박에서 해방을 가리킨다. 대다수의 한국 그리스도인들이 예수 믿으면 천당 가서 영생하는 걸 구원이라고 배운다. 지극히 개인적 차원에 머무른다. 하지만 성경이 제시하는 구원은 개인의 운명 차원에 머무르지 않는다. 타락 상태의 인간과 사회, 생태 환경, 애완견이나 짐승과 삼라만상, 모든 피조세계의 구원까지 포함한다. 나 개인이 현실적으로 극복 못하는 문제들, 국가 사회가 당면한 문제들, 기후 위기를 비롯한 우주 환경문제를 해결하는 구원까지도 포함된다.

 넷째로 성경은 하나님의 사람으로 온전하게 하며 모든 선한 일을 행할 능력을 갖추도록 교육시켜 준다. 나는 이 부분에 소름이 돋는다. "온전하게 한다"는 표현은 희랍어 '아르티오스'(artios)를 번역한 것인데 '완전하다'(complete), '숙달하다'(proficient), '충분히 자격을 갖추다'(fully qualified)라는 뜻이다. 사람다운 사람, 사람 자격 있는 사람으로 성경이 성숙시킨다는 뜻이다. 하나님의 사람으로 온전하게 된다는 것은 성경의 사람, 말씀의 사람이 된다는 말과 다르지 않다.

히 11:6, 내 인생 요절

믿음이 없이는 하나님을 기쁘시게 하지 못하나니 하나님께 나아가는 자는 반드시 그가 계신 것과 또한 그가 자기를 찾는 자들에게 상 주시는 이심을 믿어야 할지니라(히 11:6).

히브리서 11장 6절은 나를 바꾸어 놓은 말씀이다. 한국전쟁 (1950-1953) 당시 초등학교 3학년이던 나는 아버지 손을 잡고 서귀포교회 새벽기도회에 참석했다. 당시 한기춘 목사님은 기도회 때마다 성도들에게 히브리서 11장 6절을 암송하게 하셨다. 이 말씀은 나의 인생 요절이 되었다. 신앙을 거부하던 때에도, 이 말씀만큼은 가끔 암송하게 되었다. 참 이상한 일이었다. 교회를 떠나 방황하던 시절에는 무신론적 전제 위에 쓰인 문학, 철학 서적을 내 딴에는 부지런히 읽었다. 독후감도 써보곤 했다. 그때는 무신론자로, 불가지론자로 살 수 있겠다고 다짐했다. 하지만 대학 3년 가을, 맥없이 항복하고 하나님께로 돌아온 것은 좀 어이없는 일이었다. 자기를 학대하며 암흑기를 견디던 그 시절에도 이 말씀이 내 양심을 때리곤 했다. 성경 말씀이 지금의 나를 만들었고 현재진행형으로 나를 사람 만들고 있다.

주의 일꾼으로 부르심 받으면서 사로잡은 말씀이 있다. 신촌에서 개척하며 섬기던 학생선교단체에 좋은 형제자매들이 모였었다. 나는 그들이 주님의 부르심을 받아 '대학생성경읽기' 모임이 제시하는 성서한국, 세계선교의 비전을 품는 친구요, 후배들이라고 확신했다. 그런데 내게 문제가 생겼다. 간사 초기에 성경을 가르쳐주던 선교사의 도움으로 미국 트리니티 신학교에서 공부하도록 전액 장학금을 받고 유학할 기회가 열린 것이다. 사역 출발 2년이 안 되어 10여 명의 형제자매들이 모이는 공동체가 이루어졌는데 그들을 두고 떠나자니 양심이 허락하지 않았다. 60년대에 미국 유학가는 건 천국 가는 것 못지 않게 받아들여졌다. 가느냐, 남느냐. 수개월 고민하다가 더 이상 미룰 수 없는 시간이 되었다. 할 수 없이 혼자 기도원을 찾았다. 이틀간 기도하고 돌아왔다. 미국 유학을 포기하고 무명의 사역자로 그들을 섬기기로 결심했다. 그때 붙잡은 말씀이 바로 사도행전 20장 24절이었다.

> 내가 달려갈 길과 주 예수께 받은 사명 곧 하나님의 은혜의 복음을 증언하는 일을 마치려 함에는 나의 생명조차 조금도 귀한 것으로 여기지 아니하노라(행 20:24).

'학자 되러 유학 갈래, 목자로 대학생들에게 성경 가르칠래?'
'미국 가서 잘 살래, 형제자매들과 함께 고난을 택할래?'
'책을 사랑할래, 사람을 사랑할래?'
나에게 묻고 또 물었다. 선택해야 하는 갈등의 시간에 암송하던 위의 말씀에 포로가 된 자라는 걸 경험했다.

　내가 지금 하는 일은 주 예수께서 주신 사명이다. 이 일은 단체를 키우려거나 건물 짓고 성공하려는 게 아니다. 복음으로 청년 대학생들을 살리고, 그들을 예수의 제자로 키우고, 교회와 사회에 보내는 일이다. 예수님의 제자 양성을 본받으려는 몸부림이요, '성서한국'의 꿈을 이루려는 말씀운동이었다. 이 일은 내 목숨보다 더 가치 있고 영원히 남는 하나님의 일이므로, 영원한 일에 생명을 바치고 싶었다.

　말은 거창하지만 실제로 할 수 있는 일은 초라했다. 주로 캠퍼스를 쏘다니며 학생들을 만나 친구가 되어주고 고민과 꿈을 들어주며, 성경공부에 초대하고 그들을 가르치는 일이었다. 군사독재 아래 자기 몸을 불사르며 항거하던 그 시절, 캠퍼스에서 성경공부하자는 말을 하는 게 쑥스러울 때도 있었다. 무시당하고, 좌절과 실망을 느끼며, 육체적·정신적으로 자주 탈진했다. 경제적 어려움에 시달려 포기하고 싶을 때도 있었으나, 사도행전 20장 24절을 외우고 또 외웠다. 갈라디아서 6장 9절, "우리가 선을 행하되 낙심하지 말지니 포기하지 아니하면 때가 이르매 거두리라"는 말씀이 나를 일으켜 세워주었다.

　예수 믿고, 예수를 본받는 자로 자라는 데는 '말씀'이 결정적 역할을 한다. '말씀'이 무엇이길래 사람을 새사람 만들고 성장하게 할까? '말씀'은 창조주 하나님이 당신 자신과 당신의 뜻을 알려주는 계시다. 대부분의 종교는 형체를 가진 신상을 숭배하는 "눈의 종교"다. 반면에 유대교와 기독교는 하나님의 말씀을 듣는 데서 출발하는 "귀의 신앙"이다. 구약에서 말씀은 히브리어로 '다바르', 신약에서 '말씀'은 희랍어로 '로고스'다. 성경을 공부하는 사람은 '말씀'이 나오는 문맥을 자세히 살펴볼 필요가 있는데, '말씀'이 아래처럼 크게 네 가지 의미로 쓰이기 때문이다.

— 복음(막 4:14)

— 진리(요17:17)

— 성경(롬 15:4)

— 예수 그리스도(요1:1; 요일 1:1; 계 19:3)

복음은 개인의 구원을 넘어선다

한국 신자들은 '복음'이란 말을 '예수 믿으면/교회 다니면 복 받는다'라는 의미로 받아들이는 듯하다. 복음을 내가 다르게 이해하게 된 것은 성경공부를 시작하면서다. 로마서를 공부하면서 복음의 기원이 하나님이요, 복음의 내용이 예수 그리스도요, 복음의 목적이 구원이요, 복음의 범위가 세상 만민이자 모든 피조물까지 포함한다는 걸 배우게 되었다.

데살로니가전서 1장 5절과 6절을 찬찬히 살펴보면, 바울은 '복음'과 '말씀'을 같은 뜻으로 사용한다. '복음'은 메시아를 통한 하나님의 인류 구원 약속이 예수 그리스도를 통해 이루어진다는 기쁜 소식이다(마 11:2-5; 눅 4:14-19). 복음의 핵심 내용은 예수 그리스도가 성경대로 우리 죄를 위해 죽으시고 성경대로 부활하셨다는 메시지다(고전 15:3, 4). 기독교 복음은 예수님의 초림으로 하나님 나라가 이미 시작되었고, 장차 그의 재림으로 하나님 나라가 완성된다는 '기쁜 소식'이다.

복음 말씀이 사람을 새사람으로 변화시키는 하나님의 능력이다. 사람은 본디 죄로 부패한 본성을 유전자로 받아 "옛 사람"으로, 죄인으로 생을 출발한다. 그가 하나님의 유전자를 받아 새사람 되게 하는 것은 생명의 창조주만이 하실 수 있는 구원이다. 새사람 되기 전까지는 아무리 교육을 많이 받고, 도덕적으로 고결해 보이고, 사회적으로 성공해도 하나님 형상을 닮을 수 없다. 사회를 떠들썩하게 했던 고위공직자들의 성적 일탈, 도덕 불감증을 보라. 하나님 형상을 상실한 인간은 짐승 같은 행위를 서슴지 않는다(벧후 2:20-22).

소망 없는 인간을 새 피조물로 태어나게 하기 위해 하나님은 복음을 주셨다. 새사람으로 태어나도록 성령으로 거룩하고 영원한 하나님의 유전인자를 우리 영혼에 심어주는 것이 하나님 말씀이다.

너희가 거듭난 것은 썩어질 씨로 된 것이 아니요 썩지 아니할 씨로 된 것이니 살아 있고 항상 있는 하나님의 말씀으로 되었느니라(벧전 1:23).

복음은 믿기 힘들 만큼 놀라운 은혜의 말씀이다. 복음은 그 영향이 개인 영혼의 구원에만 그치지 않는다. 역사의 종말에 사자와 어린양이 사이좋게 뛰놀고, 공기오염도 기후재앙도 코로나 바이러스도 사라지고, 죄도 고통도 죽음도 없이 모든 창조세계에 영생과 자유와 질서를 제공하는 우주적 구원이다. 오직 전능자요 절대 사랑의 창조주가 행하시는 능력과 지혜의 구원 역사다.

교회는 구원의 복음을 심각하게 축소시키는 신학적 흐름 때문에 성도를 유치한 수준에 머물게 한 면이 컸다. 대부분의 한국 신자들은 예수 믿고 죄사함 받아 내세에 영생 얻는 것이 기독교 복음이라고 이해한다. 그러나 복음서를 질문을 가지고 공부하게 되면 시야가 넓어진다. 예수께서 전파하신 복음은 영혼 구원, 내세 구원에 그치는 개인적이고 타계적인 것이 아니다. "하나님 나라 복음"(막 1:15; 눅 4:43)이다. 구원받아 천당으로 올라가는 것이 아니라, 천국이 이 땅에 내려오는 구원이다. 그러므로 복음을 우리가 믿음으로 영접하면 자기중심에서 하나님 중심으로 사고의 전환이 일어난다. 예수께서 오심으로 구약에서 예언한 메시아 통치가 실현되어 하나님 나라가 이미 시작되었다. '나라'는 '통치', '다스림'을 뜻한다. 예수님은 그의 생애, 사역, 죽음과 부활을 통해 하나님이 보내신 메시아, 곧 만유를 통치하시는 왕이심을 확증하셨다.

성숙보다 먼저 있어야 하는 게 출생이요, 성장이다. 태어나야 성장할 것 아닌가. 그러므로 자신을 돌아보면서, 다른 사람을 도우면서 확인할 것은 복음을 영접해서 새로 태어났는가 여부이다.

변화시키는 힘, 말씀

너희가 내 말에 거하면 참으로 내 제자가 되고 진리를 알지니 진리가 너희를 자유롭게 하리라(요 8:31, 32).

패커(J. I. Packer)는 《하나님을 아는 지식》에서 우리가 알아야 할 가장 중요한 하나님 지식은 첫째, 하나님이 창조주의 왕권을 가지고 통치하신다는 진리요, 둘째, 하나님이 자신의 뜻이 이루어지도록 말씀하시는 분이요, 하나님의 말씀은 절대 진리라는 점이라고 강조한다(171쪽 이하 참고). 성경에서 '진리'는 철학에서 정의하는 진리는 물론, 일상에서 말하는 '진실', '진정성'까지 포함하는 말이다.

성경을 읽으면서 이런 질문이 생긴다. 성경이 과연 역사적 사실을 기록하고 있을까? 성경 이야기가 과학적으로도 입증가능한 진리일까? 종교적 차원에서는 진리라고 하더라도 보편타당성, 영원불변성, 만인가치성 같은 진리의 특성을 갖추고 있을까 하는 의문이다. 이 주제는 현대인에게 중요하기 때문에 따로 다루어야 하지만 여기서는 단순하게 언급해야겠다. 성경을 공부하면 할수록 성경이 과학적으로나 역사적으로도 진리라고 나는 믿는다. 물론 성경은 역사 서적이 아니고 과학책도 아니다. 성경은 구원에 대해 알려주는 기독교 경전이며, 역사적 인물과 사건을 통해 신앙과 도덕적 교훈을 준다. 신화나 이야기를 기록한 것이 아니라 사실을 기록한 책이다. 아브라함의 실존성, 이집트 파라오 시대에 모세의 인도로 이스라엘 백성이 출애굽했다는 사실, 예수가 로마제국의 황제 아우구스투스 시대에 태어났다는 사실을 비롯해 성경에 나오는 기록을 역사적 진리로 믿는다. 그 증거가 고고학의 발달로 확인되었다. 나는 영국박물관에 전시된 이집트, 바빌론, 아시리아, 그리스, 로마 시대의 유물들을 보며 성경이 지어낸 이야기가 아니라, 역사적 실제 사건을 기록했다는 사실을 확신하게 되었다. 아울러 성경이 과학적으로도 증명 가능한 진리라고 믿는다. 창조신앙과 진화론도 모순이 아니라 상호 보완해 주는 이론이라고 그리스도인 생물학자들이 근거를 제시하고 있다. 하나님이 우주 모든 영역의 창시자이기 때문에 진리 자체이실 수밖에 없지 않은가.

또한 하나님의 말씀은 부패한 인간을 진실하게 변화시키는 하나님의 진리요, 능력이다. 성경의 진리는 희랍적 개념이라기보다 히브리적인 진실, 또는 성실에 더 무게가 있다. 히브리서 4장 12, 13절(새번역)을 자세히 묵상해 보자.

> 하나님의 말씀은 살아 있고 힘이 있어서, 어떤 양날칼보다도 더 날카롭습니다. 그래서, 사람 속을 꿰뚫어 혼과 영을 갈라내고, 관절과 골수를 갈라놓기까지 하며, 마음에 품은 생각과 의도를 밝혀냅니다. 하나님 앞에는 아무 피조물도 숨겨진 것이 없고, 모든 것이 그의 눈 앞에 벌거숭이로 드러나 있습니다. 우리는 그의 앞에 모든 것을 드러내 놓아야 합니다.

사람은 거짓된 존재다. 타인뿐 아니라, 자기를 속이는 경우가 많다. 인간관계나 사회생활에서 이중적인 모습이 얼마나 많은가. 그러면서도 처세술이 좋다고 착각하거나 자기를 합리화한다. 말씀은 이러한 내면 깊숙이 숨겨진 거짓 자아를 적나라하게 벌거벗겨 놓는다. 하나님의 눈초리 앞에서 속일 수 없게 만든다.

대학생 사역자가 된 지 얼마 지나지 않았을 때다. 어느 날 내가 나를 속이고 있음을 아프게 깨달았다. 사역자로서 자매들을 순수하게 대하지 못한다는 걸 발견했다. 공동체에서 자매로 대하는 태도와 홀로 있는 하숙방에서 이성으로 보는 내 생각은 사뭇 달랐다. 약혼자가 있었는데도 야릇해지는 마음이 생겼다. '주여, 저로서는 극복하기 힘듭니다.' 어디론가 떠나버려야 할까, 고민에 빠졌다. 그러던 중 요한복음 13장 2절에 "마귀가 벌써 시몬의 아들 가룟 유대의 마음에 예수를 팔려는 생각을 넣었더라"라는 말씀을 공부했다. 아! '마음의 생각'이 문제라는 걸 깨달았다.

스스로 자기 생각을 감시하다가 좋지 않은 생각이 들어오면 그 생각을 간직하며 발전시켜 즐기지 말고, "주여, 불쌍히 여기소서!" 간구하며 재빨리 생각의 테이프를 단호하게 바꾸어야 한다는 교훈을 새기는 계기가 되었다. 유다는 마귀가 넣어준 생각을 간직한 채 은근히 속으로 키우다가 끝내 예수를 팔고 자살했다. 만약, 빨리 생각을 바꾸어 회개하고 주님의 도움을 요청했더라면 그 무서운 죄에서 떠날 수 있지 않았을까. 하나님은 예레미야에게 말씀하셨다.

내 말이 불 같지 아니하냐 바위를 쳐서 부스러뜨리는 방망이 같지 아니하냐(렘 23:29).

부끄러운 사고 습관을 어떻게 정결하게 할까? 애굽의 바로처럼 강퍅하고 바위같이 굳어진 고집을 무엇으로 부술 것인가. 지금은 주로 다이너마이트로 바위를 깨지만 옛날에는 석수가 큰 망치로 깨뜨렸다. 독종 인간의 대표는 바울일 것이다. 그가 말씀이 그리스도를 닮도록 하는 은혜의 수단이라고 가르치게 된 것은 자기 안에서 일어난 말씀의 능력을 체험했기 때문이었을 것이다. 메시지 성경은 이렇게 번역하고 있다.

> 말씀이 여러분을 그분이 원하는 모습으로 만드실 수 있고(행 20:32).
> God whose gracious Word can make you into what he wants you to be.

말씀은 우리를 성장시키는 젖과 같다. 갓 태어난 아기가 엄마 젖을 쪽쪽 부지런히 빨아먹으면서 자라듯이, 하나님의 아기로 태어난 우리가 어른이 되기까지 성장시키는 영양소를 말씀이 공급한다(벧전 2:2). 말씀이 우리의 영적 양식이다. 예수님이 열두 제자를 양육하며 행하신 첫 번째 일이 바로 '아버지의 말씀'을 주신 것이다. 제자들이 예수님을 알고 믿게 된 것은 말씀을 받아들였기 때문이었다(요 17:8). 제자들과의 이별을 앞두고 예수님은 기도하셨다.

> 그들을 진리로 거룩하게 하옵소서 아버지의 말씀은 진리니이다 (요 17:17).

제자들은 주님의 말씀을 받았기에 "세상에 있었으나 세상에 속하지는 않은" 자가 될 수 있었다. 우리 시대의 크리스천들에게

'거룩', '경건'은 혐오 단어가 되었다. 아마 위선자를 연상시키기 때문이리라. 하지만 성경을 하나님의 진리의 말씀으로 믿는 우리에게 '거룩'은 대체 불가능한 단어다.

성경을 가르치거나 설교하는 사람은 먼저 자기 자신을 살펴야 한다. 말씀 앞에 자기를 성찰하면 가면이 벗겨진다. 말씀의 종은 깨끗한 물과 같은 하나님 말씀의 통로가 되어야 하는데, 관이 녹슬고 부패하면 어떻게 되겠는가. '설교' 준비는 '설교자' 준비부터 출발한다. 먼저 내 죄를 고백하고 보혈로 씻김을 받고, 성령의 새롭게 하심을 누려야 말씀 증거할 자격을 얻는다. 설교 원고를 다 쓴 후에도 말씀으로 받은 은혜, 회개해야 할 죄, 붙잡아야 할 약속을 자기에게 적용하며 은혜를 구한다. 설교를 들을 성도의 이름을 부르며 성령께서 각 사람의 마음을 열어주시고 필요한 말씀을 달라고 간구함으로 마무리하려 노력한다. 설교 원고를 잘 쓰는 것보다 내 심령이 말씀으로 충만해져서 삼위일체 하나님을 높이려는 심정, 성도들을 향한 사랑으로 가득해야 한다. 말씀과 성도를 향한 사랑에 사로잡히면 자기 자신으로부터 자유로워진다. "오늘 설교 잘해야지" 하는 자의식이 생기면 자기에게 갇힌다. 바울은 디모데에게 가르침 이전에 너 자신을 성찰하라고 권면한다. "네가 네 자신과 가르침을 살펴 이 일을 계속하라"(딤전 4:13).

말씀을 전할 때는 추상, 현학, 원어 사용이나 아름다운 표현보다 일상에 적용할 구체적 가르침이 있어야 한다. 그래서 바울은 우리가 전할 "바른 말"이란 첫째, "우리 주 예수 그리스도의 말씀" 이요, 둘째, "경건에 관한 교훈"이라고 가르친다(딤전 6:3). "경건에 관한 교훈"이란 지금 여기서 실제 삶에 적용하고 순종하여 속사람과 겉사람이 함께 변하는 가르침이다. 나는 아직도 내 안에 거룩함과 경건함이 온전히 이루어지지 못해, 절망한다. 그러나 자학하느라고 시간 낭비하지 않고, 넘어져도 다시 일어나 주님의 은혜의 자리에 당당하게 나아가는 법을 배웠다(히 4:15, 16). 찬송가에 이런 가사가 있다. "주님의 마음 본받아 살면서 그 거룩하심 나도 이루리."

말씀은 몸소 가르쳐야

예수 믿어도 변화에는 한계가 있다. 이 죄 많은 세상에서 죄된 성품을 지니고 살면서 어떻게 "온전한" 하나님의 사람이 된단 말인가? 바울의 처방이 '성경'이다. 디모데후서 3장 17절에 "이는 하나님의 사람으로 온전하게 하며"라는 말에 주목하자. 성숙한 사람, 온전한 사람으로 성경이 만들어 준다는 말이다. 성경은 성령의 영감으로 기록된 하나님 말씀이므로, 절대 권위, 영원 진리라고 믿는다.

검은색 활자 중에 하나님, 예수님이 친히 하신 말씀만 붉은색으로 인쇄한 성경책들이 있었다. 거기에는 신학적 오류가 있다. 전체가 하나님의 말씀인 경전이 아니라, 하나님 말씀이 포함된 경전이라는 의미이기 때문이다. 의외로 많은 기독 지식인들이 이러한 성경관을 가지고 있다. 인간의 지적 한계 때문에 다 이해하지 못하고 오류가 있는 듯 보이는 부분도 없지 않다. 예수께서 한 몸에 인성과 신성을 소유했듯이, 성경도 인성과 신성을 동시에 가졌다. 성경은 하나님 말씀으로서 구원의 지혜, 교훈, 책망과 바르게 함과 의로 교육하기에 유익하므로 하나님의 사람으로 온전하게 한다. 한번 생각해보자. 내가 구체적으로 성경의 어떤 교훈, 책망, 바르게 함, 의로 교육을 받아 지금까지 성장했는가? 바울이 유언으로 남겨준 가르침이 바로 성경대로 살라는 것이다. 성경 읽기, 묵상, 설교, 성경대로 살기, 가르치기를 전념하면 성숙해진다는 것이다.

얼마 전 30대 청년과 성경 공부에 관해 대화를 나눈 적이 있다. 그가 영적으로 풍성한 기쁨을 맛보고 유익했던 시간은 수동적으로 설교를 듣거나 개인적으로 성경을 읽을 때보다는 소그룹으로 말씀을 나누거나, 성경공부를 인도할 때였다고 한다. 대부분의 크리스천이 이 말에 공감하리라고 믿는다. 종교개혁자들이 강조한 공동체 성경 읽기가 신앙과 인격을 성숙시키는 데 필수적이라는 말이다. 특히 일대일이나 소그룹 성경공부를 인도하려면 인도자가 먼저 기도하며 묵상하고 준비하며 기록하게 된다. 성령의 도움을 구하는 기도 없이는 할 수 없다는 걸 깨닫는다. 말씀이 살아 있어 각 사람에게 교훈을 주고 책망하는 것은 성령이 말씀과 함께 일하기 때문이다. 그러므로 목회자나, 선교단체 간사는 자기만 인도하지 말고, 성도에게도 성경 가르치는 기회를 제공해야 할 것이다. "Teaching is learning"이라는 말이 있다. 말씀 인도자가 가장 많이 배우고 성장한다는 뜻이다.

평신도가 주일 설교를

어떤 분은 주일 설교는 프로인 목사가 전담해야지, 아마추어인 평신도에게 맡기면 안 된다고 주장한다. 교회사를 몰라서 하는 말이다. 당대 가장 영향력 있던 설교자 가운데 평신도들이 많았다. 아시시의 성 프란시스(St. Francis of Assisi, 1182-1226), 형제단 설립자 조지 폭스(1624-1691)는 정규 신학교를 다닌 적이 없는 평신도였다. 영국 교회, 특히 침례교회는 담임목사와 회중이 인정하는 소수의 평신도 설교자가 돌아가면서 인도하는 교회가 많다. 심지어 장로교인들이 성경 다음으로 소중히 여기는 17세기 웨스트민스터 신앙고백을 만든 지도자들 가운데, 잉글랜드 대표단은 목회자가 121명, 평신도가 30명이었고, 스코틀랜드 대표는 목회자 4명, 평신도 2명으로 구성되었다. 종교개혁에서 가장 중요한 전통이 만민제사장설 아닌가.

존중받던 19세기 설교자 스펄전(C. H. Spurgeon, 1834-1892)도 정규신학교를 다닌 적 없는 설교자였고, 20세기 최고의 설교자로 여기던 로이드 존스(Lloyd-Jones) 목사도 의사 출신으로 독학하여 경지에 이른 설교자요, 신학자였다. 그의 선임 목사로 "설교의 왕자"로 불리던 캠벨 모건(Campbell Morgan, 1863-1945)도 평신도였다. 해외 선교지를 가보면 한국처럼 신학교 나온 목사, 선교사는 극히 소수다. 평신도 직업선교사가 복음을 증거하고 성경을 가르치면서 교회가 서고 사회가 변하는 사역의 현실과 그 열매를 간과해서는 안 된다.

나는 평신도에게도 주일 설교를 맡기는 게 성도에게 유익하다고 생각한다. 트루블러드(D. E. Trueblood)는 20세기 세계 교회의 새로운 의식운동이 "평신도 사역"이며, 때로 직업 종교인보다 더 효과적이라고 한다("Lay Preaching" in Douglas, *Encyclopedia of Religious Knowledge*. 496쪽 참고). C. S. 루이스 같은 영국 평신도는 신학교 교수 수준 이상으로 신학을 공부한 분이요, 그의 책이 신학자나 목사 1,000명보다 더 영향이 크지 않은가. 옥스퍼드 대학의 지리학 교수로서 캐나다 리전트 칼리지(Regent College)를 세운 휴스턴(J. Houston)을 비롯, 폴 스티븐스(P. Stevens) 교수 등의 평신도 신학이 세계 교회에 끼친 영향을 기억하자. 정진호 교수의《예수는 평신도였다》라는 주장도 귀 기울일 만하지 않은가.

1960년대부터 대학생선교단체의 영향 등으로 평신도로서 성경을 깊고 넓게 공부한 기독 지성인들의 수가 생각보다 많다. 나도 전기공학과 출신의 평신도 사역자로 13년을 사역했고, 사역의 열매를 풍성하게 목격한 증인이다. 선교사들한테서 성경을 배웠고, 영국 IVP에서 나온 성경 사전, 주석, 미국의 기독교 서적, 교회사나 조직신학 책들을 독학할 수 있었나. 하루를 출발하면서 섬심 전까지는 성경 연구하면서 대학생들을 섬겼기 때문에 교회에 실망하던 학생들도 예수의 제자로 세울 수 있었다. 목사들의 영적, 지적 수준이 훌륭한 평신도보다 결코 앞서지 못하는 경우가 많다는 걸 정직하고 겸손하게 인정할 필요가 있다. 예외가 있지만, 신학대학이나 신학대학원에 입학하는 학생들의 지적 수준이 일반 대학생들에 못 미친다. 전임 목회자가 성경 연구와 일반교양 넓히기에 전념하지 않으면 세월이 흐를수록 평신도들을 가르치기 힘들어질 것이다.

평생 교회를 섬기다가 좌절한 어느 장로가 청년들에게 "교회 다녀서 성장하나요?"라고 아프게 묻던 말이 생각난다. 그러나 고마운 흐름이 있다. 목사, 전도사들 중에 각성하고 말씀과 기도, 지성을 갖추려고 애쓰는 젊은 사역자들이 등장한다는 점, 가정 교회나 작은교회 운동에서 평신도 설교자들로 말씀 사역을 섬기는 흐름이 생긴다는 점이다.

지금은 서적이나 인터넷으로 성경과 신학 정보에 얼마든지 접근할 수 있는 시대다. 문제는 말씀을 가르치는 자가 얼마나 하나님을 경외하고 사람을 사랑하는가, 그가 "말씀에 사로잡힌" 사람인가에 달렸다. 히브리서 저자는 믿음을 가진 지 오래되었는데도 말씀을 가르치지 못하는 자를 미숙한 신자로 구분한다. 아기가 엄마가 떠주는 죽만 먹듯, 목사의 설교만 의지하고 자기 스스로 성경 말씀을 묵상하고 적용하는 훈련이 되지 않은 성도들이다.

> 때가 오래 되었으므로 너희가 마땅히 선생이 되었을 터인데 ……
> 그리스도의 도의 초보를 버리고 …… 완전한 데로 나아갈지니라
> (히 5:12; 6:1).
> In fact, though by this time you ought to be teachers ……
> let us go on to maturity.

베드로는 거듭난 신자는 누구나 말씀 속에서 주의 인자하심을 맛들이기 시작하면 "거룩한 제사장"으로 주님과 다른 사람을 섬길 수 있다고 가르친다(벧전 2:1-5). 하나님 말씀이 가진 신비한 능력 때문이다. 신앙공동체에 속한 개개인이 성경 속에서 하나님의 사랑을 맛보는 습관에 길들여지고, 성경을 자녀들에게, 다른 사람에게 가르칠 수 있는 주님의 일꾼으로 양육된다면 그 공동체는 하나님 앞에서 존재 의미가 있다. 교회는 성경 말씀을 멀리할 때 위기가 닥친다. 교인들이 교제에만 치중하고, 교회가 각종 행사와 사업에 치중하다가 종교 기업으로, 존재 의미가 없는 클럽으로 변질한다. 그러나 소수지만 하나님을 진실되게 예배하고, 성경을 하나님 말씀으로 경외하고 사랑하며 성숙해가는 교회와 단체도 있다. 아직 한국 교회가 희망이 있다.

성경은 사람을 성숙케 할 뿐 아니라, 모든 선한 일을 행할 능

력을 갖추세 한나(딤후 3:17하). 말씀의 사람들을 통해 사회, 역사가 개혁, 개선, 발전한다. 문화 문명을 야만 수준에서 고상한 문화로 고양시킨다. 스코틀랜드 목회자인 스크로기(W. Graham Scroggie)가 쓴 글 중에 "만약 성경이 없었다면"(What if There had Never Been a Bible)이 있다. 성경이 인류의 역사, 문화에 끼친 영향을 열거했다. 조나단 힐(Jonathan Hill)의 《기독교는 무엇을 해주었나What has Christianity ever done for us》는 기독교가 사상, 교육, 과학, 개인과 사회, 전 세계에 끼친 영향의 역사적 증거들을 제시한다. 현재 인류가 당연하게 누리는 수많은 혜택이 사실은 기독교 문화의 산물임을 입증한다. 그 내용을 여기에 소개하기는 무리이고, 세상을 살만한 곳으로 바꾸기 위해 "선한 일"에 힘쓰고 탁월한 영향을 끼친 대표적 인물만을 소개한다.

— 미술, 건축 : 미켈란젤로, 렘브란트 등

— 음악 : 하이든, 바흐, 헨델, 모차르트 등

— 언어, 문학 : 단테, 셰익스피어, 도스토옙스키 등

— 사회개혁 : 웨슬리, 조지 뮬러, 윌버포스 등

— 선교를 통한 언어, 교육, 의료, 문화, 구제 : 윌리엄 캐리, 허드슨 테일러, 조지 뮬러, 언더우드 등

— 가정생활에 끼친 영향 : 존 웨슬리의 어머니 스잔나, 링컨의 어머니 등

— 개개인의 영혼에 끼친 영향 : 아우구스티누스, 파스칼, 최권
능 등

1880년대 유교가 그 생명을 다하고 종교적 혼돈 상태에 놓
였던 우리 문화에 성경이 들어오면서 끼친 영향을 잊지 말아야 한
다. 이만열의 《한국기독교문화운동사》(대한기독교출판사), 김동춘
의 《북간도기독교운동사》(총회출판국)는 초기 기독교가 한글 보존,
여성과 어린이 신분 향상, 노비와 백정을 평등하게 대우한 신분·
계층 사회변혁, 의료, 교육, 독립운동 등에 끼친 영향을 극적으로
보여준다. 아시아에서 대한민국이 문화적으로 가장 앞선 나라가
되고 있는 것은 그나마 기독교 영향이 가장 크기 때문이다. 기독교
인의 아전인수가 아니다. 역사적 현실이다.

여러분, 사랑합니다

태초에 말씀이 계시니라 이 말씀이 하나님과 함께 계셨으니 이
말씀은 곧 하나님이시니라 (요 1:1).

요한복음 1장 1절을 처음 읽으면 수수께끼 같다. 추상명사
'말씀'이 인격체인 '하나님'과 어떻게 동일하단 말인가? 난처한 것
은 하나님이신 말씀이 사람이 되어 당대인들과 함께 살았는데, 그

가 바로 하나님의 아들 예수 그리스도시라는 선언이다(요 1:14). 하나님이 사람 되셨다는 성육신(成肉身, incarnation)은 신비다. 성경 저자들 가운데 가장 오래 생존했던 사도 요한은 지상의 예수 그리스도로부터 특별한 사랑을 받았던 제자였다. 그는 예수의 생애, 죽음, 부활, 승천의 목격자요, 오순절 성령 강림을 온몸으로 체험했다. 후에 로마 황제의 기독교 탄압으로 밧모 섬에 유배된 그는 성경 저자 가운데 유일하게 천상의 예수 그리스도와 하나님 나라 환상을 보고 승천하신 주님과 깊이 교제를 나누었다.

요한은 그리스도를 아는 지식의 절정에서 그리스도의 이름을 "하나님의 말씀"(계 19:13)이라고 소개한다. 엄청난 표현이다. 말씀이 예수님을 가리킨다는 말을 할 때 생각나는 분이 있다. 영국 선교단체 OMF의 첫 한국 선교사, 패티슨(Pattisson, 배도선)이다. 마산에서 소아 척추결핵 환자를 돌보던 그가 언어를 배우러 서울에 머무른 때가 있었다. 이대 앞, 성경읽기 모임에서 그는 요한복음을 수개월 동안 가르쳤다. 첫 시간에 열 명 정도의 학생들이 모인 자리에서, 그는 '말씀'을 설명했다. "여러분, 내가 여기 서서 아무 말 없이 침묵하며 서 있다면 내가 누군지, 내가 무엇하는 사람인지 알 수 있나요? 만약, 하나님이 아무 말씀하지 않으신다면, 우리가 어떻게 하나님을 알 수 있나요? 그래서 하나님이 예수님을 말씀으로 보내셨습니다. 하나님이 누구신지, 하나님의 사랑이 어떤 사랑인지 예수님을 통해 알려주신 것입니다."

내가 성경에서 책 전체를 처음 공부한 것이 요한복음이다. 미국 남장로교 파송 선교사 사라 배리(Sarah Barry, 배사라)의 인도를 받았다. 여러 번 거듭 공부했고, 또 간사로 학생들과 처음 공부한 책이기도 했다. 그런데 설명하기 어려웠고, 한 번도 경험해보지 않은 말씀을 가르치느라고 난감한 경우가 많았다. 내 아내는 15장의 포도나무 비유가 예수님과의 인격적 교제를 가능케 한 '최애' 말씀이라고 했지만, 난 이해되지 않는 부분이 많았다. 특히 "너희가 내 안에, 내가 너희 안에 거하면"이 선뜻 이해되지 않았다. 예수님이 당신 자신과 당신의 말씀을 동일시하신다. "너희가 내 안에 거하고 내 말이 너희 안에 거하면 무엇이든지 원하는 대로 구하라 내가 이루리라"(요 15:7).

"내가 너희 안에, 너희가 내 안에"라는 말씀이 특별한 의미로 내게 다가온 것은 암으로 오른쪽 신장을 적출한 2001년 12월이었다. 수술 후 사흘간은 마취제 덕에 아픈 줄 몰랐다. 나흘째 되던 날, 검사받으러 들어가자 남자 간호사 둘이 이동식 침대에 누운 나를 들어 검사실 침대로 옮기는데 무슨 물건 던지듯 휙 내던지는 것이었다. 살면서 맛본 통증 가운데 가장 아픈 경험이었다. 창자가 끊어지는 고통이란 게 이런 거였구나, 알게 되었다. 그날 왜 이런 고통을 허용하셨을까, 하나님께 원망 섞인 간구를 하다가 섬뜩하게 다가온 말씀이 있었다. "네가 아파할 때 나도 너 안에서 함께 아파했어", 주님의 음성이 들리는 듯한 경험이다. 예수님과의 연합, 그것의 의미를 좀처럼 깨닫지 못하는 우둔한 나에게 "작고 세미한 소리"로 알려주시는 듯했다. 나를 위해 죽으시고 다시 살아나신 그리스도의 영이 내 안에 거하시는데, 그분이 바로 말씀이시라는 영적 신비를 알려주신 은혜의 시간이었다.

수술받은 지 2주째 되는 어느 날, ESF(기독대학인회) 전국 겨울 수련회에서 말씀을 증거하러 비포장 도로를 차로 가고 있었다. 차가 웅덩이를 지나다가 요동치는데 통증이 심하게 느껴졌다. 하지만 웃으며 수련회장까지 갈 수 있었다. 앉아서 말씀을 전할 수 있도록 주최 측에서 의자를 준비해 놓았다. 앉자마자 학생들의 얼굴을 둘러본 후, 인사했다.

"여러분, 사랑합니다!"

아직도 그 이유를 잘 모르겠다. 그날 나의 고통스러운 모습이 가련하게 보여 동정 점수를 받았는지, 내 음성에 무슨 느낌이 실려 있었는지 모르겠다. 전에 경험해보지 못한 성령의 임재와 역사하심을 실감할 수 있었다. 성령께서 여러 자매형제들의 마음에 감동을 주었다. 그날 나를 통해 주님의 십자가 은혜를 받은 몇몇 형제자매들이 지금도 그날의 감동을 나눈다.

얼마 후에는 전국 기독의대생 모임(CMF 전국 수련회)에서 아침에 120분간 베드로전서를 강해하는 주강사로 섬겼다. 전주에서 열렸는데 내가 정상이 아니었다. 말씀 증거하는 도중에 갑자기 휘청하며 어지러워서 계속하기가 힘들었다. 잠시 강의를 쉬고 형제자매들에게 기도를 부탁한 후 다시 계속해서 말씀을 증거했다. 그 수련회에서 만난 자매형제들과 지금까지 그 수련회에서 받은 은혜를 나눈다는 것도 큰 기쁨이다. 주님은 사람이 약할 때 당신의 은혜와 능력을 나타내신다. 말씀이신 예수 그리스도를 요한은 잊을 수 없는 두 쌍의 단어 조합으로 표현했다.

그[말씀] 안에 생명이 있었으니, 이 생명은 사람들의 빛이라(요 1:4).

말씀이 육신이 되어 우리 가운데 거하시니, 우리가 그 영광을 보니 아버지의 독생자의 영광이요 은혜와 진리가 충만하더라(요 1:14).

예수님은 "빛과 생명"이요, "은혜와 진리가 충만하신" 우리 구주, 우리 왕, 하나님 말씀이시다. 그분 안에서, 그의 말씀 안에서, 우리는 온전히 주와 연합한다. 썩을 육체가 썩지 않을 것으로 입는 그날에는 우리의 몸, 영혼 모두 완전무결한 부활의 새 몸으로 홀연히 변화시켜 주실 것이다. 이것이 말씀으로 사는 자의 마지막 희망이다.

성경이 나를 읽어야

바울은 데살로니가 성도들이 말씀을 받아들였던 마음 자세를 칭찬한다.

이러므로 우리가 하나님께 끊임없이 감사함은 너희가 우리에게 들은 바 하나님의 말씀을 받을 때에 사람의 말로 받지 아니하고 하나님의 말씀으로 받음이니 진실로 그러하도다 이 말씀이 또한 너희 가운데에서 역사하느니라(살전 2:13).

아무리 좋은 음식이나 보약이라도 잘 소화시켜야 영양이 되고 약이 되는 법이다. 아무리 하나님 말씀이 전해져도 듣는 자가 좋은 마음 밭이 되어 받아들이지 않으면 헛일이다. 그래서 '듣기'가 중요하다. 기독교 신앙은 말씀을 들으면서 생기고 자란다. 바울은 로마서 10장 17절에서 들음의 중요성을 이렇게 강조한다.

그러므로 믿음은 들음에서 나며 들음은 그리스도의 말씀으로 말미암았느니라(롬 10:17).

전도자 무디(D. L. Moody)가 한때, 왜 내 믿음이 안 자라나, 고민하다가 이 말씀에서 답을 찾았다고 한다. "아, 하나님 말씀을 잘 듣기만 하면 믿음이 성장하는 것이구나!" 깨닫고 난 그는 위대한 말씀의 사람이 되었다. 학교 교육을 거의 못 받은 구두수선공이었던 그가 후엔 당대 세계 최고의 대학, 옥스퍼드, 케임브리지 학생들에게 복음을 전하는 일꾼이 되었다.

기독교 신앙은 하나님 말씀을 잘 듣는 데서 출발한다. 믿음의 조상 아브라함도 하나님의 명령과 약속의 말씀을 듣고 순종하며 믿음의 삶을 출발했다. 그 후 가는 곳마다 제단을 쌓고 예배를 드렸다. 말씀 듣기가 공예배 참여보다 앞서야 한다. 주일, 새벽, 금요, 구역 예배 등을 많이 참석하지만, 왜 신자들이 전인적으로 성숙하지 못할까? 왜 변화가 더디고 형식뿐인 교인으로 머무는 걸까? 국회의원, 장관, 교수, 기업인, 지도층 가운데 주일예배 참여하는 기독인은 많다. 그런데도 왜 탐욕과 불의와 무정함과 불평등, 분열로 얼룩지고 룸살롱 속물 문화가 이 땅에 가득할까? 하나님 말씀을 들어도 순종하지 않고 튕겨내기 때문 아니겠는가.

애버딘 대학교 존 웹스터(J. Webster) 교수는《성경Holy Scripture, A dogmatic sketch》에서 성경 말씀을 바르게 읽고 주의 깊게 듣는 독자의 신실한 자세를 강조한다. 특히 제3장 '은혜의 경륜 안에서의 읽기'(Reading in the Economy of Grace)는 자율성, 자기 생각을 강조하는 데카르트나 쇼펜하우어의 책 읽기와 대조하며, 성경을 하나님의 말씀으로 경외심을 품고 읽어야 할 자세를 가르쳐준다. 경외하는 성경 읽기에 대한 역사적 근거로 칼뱅의 태도, 본회퍼의 성경 읽기를 예시한다. 성경학자 박윤선목사가 강조한 "계시의존적 사고"는 말씀 듣고 자기 생각을 바꾸는 훈련이 필요하다고 가르친다.

사실, 내가 성숙하지 못한 가장 큰 원인은 앞서 말했듯이, 신학과 성서해석학을 '쬐끔' 공부하면서 갖게 된 직업 종교인의 건방진 태도였다. 하나님 말씀을 듣기보다 비판하며 읽는 태도를 버리기 쉽지 않았다. 서기관 같은 태도로, 성경을 '이용해서' 설교할 교훈을 찾는 태도가 앞서, 칼날 같은 하나님 말씀으로 나 자신이 해부당하는 건 교묘하게 피했다. 강영안 교수가 《읽는다는 것》에서 지적했듯 성경 읽기에 그쳤지, 성경으로 내가 읽히는 것은 의도적으로 피했다. 좌우에 날선 검 같은 말씀 앞에 벌거벗은 채로 자기를 노출해야, 내 속의 암세포도, 병균도 발견하고 도려낼 부분을 도려내지 않겠는가. 벗은 몸으로 거울 앞에 서듯 하나님 말씀으로 내가 읽히지 않으려는 건 바리새주의에 물든 직업 종교인의 위선의 수건으로 가리는 고약한 버릇 때문이다. 설교자는 성경 아래 무릎 꿇는 자세가 아니라, 성경 위에 서서, 성경을 이용해서 자기 말을 하려는 위험이 크다. 칼뱅은 강조했다. 성경 말씀 앞에 두렵고 떨리는 마음으로 첫째는 겸손, 둘째는 순종, 셋째는 애정(affection)의 태도가 중요하다고.

본회퍼는 동시대 자유주의 신학자들처럼 성경 본문을 관념적으로 해석하려 들지 않고 말씀 그대로 듣고 받아들이는 태도를 강조했다. 그의 저서 가운데서도 《신도의 공동생활》과 《나를 따르라》는 말씀을 영해하거나 개념화(conceptual sophistication)하지 않고 주께서 지금 나에게 하시는 살아 있는 말씀으로 듣는 자세를 권한다. 말씀을 실제 삶에 직선으로 받아들이며 '현재화'(making present)하는 태도다. 이런 자세는 성경을 읽을 때 성령께서 함께하시고, 말씀을 조명해주시며, 양심을 깨우시는 임재를 믿을 때 가능할 것이다. 본회퍼는 사회윤리학자, 사회변혁운동가이기 이전에 성경을 읽으면서 하나님 말씀을 듣고 복종하는 말씀의 사람이었다. 미로슬라브 볼프(M. Volf)도 《하나님의 말씀에 사로잡혀 *Captive to the Word of God*》에서 21세기 그리스도인에게 절실한 "경외의 해석학"(hermeneutics of fear)을 강조했다.

경외심을 가지고 성경을 하나님 말씀으로 읽는 훈련을 위해 의자에 성경을 펴놓고 무릎 꿇고 소리 내어 읽어본 적이 있다. 신약은 그런대로 은혜가 되는데 구약을 같은 태도로 읽기는 무릎도 아프고 힘들었다. 얼마 못 가 포기했지만 지금도 경외하며 하나님 말씀을 받아들려는 태도를 가지려고 애쓰고는 있다. 설교자뿐 아니라, 설교를 듣는 자도 마찬가지이다. 설교가 마음에 안 들어도 본문에서 하나님 말씀을 듣는 태도만큼은 가져야 한다. 영미 복음주의 교회 전통인 성경을 풀어 증거하는 설교 방식을 '강해' 설교라고 한다. 강해 설교는 특별한 은사를 받은 분들 외에는 듣는 자의 귀를 즐겁게 해주지 못한다. 그러나 익숙해지면 성도들이 설교나 성경공부를 통해 믿음이 자라고 확신을 갖게 되는 은혜를 경험한다. 서울에서 청년 중심의 교회를 셋 개척하며 섬겼다. 그중 한 곳에서는 여러 가지로 고전했다. 처음 참여한 자들이 말씀을 주의 깊게 듣고 받아들이기보다 튕기고 비판하는 태도였기 때문이다. 설교가 성경적인가 아닌가 분별할 수 있는 비판정신은 필요하다.

그러나 칼뱅의 말대로 "겸손하게 배우는 마음"(teachableness)이야말로 예수의 제자들에게 필수적인 마음 자세다. 별로 알지도 못하는 주제에, "입김보다 가벼운"(시 62:9) 피조물인 자기 자신을 과대평가하고 전지전능하신 창조주 하나님 앞에서 그분의 말씀을 튕기고 안 받아들이는 거드럭거리는 자들에게 하나님은 어떤 마음을 가지실까?

말씀을 받아들이지 않는 것은 예수님을 거역하는 태도다. 말씀을 영접하지 않는 이유를 깊이 파보면 자기를 부인하고 예수님과 연합하는 삶이 싫기 때문이다. 힘들고 아프고 손해나고 자존심을 꺾는 자기 부인은 힘들다. 그러나 예수를 따르려면 먼저 자기를 부인해야 가능하다. 복음 정신은 죽어야 다시 살아나는 법을 깨우쳐 준다. 신앙 인격의 성장이란 말씀으로 자기 죄를 시인하고 회개하며 성령으로 날마다 새로워지는 성화의 과정이다. 이것이 경건 훈련이다. 주님의 모습을 본받는 삶은 주님과 함께 죽고 주님과 함께 부활하면서 맛보는 새로운 삶이다(롬 6:4, 5). 신비한 영적 체험이다. 날마다 말씀으로 새로워지는 사람은 은혜로운 사람이요 복받은 사람이다. 말씀을 듣고 행하면서 삶의 목적, 삶의 가치, 삶의 방식이 점차 예수님이 바라시는 방향으로 변화되는 것이 성숙이다. 다윗이 시편 34편과 51편에서 드린 기도가 바로 하나님 말씀 앞에서 자기가 죽고 다시 살아나는 체험의 기록 아닐까.

내가 이르기를 내 허물을 여호와께 자복하리라 하고 주께 내 죄를 숨기지 아니하였더니 곧 주께서 내 죄를 사하였나이다(시 32:5).

하나님이여 내 속에 정한 마음을 창조하시고 내 안에 정직한 영을 새롭게 하소서 …… 하나님이 구하시는 제사는 상한 심령이라 하나님이여 상하고 통회하는 마음을 주께서 멸시하지 아니하시리로다(시 51:10, 17).

하나님 앞에서 죄를 인정하고 회개하는 자는 용서받고 성령의 깨끗케 함을 경험한다. 이런 경험이 성경 말씀을 읽으면서 맛보는 은혜다. 말씀과 성령님은 늘 함께 일하신다(요 3:34). 회개하고 새로워진 영혼은 하나님을 찬양하게 된다. 아우구스티누스의《고백록》이 루소의《참회록》처럼 너절하지 않고, 읽을 때마다 신선하고 깊이 있게 읽히는 이유가 무엇일까? 자기 죄 고백보다는 용서하시고 새롭게 하시는 사랑의 하나님을 향한 찬양으로 가득하기 때문이리라.

우리가 제대로 말씀을 받아들이며 살고 있는지 확인하는 잣대가 있다. 사랑이다. '하나님을 사랑하고 이웃을 사랑하는가'이다. "성경 전체의 완성과 목적은 사랑이다." 아우구스티누스의 말이다. 사랑하는 그 사람이 성숙한 사람이다. 본회퍼가 말했듯이 단순하고 직접적으로 내게 다가오는 말씀을 거부하지 말고 받아들이면 된다. "마음을 다하고 성품을 다하고 힘을 다하여 네 주 하나님을 사랑하라!", "원수를 용서하고 축복하라", "이웃을 네 몸처럼 사랑하라"는 말씀부터 받아들이고 순종하자. 가까이 있는 아내나 남편, 부모나 자녀들부터 사랑하자. 성경에서 난해한 부분은 이해가 안 돼도 놔두자. 시험 잘 못 보는 학생은 모르는 걸 붙들고 끙끙대느라고 시간 다 보낸다. 아는 것부터 행하자. 우선 사랑하라는 말씀을 마음에 새기고 실천하는 삶을 하루라도 제대로 살아보자. 현대 기독교회 안에 사랑 없이 공부하고, 토론하고 사업하느라고 세월 다 보내는 직업인들이 많다. 엄마가 교회 봉사에 헌신하느라고 돌봄을 못 받아 상처가 깊은 청년들도 꽤 만났다. 성장기 아이가 부모의 돌봄을 받지 못하며 일생 잘못되는 경우도 있다. 교회 봉사는 열심인데, 자녀들에게 예수님의 복음, 성경 이야기를 들려주지 않는 부모는 직무 유기하는 것이다. 성경주석의 백미로 꼽히는 매튜 헨리 주석이 가정 성경공부에서 비롯되었다지 않은가. 나는 어려서 어머니에게서 성경 이야기는 한 번도 듣지 못하고 자랐다. 어머니도 불신 가정에서 자랐고, 내가 초등학교 입학하던 해 함께 교회 출석하기 시작하셨다. 대신 어려서 장화홍련전 이야기를 들으며 그 끔찍했던 충격이 잊히지 않는다. 그래서 자녀에게 성경 가르쳐주며 눈물 흘린 어머니의 얼룩진 성경을 보는 시인의 찬송을 좋아한다. 청년들에게 겨울이나 여름에 집중해서 성경의 한 책을 공부하는 성경학교를 열 때면 예외 없이 이 찬송을 불렀다.

가정 성경공부로 성서한국이 이루어질 꿈을 꾸면서.

나의 사랑하는 책 비록 해어졌으나
어머니의 무릎 위에 앉아서
재미있게 듣던 말 그때 일을 지금도
내가 잊지 않고 기억합니다
귀하고 귀하다 우리 어머니가 들려주시던
재미있게 듣던 말 이 책 중에 있으니
이 성경 심히 사랑합니다

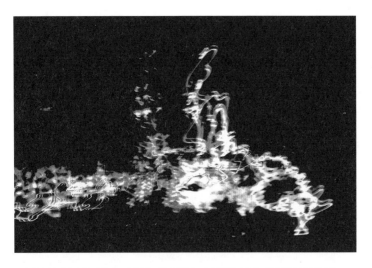

사랑이신 하나님이 어떻게 사랑하는 자녀에게 고통을 주실까? 견디면 좋아지리라는 희망까지도 몰수해버리고,
상식으로도 용납하기 힘든 고통을 사랑의 하나님이 왜 허용하실까?

8. 우리를 빚는 환난

또 너희는 많은 환난 가운데서 성령의 기쁨으로 말씀을 받아 우리와 주를 본받은 자가 되었으니(살전 1:6).

고난 당한 것이 내게 유익이라 이로 말미암아 내가 주의 율례들을 배우게 되었나이다(시 119:71).

물이 세차게 흐를 때 가장 깨끗해지듯, 성도는 시련 속에서 가장 거룩해진다. 우리 주님께서도 극한 고통 속에서 가장 소중한 교훈을 남기셨다(윌리엄 세커의 말, 스펄전,《다윗의 보고》537쪽, 저자 번역).

크게 아팠던 적이 있다. 회복을 위해 한라산 서귀포를 비롯해서, 여기저기 치유의 숲을 다녔다. 10년 전, 두 달 머문 캐나다 밴쿠버에서 아늑한 천정이 되어주는 높이 자란 전나무, 삼나무 숲길을 날마다 걸으면서 산뜻함을, 상처 많고 약한 내 몸을 어루만져

주는 치유의 손길을 느꼈다. 나무는 매일 조금씩 '기계적으로' 자라지 않는다. 휘몰아치는 비바람과 벼락을 맞으면서 비온 후 죽순 돋듯 훌쩍 자란다고 한다. 사람도 아픔의 비바람과 시련의 벼락을 맞으면서 성숙해진다. 데살로니가 성도들이 주를 본받는 자가 된 것은 큰 환난 중에서 성령의 기쁨으로 말씀을 받아들이고 사도들을 본받는 공동체에 속했기 때문이다.

가난, 질병, 학업이나 사업 실패 없이 영혼의 평안, 부, 건강, 성공 등 모든 것이 잘 되게 해주는 것이 기독교 복음이라고 가르쳐 세계에서 가장 큰 교회를 이룬 분이 있었다. '번영의 복음'을 선전하는 분들은 그 텍스트로 신명기 28장을 택한다. "모든 명령을 지켜 행하면"이라는 조건절은 무시하고 "복을 받을 것이다"만 강조되는 게 문제다. 기복신앙에 익숙한 신자들은 요한삼서 2절, "사랑하는 자여 네 영혼이 잘됨같이 네가 범사에 잘되고 강건하기를 내가 간구하노라", 즉 이른바 3중 복음을 좋아한다.

예수님은 자신을 믿으면 무조건 복 받고 환난을 면한다고 약속하신 적이 없다. 오히려 제자들을 향해 "세상에서는 너희가 환난을 당"한다고 가르치셨다(요 16:33). 균형 잡힌 성경 이해가 필요하다. 이단보다 기독교에 더 큰 해악을 끼치는 것은 균형을 잃은 가르침이다. 그러나 솔직해지자. 예수 믿어도 환난을 면하고 복받고 싶은 게 우리 본성 아닌가.

이 사람이 맹인으로 태어난 것이

우리 세대는 어린 나이에 극심한 고난을 경험했다. 1948년, 내 나이 여섯 살에 제주도 모슬포에서 4.3 사건을 겪었다. 약 2만 명의 제주도민이 국가권력에 학살되었다고 추정되는 이 사건은 내 중학교 동기 현기영의 소설《순이삼촌》으로 세상에 처음 알려진 비극이다. 그 사건은 내 생애 최초로 고난의 실재와 참상을 가르쳐 주었다. 한밤중에 이웃집이 불타고 사람들의 비명이 들렸다. 아름다운 제주 돌담 위나 전봇대에 참수당한 머리가 걸려 있기도 했다. 한참 까불고 즐겁게 놀던 시절에 이런 끔찍한 모습을 보며 자랐다. 이어서 한국전쟁 중에 서귀포까지 피난 온 분들의 참혹한 생활, 자식 이름을 부르며 옷을 찢고 소리쳐 울며 거리를 쏘다니던 실성한 실향민들, 뒤늦게 이웃이 발견하여 넣어준 밥을 입에 물고 굶어죽은 모습 등 구역질나는 잔인함, 끔찍함을 목격했다. 중·고교 시절 내 친구들의 절반은 아버지가 없었다.

성경은 인간이 가인의 후예답게 그 심성이 부패하고 잔학함을 알려준다. 현실 사회는 불의와 불경건이 주류가 되어 하나님의 진노 아래 있다(롬 1:19). 권선징악의 인과론이 각인된 사람들은 고난이 오면 묻게 된다. 요한복음 9장에서 제자들이 맹인을 앞에 두고 예수님께 던진 질문이다. "이 사람이 맹인으로 태어난 것이 이 사람의 죄로 인함입니까, 그의 부모 때문입니까?"

우리가 겪는 고난은 우리 죄의 결과보다는 세계 악의 거대한 시궁창이었던 한반도에 살고 있었던 결과였다. 구한말부터 일제 강점기까지 이어진 노예살이, 1948년 제주도 4.3, 1950년대 6.25 세대가 겪은 고통, 1960년대 이후 군사독재 등이 대부분 무지하고 무력한 못난 조상들 책임 아닌가. 오죽했으면 장준하 선생이 학생 징용군으로 일본군에 끌려갔다가 탈출한 후, 독립군에 자진 입대한 동기가 "못난 조상이 되지 않기 위해"였을까! 하지만 착하고 약한 우리 조상들 책임이기만 한가? 잔인무도했던 일본, 조선을 식민지로 지배하도록 합의해 준 영국, 미국의 책임 아닌가. 우리가 5천 년 역사에서 가장 처절한 민족상잔의 전쟁을 치른 것은 조상들의 죄도 있었지만, 일본, 미국, 영국, 소련, 중국 등이 저지른 세계 악 때문 아닌가. 우리가 이해할 수 없는 사건들, 그로 인해 겪는 비참함 모두 역사의 주인이신 하나님의 허용 아래 있다면 사랑의 하나님이 어찌 그토록 잔인하셨던가? 그러나 이런 고난의 역사로 창조주요 역사의 주관자이신 하나님께로 한국인들이 돌아와 세계 기독교 역사에 유례를 찾기 힘든 구한말 부흥을 가져왔다. 민족의 고난이 '신의 한 수'가 되었다.

그뿐인가. 지진이나 홍수, 쓰나미로 수천 명이 죽거나 장애인이 된다. 자연재해만이 아니다. 인간이 저지른 잘못으로 애매하게 고통하는 사람이 얼마나 많은가. 운전자 실수로 사고를 당해 평생 장애인이 되거나, 돌봐야 하는 가족의 고통을 어떻게 표현할 수있을까. 어린 아들이 놀고 있는 줄 모르고 차를 후진하다가 아빠가 자식을 죽인 사건도 있었다. 겪지 않아도 될 텐데 무절제, 탐욕, 죄, 어리석음 때문에 겪는 고난도 있다. 당뇨가 있는데도 단 음식, 담배, 술을 가까이하다가 합병증으로 팔, 다리 자르고 고생 끝에 죽는 사람도 많다. 사업주의 이익을 위해 열악한 작업환경에서 일하다가 벨트에 끼여 목숨을 잃는 사람들. 공산 혁명으로 러시아, 중국, 캄보디아, 남북한 백성들이 당한 참극 등 수천 가지 이유로 사람들이 고난을 겪는다. 누구의 죄 때문인가? 타락 이후 자연세계는 저주 아래 놓였고, 아담 이래 인간의 부패는 죄악 세상을 만들었다. 죄악에는 보응이 따른다. 그러나 고난의 이유를 도식화하거나 수치화해서 정답을 찾을 수는 없다. 답답하고 숨이 막힌다.

욥기는 고난을 주제로 한 고대문서로 그 안에 깊은 철학이 담겨 있다. 욥은 신앙과 도덕에서 흠이 없는 완벽한 인물이다. 그런데 만사형통하던 인생에 느닷없이 고난의 노도광풍이 휘몰아친다. 자식들이 죽고, 재산이 사라지고, 악질로 누워 한탄하는 신세가 된다. 본인도, 친구들도 욥이 겪는 고난의 원인과 의미를 알고 싶어한다. 하나님께 항의하고 알려 달라고 매달린다. 욥기의 결론 부분인 38장에서 41장에 걸쳐 하나님께서 욥에게 답하신다. 하지만 그게 진짜 답일까? 고난의 의미에 대해 뚜렷한 답도 없이 하나님은 욥을 회개시키신다. 끊임없는 질문이 후렴처럼 반복되는 말씀은 고난의 원인에 속 시원한 답을 원하는 욥에게는 동문서답이다. 엉뚱하다. 그러나 이 부분을 이렇게 해석해도 되겠다 생각한 적이 있다.

"야, 임마! 까불지 마! 넌 하나님이 누군지, 얼마나 엄청난 분인지 알아? 전지전능자만이 할 수 있는 창조의 역사와 권능을 네가 얼마나 아냐고? 네가 무식하다는 걸 알기나 해? 강아지가 사람의 일을 다 알 수 없듯이, 잠깐 있다가 사라질 안개 같은 흙덩어리가 영원한 하나님이 하시는 일을 다 알 수 있겠냐? 입 다물고 그래도 내가 널 사랑하고 인도한다는 걸 믿고 살기 바란다."

고난은 신비다. 우리 머리로는 이해할 수 없는 미스터리다. 죄지을 틈도 없었던 아기가 무서운 병에 걸리거나 다치는 경우 사랑의 하나님, 전능한 하나님이 왜 이런 고통을 주셨는지 알 수 없다. 고난의 의미를 나름 설명하려고 신학자들, 철학자들, 종교인들이 애를 쓴다. 그러나 만족스럽지 않다. 하물며 하나님의 아들이 몸소 체험한 십자가 고난을 우리가 어떻게 다 헤아릴 수 있겠는가.

하지만 알 수 있는 것도 있다. 고난이 우리를 성숙시킨다는 진리다. 환난은 인간이 얼마나 아무것도 아닌지를 깨우쳐 준다. 고통 앞에서 사람은 진정한 겸손과 인내를 배운다. 시편 기자는 고난이 주는 복을 노래한다.

고난 당하기 전에는 내가 그릇 행하였더니 이제는 주의 말씀을 지키나이다(시 119:67).

고난 당한 것이 내게 유익이라 이로 말미암아 내가 주의 율례들을 배우게 되었나이다(시 119:71).

로마서 9장부터 11장에서 하나님의 주권적 역사 섭리를 설명한 바울은 고백한다. "깊도다 하나님의 지혜와 지식의 풍성함이여, 그의 판단은 헤아리지 못할 것이며 그의 길은 찾지 못할 것이로다"(롬 11:33). 찬송가 25장을 부를 때마다 작사가의 영감에 경탄한다.

면류관 벗어서 주 앞에 드리세
그 손과 몸의 상처가 영광 중 빛나네
하늘의 천사도 그 영광 보고서
고난의 신비 알고자 늘 흠모하도다

풀리지 않은 질문들

신앙으로 살면서 풀리지 않는 질문이 있다. '사랑이신 하나님이 어떻게 사랑하는 자녀에게 고통을 주실까?' '견디면 좋아지리라는 희망까지도 몰수해버리고, 상식으로도 용납하기 힘든 고통을 사랑의 하나님이 왜 허용하실까?' '만복의 근원이시니 복을 주셔야 할 텐데 왜 자녀의 고통을 외면하고 침묵하실까?' 오래전부터 신학자들, 철학자들이 '신정론'(神正論, theodicy)이라는 학설을 만들어 냈다. 그러나 현실의 고통에서 절규하는 자에게 도움이 안 된다. 고통당하는 현장에서 어떻게 하나님은 사랑이라고 신뢰하고 예배한단 말인가. 그리스도인은 위선자 아니면 정신지체아인가? 그러나 인정하기 힘들어도, 잔인하게 들려도 하나님의 자녀가 믿어야 하는 교훈이 있다. 하나님이 환난을 통해서 사람을 연단시킨다는 진리다. 사도 바울이 로마 성도들에게 들려주는 말씀이다.

> 우리가 환난 중에도 즐거워하나니 이는 환난은 인내를, 인내는 연단을, 연단은 소망을 이루는 줄 앎이로다(롬 5:3, 4).

견디기 힘든 시련의 길을 우리 부부는 걸어야 했다. 돌아보며 내가 가슴 아픈 것은 그 무거운 짐의 대부분이 아내 몫이었다는 점이다. 그런데 임신, 출산, 양육, 계속되는 병원 입원과 퇴원 등으로 약골이었던 아내가 엄청나게 강해지는 기적을 보았다. 여자는 약하지만 엄마는 강하다는 말을 아내를 통해 확인했다. '연단'(character)은 소중한 단어다. 인격이나 성품을 뜻하기도 하는 이 말은 풀무에 집어넣은 쇠를 꺼내 망치로 때려서 칼, 낫, 호미 등을 만들 때 사용하는 언어다. 풀무 불에 녹아야 불순물이 빠지고 순도 높은 금속이 된다. 풀무에서 녹기 전에는 원하는 모습으로 쇠를 빚을 수 없다. 그래서 하나님은 자기 백성 이스라엘을 애굽에서, 바벨론의 풀무에서 연단시켰다고 말씀하셨다(신 4:20; 사 49:10). 고난을 통과하면서 속사람이 하나님 아들의 형상으로 빚어진다는 말은 얼마나 놀라운가. '내가 믿음 없어서', '죄 때문에 매맞나보다'

라고 죄책감에 시달리기 쉬운 우리를 위로하는 진리이다.

정직하게 나를 평가하면 늘 내 약점이 먼저 떠오르고 나를 인정하기 어려워진다. 하지만 지난 날, 고난의 연단이 있어서 이나마 사람 된 게 아닌가 하고 생각을 바꾸면 내가 꽤 괜찮은 사람인 듯하다. 이런 연단을 받고 나야 비로소 소망을 이룬다는 의미가 무엇일까? 바울은 눈에 보이는 소망은 소망이 아니라고 말한다(롬 8:24). 아내는 하나뿐인 사랑하는 딸의 질병과 죽음을 겪으면서 전에 막연하게 생각했던 하나님의 사랑이 가슴 아프게 느껴졌다고 간증한다. 독생자를 십자가에 못 박아 매달아 놓으시고, 피를 쏟아 죽게 하시기까지 우리를 사랑하신 하나님의 사랑이 얼마나 아픈 사랑인가. 딸이 심장 수술 후 여기저기 피 흘린 상처를 바라보아야 하는 부모의 심정은 언어로 표현할 길이 없다.

고통을 겪으면서 우리는 이 세상에 소망을 두지 않고, 종말에 이루실 우주만물의 구속을 간절하게 바라게 된다. 우리를 속이는 세상의 소망이 아니라, 하나님 나라의 영광스러운 소망을 갖게 된다. 그래서 고난이 유익하다. 우리 부부는 딸의 죽음 후 얼마 동안 고린도전서 15장을 날마다 함께 읽고 묵상했다. "몸의 부활을 믿습니다"라는 사도신경의 신앙고백은 그냥 외우고 있었을 뿐이었다. 영혼의 구원에만 머물렀던 신앙이 몸의 부활까지 믿고 나니, 장차 주님 다시 오시고 하나님 나라가 완성되는 그날에 딸을 만날 소망도 생겼다. 만약 심장 판막에 구멍 난 채로 다시 산다면 부활하지 않는 게 나을 것이다. 몸의 부활은 생명의 주만이 하실 수 있는 아름다운 약속이다.

> 죽은 자의 부활도 그와 같으니 썩을 것으로 심고 썩지 아니할 것으로 다시 살아나며 욕된 것으로 심고 영광스러운 것으로 다시 살아나며 약한 것으로 심고 강한 것으로 다시 살아나며 육의 몸으로 심고 신령한 몸으로 다시 살아나나니(고전 15:42, 43).

이런 기록이 성경 말고 어디 있겠는가. 전능한 창조주만이 부활의 소망을 주실 수 있다. 딸의 죽음이 우리에게 선물한 것은 바로 하나님의 사랑과 권능에 대한 확신이요, 영광스러운 부활의 소망이었다.

〈불효자는 웁니다〉라는 대중가요가 있다. 하도 불효를 해서 늘 가슴 싸하게 죄송한 마음이 가시지 않는다. 부모님을 생각하면 고맙고 눈물 난다. 후회하는 일이 많지만, 그중에도 가슴 아픈 일이 가끔 생각난다. 우리 가족이 두 번째 영국으로 떠날 때였다. 아버지가 공항에서 당신의 둘째 며느리인 아내를 조용히 부르시더니, 부탁하셨다.

"애야, 좀 안정되면 나도 한 번 불러줄래?"

아내가 약속했다.

"네, 아버님!"

하지만 그 약속을 지키지 못했다. 성도의 헌금으로 살아가는 우리는 여유가 생기면 다 주님의 자녀들, 선교사나 유학생, 더 가난한 이웃을 위해 사용해야 한다는 원칙이 있었다. 자기 가족을 위해 큰돈을 쓴다는 건 양심이 허락하지 않았다. 당시만 해도 런던행 비행기 값은 벅찬 액수였다. 섬기는 교회가 재정적으로 여유가 있었다. 그러나 바른 제자도를 실천하는 자는 자기 가족을 위해 큰돈 쓸 수 없다고 생각했다.

그러다가 아버지가 돌아가신 후 수차례 선교지를 방문하고선 실망했다. 어려움도 많겠지만 선교사들의 생활이 생각한 것처럼 열악하지만은 않다는 걸 알았다. 15년을 영국 살면서 부모님을 한 번도 초청하지 못한 것은 솔직히 후회스럽다. 우리 양심의 소리가, 아니면 자기가 만든 율법이 꼭 절대 진리는 아니다. 그런다고 지금 후회하면 뭘 해 하며 위로한다. '그렇게 미쳐서 섬겼으니까 주의 종이지.' 죄송한 심정 들면 얼른, 스스로 위로한다. '영국보다 천만 배는 더 좋은 하늘나라에 가셨는데 뭘', 하면서 슬픈 마음을 주의 말씀으로 다잡아 감사의 마음으로, 찬양으로 바꾸려고 애쓴다. 슬픔은, 특히 사별의 슬픔은 우리 마음을 정화시켜 준다. 영혼이 하늘을 향하게 시각을 조정해 준다.

사망을 영원히 멸하실 것이라 주 여호와께서 모든 얼굴에서 눈물을 씻기시며 자기 백성의 수치를 온 천하에서 제하시리라 여호와께서 이같이 말씀하셨느니라(사 25:8).

우릴 장난감 대하듯 하셨죠

실패를 통해 사람은 자기를 발견한다. 자기에게 절망하게 된다. 경쟁 사회에서 일등하지 못하면 실패라고 생각하던 때가 있었다. 목표하는 시험에 합격하지 못하고 자살하는 사람도 있다.

실패하거나 좌절을 겪은 사람은 자기 한계를 안다. 실패의 아픈 경험이 없다면 인간은 자기가 전지전능한 줄 알고 깝죽거리다가 자빠지기 쉽다. 고난의 터널을 통과하면서 비로소 나의 무지, 무력함, 내면 깊은 곳에서 솟구치는 부패한 죄성, 끝내는 죽어야할 존재, 다 잊혀질 존재라는 걸 깨닫게 된다. 그것은 근심을 거친 후에 얻는 지혜다. 바울은 "회개에 이르게 하는 근심"이란 좋은 열매 맺는 것이라고 교인들을 격려한다(고후 7:9-11).

돌이켜보니, 나는 실패를 두려워하지 않고 무식하고 용감하게 무모하게 살아왔다. 실력도 모르고 대학을 지망했다가 실패했다. 덕분에 약간은 겸손해지고 평생 성실하게 공부하고 노력하는 생을 살게 되었으니, 얼마나 감사한지. 만 37세에 영어가 서툰 내가 영국에서 대학 과정을 마쳤다는 걸 손자들 앞에 자랑하게 되었다. 재수하고 전남대를 다니면서 나는 사람이 많이 되어갔다. 죄인이란 걸 알았다.

겉으로 '순수'를 외치며 지내다가 어느 날 충동을 이기지 못하고 도덕적으로 추락했다. 당시 나는 자타가 공인하는 성실한 사람이었다. 도덕적 실패는 스스로를 인정할 수 없게 만들었다. '너야말로 자신과 남을 속이는 위선자야. 이중인격자야.' 자기 학대가 심해지니, 꼭 살아야 할 이유가 없는 듯했다. 자살은 철저히 자기중심이 되어 타인의 존재가 제로로 수렴될 때야 가능하다고 한다. 그러나 나는 부모의 사랑을 많이 받은 자식이라, 차마 자살할 수는 없었다.

나 자신에게 절망하고 세상에도 소망 없는 그 타이밍을 절묘하게 맞추어 하나님의 구원의 손길이 임했다. 나는 비로소 두 손 다 들고 어린 시절 믿던 하나님이 내민 손을 붙잡았다. 그분의 품에 내 생을 맡길 수 있었다. 거룩한 부르심을 받았다. 원하던 대학을 떨어지고 마지못해 들어간 대학에서 예수 사랑하는 자매를 만나 결혼했으니 아들들 말마따나 인생 대박 난 셈이다. 대학생 사역을 섬기면서 여러 차례 예수 믿는 학생들과 교수들에게 말씀 전하는 기회가 있었다. 그 때마다 "난 대학 떨어져서 출세한 사람이다", "인생에 재수도 못해본 사람은 재수 없는 사람이야"라고 농담할 수 있었다.

군에서 제대하자마자 대학생 선교단체 간사로 헌신했다. 때론 잘 못 먹고 제대로 못 자면서도 대학생들에게 성경을 가르쳐 그들이 예수의 제자가 되고 사회 각계각층의 지도자로 섬기는 날, 한국은 세계의 제사장 나라가 되리라는 희망을 안고 젊음을 바쳤다. 그때는 구호가 거창하고 잘 몰라도 거대담론을 꺼내야 주님 섬길 수 있던 시절이었다. 10년 섬긴 그 신앙공동체의 분열이 가져온 아픔은 하늘이 무너지는 충격이었다. 1970년대 초, 섬기던 단체가 양적으로 급성장했다. 국내 대학생 단체 중 회원수로 큰 규모가 되었고, 성서유니온 국내 사역을 맡아 큐티집 〈일용할 양식〉을 발간하면서 교회의 호응도 괜찮았다. 해외 평신도 선교사, 특히 서독 간호사들이 보낸 헌금이 많이 모이면서 단체의 최고 리더가 빗나가기 시작했다. 우리 단체가 성탄절 기간에 구제모금운동을 벌였다. 그해 홍수로 수많은 사람이 죽고 살 터전을 잃은 방글라데시에 보낼 구제헌금이었다. 그 당시만 해도 외국인들을 위한 구제는 관심을 갖지 않던 가난한 때였다. 학생들이 길거리에 나가서 이것저것 팔기도 하면서 모은 헌금이 기대보다 훨씬 많았다. 그중 일부를 선명회(World Vision)에 기증했고, 나머지는 모금에 참여했던 학생들이나 간사들과 협의도 없이 단체 대표가 봉천동에 꽤 큰 건물을 매입했다. 횡령이었다. 단체 회계를 부인이 맡고, 재정은 투명하게 공개하지도 않아 아무도 본부 재정을 알지 못했다. 자기는 물질적으로 풍요롭게 누리지만 간사들은 극빈자 형편이었다.

1970년대 중반에 들어서면서 대표는 목자 훈련이라는 명목으로 거의 폭군이 되어 간사들을 대했다. 모임에 늦었다고 서로 뺨을 때리게 하거나, 군대에서 몽둥이 때리듯 다른 사람을 시켜 볼기를 때리게도 했다. 당시 군사독재가 국민을 노예화하던 시기라 가능했던 일이었다. 결국 뜻을 함께한 간사 동역자들이 단체를 개혁

하려고 나섰다. 하지만 뜻을 이루지 못하고 끝내 네 명의 동역자들이 함께 쫓겨나게 되었다. 그 단체 대표와 결별하는 자리에서 내가 마지막으로 말했다.

"목자님은 우릴 장난감 대하듯 하셨지요."

이 사건은 같은 단체의 간사로 섬겼던 조성기의 소설《야훼의 밤》에 생생히 기록되어 있다. 10년 넘게 청춘을 송두리째 바쳐 섬겼던 단체에서 떠나, 황량한 광야로 쫓겨나자 거세게 몰아치는 감정의 파도를 헤쳐 나가기 힘들었다. 지도목자를 향해 치밀어 오는 분노, 증오심, 배신감을 감당하기 어려웠다. 어떨 때는 잔인하게 복수하고픈 심정까지 느꼈다. 잘못된 성경해석도 대표목자의 사슬에서 벗어날 궁리를 못하게 했다. 당시 그 단체 안에서 대표목자는 하나님의 큰 역사를 이룬 위대한 지도자로 절대 권위를 행사했다. 도덕적 결함이 있어도 하나님이 쓰시는 지도자에게는 순종해야 한다는 잘못된 문화가 있었다. 사무엘서를 공부하던 나는 사울을 죽이라는 부하들의 충동에 다윗이 흔들리지 않았던 걸 본받아야 한다고 생각했다. "여호와의 기름 부음 받는 자를 내가 해칠 수는 없다!"(삼상 26:9)

신학 공부가 없어서 생긴 과오다. 대표목자는 신학을 공부했지만, 간사들에게는 신학 공부의 기회를 막았다. 몽매주의 제자훈련이었다. 가끔 이단 종파에서 볼 수 있는 현상은 지도자가 사람을 인격으로 존중하지 않고 단체를 키우는 수단으로 이용하는 것이다. 그 결과 마르틴 부버가 말한 "나와 당신"(Ich und Du)의 인격적 관계가 아니라, "나와 그것"(Ich und Es)의 싸늘한 비인격적 기능 관계로 전락한다.

그래서 깨닫게 된 진리가 있다. 나와 사람에게 실망하지 않고서는 하나님께 소망 두는 게 불가능하다는 것이다. 되도록 빨리 자기에게, 타인에게, 세상에 절망할수록 하나님께로 돌아오게 된다. 고통은 쓰라리다. 하지만 우리를 연단한다. 나의 20-30대를 바친 단체의 분열 이후 몇 가지 보배로운 말씀을 맘에 새길 수 있었다.

너희는 인생을 의지하지 말라 그의 호흡이 코에 있나니 셈할 가치가 어디 있느냐(사 2:22).

이제 내가 사람들에게 좋게 하랴 하나님께 좋게 하랴 사람들에게 기쁨을 구하랴 내가 지금까지 사람들의 기쁨을 구하였다면 그리스도의 종이 아니니라(갈 1:10).

우리가 시작할 때에 확신한 것을 끝까지 견고히 잡고 있으면 그리스도와 함께 참여한 자가 되리라(히 3:14).

낭패와 실망 이후 생각했다. 왜 개신교 지도자들이 가톨릭의 김수환 추기경같이 "바보 예수"를 본받지 않을까. 왜 개신교 목사

들은 다 가난, 고난을 멀리하고 큰일만 하려고 들까? 성공한 목회
자, 선교단체 지도자들이 어쩌다가 노년에 돈, 권세, 섹스로 타락
할까. 사회인들에게 감동을 주기는커녕 기독교가 혐오 대상이 되
었다. 나부터 성공 못하더라도 진실한 종으로 살다 가야겠다고 다
짐해보곤 했다. '예수 없는 예수 교회'라는 말이 있다. 우리는 예수
를 붙잡기 위해 종교개혁자들을 본받아 교회주의에서 해방돼야 한
다. 진리의 말씀, 하나님나라 복음과 예수의 제자도 없는 교회주의,
단체 이데올로기는 중세 가톨릭교회처럼 인간을 인간답게 섬길 수
없다. 예수께서 복음서에서 싸우신 대상이 율법과 전통의 사슬로
백성을 속박하는 대제사장과 바리새인, 서기관 집단 아니었는가.

아픈 무릎, 늘어가는 주름

사람은 아프면서 자란다. 아이들은 아프고 나면 훌쩍 자라고,
재롱도 는다. 몸이 아프면 내가 약한 존재임을 깨닫는다. 퀴블러 로
스가 《죽음과 죽어감On death and Dying》에서 알려주듯, 말기 암에
걸린 환자들은 자기가 죽어야 하는 존재라는 사실을 깨달으면 현
실을 부인하고 반발하다가 끝내 죽음을 수용하는 단계에 이른다.

초등학생 시절, 전쟁 중에 서귀포에서 신장염을 앓으면서 오
랫동안 일어나지 못했다. 평양 출신 장로님과 한의사가 서귀포교
회에 피난 오셨다. 수 주 동안 두 분이 거의 날마다 찾아오셔서 보
살펴주셨다. 첫날, 강 장로님이 서서히 죽어가던 나의 몸에 손을

얹고 기도해주셨다. "주님, 이 아이를 머리끝부터 발끝까지 깨끗하게 고쳐 주옵소서!" 간구하시는데, 갑자기 찌르르 전기가 통하는 듯한 떨림과 뜨거움을 체험했다. 약 2주 후, 두 분의 도움으로 걸을 수 있었다. 하나님의 치유, 성결교회에서 강조하는 '신유'가 내 몸에 임한 것이었다. 후에 신앙을 저버리고 무신론자의 책을 즐겨 읽던 시절 신 존재에 대해 이러쿵저러쿵 논쟁을 하다가도 마지막에는 이 치유 체험과 주일학교 시절 목사님이 외우도록 한 말씀이 기억나 하나님께로 돌아왔다.

믿음이 없이는 하나님을 기쁘시게 하지 못하나니, 하나님께 나아가는 자는 반드시 그가 계신 것과 또한 그가 자기를 찾는 자들에게 상 주시는 이심을 믿어야 할지니라(히 11:6).

대학생 시절, 급성 간염으로 입원했다. 예수 믿고 요즘 청년들의 표현대로 '갈아넣듯' 나를 혹사하였다. 당시 내 구호는 'double life'를 살자는 것이었다. 장학금이 목표인 학업, ROTC 군사훈련, 고3 입시생 지도하는 가정교사, 입주 알바까지 했다. 리더가 되어, 캠퍼스 목자로 사는 것은 기뻤지만 벅찼다. 친구와 후배들이 상담 받으러 집까지 찾아오는 일도 있었다. 과로로 급성 간염에 걸려 한 달간 입원 치료를 받아야 했다. 입원 초, 혈액 검사 받고 입원실로 가다가 복도에서 쓰러졌다. 마침 지나가던 사람 덕에 뇌

진탕을 면했다. 입원하고, 젊은 나이에도 죽을 수 있다는 걸 절감했다. 하루 종일 수액주사 맞던 어느 날 저녁, 주삿바늘이 꽂힌 팔로 침대를 붙잡고 무릎 꿇어 기도했다. 기도 내용이 잊히지 않는다. "주님, 저의 일생을 주님께 바치겠습니다!"

학원복음화협의회를 섬기던 2001년 늦가을이었다. 제주도에서 대학생들을 위한 토요일 전도집회에서 말씀 전하고, 마치자마자 서울에 돌아와 주일 오전과 오후 예배에서 말씀 전했다. 그때 가장 바라는 소망이 말씀 전하다가 하늘나라 가는 것이었다. 뉴잉글랜드 지역에서 전도 설교하고 집에 돌아와 잠자듯 하늘나라 간 조지 휘트필드를 마음에 두고 사역했다. 그날 밤, 화장실 다녀오면서 쓰러졌다. 평소에 저혈압이라 졸도하는 걸 심각하게 여기지 않았는데 주일날 설교하는 내 얼굴이 정상이 아니었는지, 병원에서 근무하던 집사 한 분이 건강진단을 받으라고 강권했다. 덕분에 신장암을 발견했고, 오른쪽 신장을 적출하는 수술을 받았다. 소 잃고 외양간 고치는 격이긴 했지만, 그 후 생활습관을 바꾸게 되었다. 인생 7학년 되자, 좀 게으르게 사는 자신을 용서하기 시작했다. 건강에 대해 잔소리하는 아내 말에도 순종하려고 노력했다. 순교 정신만 부르짖는 게 능사는 아니다. 자주 졸도하고 넘어지면서 여기까지 왔다. 주의 사람은 넘어질지언정 자빠지지 않는다는 말이 좋다. 롱펠로의 시구처럼, 삶은 전쟁터다. 삶의 링에 올라 싸우다가 녹다운될 때는 있지만 결코 녹아웃되지는 않는다는 바울의 고백이 있다. 아팠다고, 유혹이나 실수로 넘어졌다고 자빠져 있으면 안 된다. 부활의 주님을 믿는 자세가 아니다. 한국 최초의 권투 세계 챔피언 홍수환이 네 번 넘어졌지만 다섯 번 일어나서 상대를 케이오시키고 4전5기라는 말을 전설로 남겼듯 하나님의 사람은 넘어져도 다시 일어나는 게 일상이 되어야 한다.

건강이 회복되자 말씀 증거하고, 예수님의 제자들을 기르는 사역에 의욕이 다시 생겼다. 학복협 대표직, 예수마을교회 담임목사직에서 정년퇴임했지만, 예수님의 제자 사역처럼 말씀으로 양육하기를 지속하는 목자의 삶이 가치 있다고 확신한다. 친구 목사들은 은퇴한 후 대부분 조용하고 공기 좋은 시골에서 은퇴 생활을 즐긴다. 부러울 때가 있다. 하지만 우리 부부처럼 병치레 잘하는 연약한 자들이 청년들 몇 사람에게라도 복음을 심고, 예수님의 제자 공동체를 세워나가고 있으니 아무에게나 주어지는 은혜는 아니다. 특히 나이가 들면서 몸과 마음에 생기는 노화 현상이 때로 낙심하게도 한다.

내 경우 75세가 진짜 노인 된 걸 체감하는 변곡점으로 느껴졌다. 특히 아내가 양 무릎 인공관절수술을 마치고 재활하는데 기대보다 회복이 더뎌 마음이 우울해질 때도 있었다. 프랭크 커닝햄이《나이듦의 품격》에서 언급했듯, 가끔 노약해지는 거울 속의 내 모습을 물끄러미 바라보다가 마음으로 받아들인다. 주름이 보기 흉할 정도로 생기지만, "이거, 나랑 시간이 합작한 예술품이야!"

하고 빙그레 웃어도 본다.

병과 나이 듦은 성숙의 시간이다. 나를 병상에 누이시는 것은 땅만 보며 살던 내 눈길이 하늘로 향하게 하시고, "승장아, 나랑 대화 나누자"는 하나님의 신호다.

> 하나님이여 내가 늙어 백발이 될 때에도 나를 버리지 마시며 내가 주의 힘을 후대에 전하고 주의 능력을 장래의 모든 사람에게 전하기까지 나를 버리지 마소서(시 71:18).

> 내 은혜가 네게 족하도다 이는 내 능력이 약한 데서 온전하여짐이라(고후 12:8).

뜻 있는 고난

'환난'에는, 원치 않지만 어쩔 수 없이 수동적으로 받는 괴로움이란 뉘앙스가 있다. 그러나 주님의 제자로, 종으로 부르심을 받으면 적극 지불해야 할 대가가 있다. 자원해서 능동적으로 그리스도의 고난에 참여하는 삶이다. 주님의 제자는 날마다 자기를 부인하고 자기 십자가를 지고 주를 따라야 한다(막 8:34). 남들이 가지 않는 좁고 협착한 길을 택해서 걷는 삶은 말이야 멋있지만 실제는 힘들다. 그러나 주님을 사랑하기 때문에 겪는 고난에는 즐거워할 수 있는 신비한 측면이 숨어 있다. 뜻이 있는 고난이기 때문이다.

사도 베드로는 고난당하는 성도들에게 말한다.

너희가 그리스도의 고난에 참여하는 것으로 즐거워하라(벧전 4:13).

대학 시절 위의 말씀을 제목으로 삼은 엄두섭 목사의 설교를 들으며 각오했다. '이제 편하고 쉽게 사는 인생을 포기하자.' '주의 고난에 참여하는 인생을 살 거야.' 제법 장엄한 결심이었다. 하지만 "고난에 참여한다"가 무엇을 말하는지, "고난을 즐거워하라"가 무슨 의미인지 깊이 생각해 본 적은 없었다. 사도 바울은 골로새 교인들에게 그리스도의 남은 고난을 말한다(골 1:24). 아니, 십자가에서 "다 이루었다" 말씀하시고 숨을 거두셨는데 무슨 고난이 또 남아 있다는 말일까?

나는 이제 너희를 위하여 받는 괴로움을 기뻐하고 그리스도의 남은 고난을 그의 몸된 교회를 위하여 내 육체에 채우노라(골 1:24).

인류 구속을 위한 고난은 주님께서 십자가에서 이미 이루셨다. 하지만 그리스도의 재림까지는 아직 구속이 완성되지는 않았다. 초림과 재림 사이에 주님은 교회라는 그의 몸을 세워 하나님 나라를 이루어 가시는데, 사탄과 싸우면서 교회 세우는 과제가 바로 '그리스도의 남은 고난'이다. 교회의 머리 되신 주님은 천사들이 아니라, 육체를 가진 그의 종들을 통해 교회를 세우신다. 교회를 위해 주의 종들이 받는 온갖 고난이야말로 주의 남은 고난을 몸에 채워가는 일이다. 그래서 복음을 전해 교회를 개척하는 일이야말로 세상에서 가장 가치 있으므로 기쁘게 감당한다. 여기서 교회는 교회주의자들이 말하는 건물, 제도, 조직으로 이루어지는 집단(organization)보다는, 슈나이더가 주장한 대로 빌립보나 골로새 교회들같이 '예수 DNA'가 있는 성도가 지역에 모여 유기적인 하나님의 가족 공동체(organism)를 이루는 지역교회, 선교단체 등 모든 하나님나라 운동을 포함한다.

나는 지금 민족의 똥을 치우는 거야

주께 헌신하면서 내가 '고난'만큼은 각오했다고 생각했다. 주님을 따르기 때문에, 민족의 앞날을 위해, 소극적으로 고난을 회피하지 말고 적극적으로 선택해야 한다고 결심했지만 생각과 마음이 일치하지는 않았다. 마음은 본능적으로 고난을 싫어한다. 가난한 생활, 사회적으로 무시당하는 위치에서 살아야 한다는 건 단기간은 감당할 만하지만 장기적으로 헌신하기는 벅찼다. 낮아지고 섬기기가 보통 힘든 게 아니었다. 세상 가치와 천국 가치는 충돌한다. 늘 높아지고 대접받길 바라던 삶의 지향을 바꾸기 쉽지 않았다. 강원도에서 통신대 소대장으로 근무할 때, 당번사병이 따뜻한 물을 데워서 세숫대야에 갖다 바쳤다. 추우면 내 방에 불을 때

주었다. 자연스럽게 받는 습관에 젖은 채 제대하였고 사역을 바로 시작했다. 갑자기 직장 말단 사원같이 무시당하고 모두를 섬겨야 했다. 사무실 난방비를 줄여보려고 '분탄'에 불을 붙이려 30분 이상을 애써도 불이 붙질 않았다. 너무 힘들고 화가 나 나무판을 구두로 짓밟고 부수다가 생채기가 나기도 했다. 육군 소위 월급의 반도 안 되는 생활비를 실무자한테서 받았을 때 미묘한 감정이 들었다. 야, 내가 제일 싫어했던 직업 종교인이 된 건가, 하는 생각이 들어서였다. 한 번은 천재들만 들어간다던 모 대학 물리학과 자매가 나에게 당돌하게 말했다.

"오빠, 듣기에 전기공학 전공했다는데, 이런 일 하는 건 개인적으로나 국가적으로 손실 아닌가요?"

신촌역을 마주 보는 곳에서 개척 사역을 감당할 때다. 지금은 깨끗한 공중화장실이 있다. 하지만 그때는 역에 오가는 사람들이 이용할 마땅한 화장실이 없었다. 얼마 동안은 자물쇠를 채웠는데, 예수 사랑 전한다는 우리가 이렇게 야박하게 굴면 안 되지, 하는 생각에 저녁 내내 개방했다. 겨울이 정말 힘들었다. 수세식 변기가 대중화되기 전의 '푸세식' 화장실에서 조준을 잘못한 이용객들의 대변이 얼어붙어 있으면 그냥 치울 도리가 없었다. 가까이 살던 우리 집에서 연탄불에 큰 주전자 가득 물을 끓여 와서 부어야 했다. 그때, 스스로 외친 구호가 있다.

"난 지금 민족의 똥을 치우고 있는 거야!"

　　겨우 석 달간 훈련받은 후, 바로 명문 대학생들을 대상으로 성경 가르치고 말씀을 증거할 그릇이 아니었다, 준비가 부족하다는 생각으로 낙심될 때가 많았다. 더구나 신촌 지역 대학들은 기독교 학교여서 학생들이 늘 채플에 참여하고, 신학박사 교수들한테서 '성경입문'이나 '기독교 이해' 과목을 필수로 듣고 있었다. 우리 단체는 근본주의에 가까운 보수신학으로 귀납적 성경공부를 주로 하고, 또 그 공부에 개인 소감을 쓰는 교육을 하고 있었다. 학생들 가운데는 우리 교수님이, 우리 신부님이 이렇게 말했다면서 주위들은 상식으로 자유주의 신학 입장에서 질문하거나 반기를 드는 형제들이 있었다. '창세기는 신화다', '성경은 여러 고대문서의 종합이어서 문자 그대로 믿는 게 아니다', '부활은 역사적 사건이 아니라 사도들이 바라던 희망이 마음속에 이루어진 실존적 의미의 부활이다', '민족과 문화에 따라 다양한 종교도 있고, 기독교가 십자군 전쟁이나 마녀사냥 등 인류에게 해를 끼친 일이 많은데 기독교만 유일한 종교, 절대 진리라고 주장하는 건 종교적 독선 아닌가' 따위이다. 덕분에 성경을 더 연구하려 노력하고, 이런저런 책들을 읽으며 무지를 극복해보려 애쓰기는 했지만 늘 역부족이었다. 그때 스스로를 합리화하는 변명이 있었다.

　　'우리는 신학교가 아니요, 평신도 대학생들을 예수의 제자로 훈련시키는 곳이다. 대학 교수들은 말로만 가르치지, 삶으로 예수님을 따르지 않고 있다. 나는 예수님 같은, 제자들과 같은 삶으로 가르치고 행동으로 복음운동을 이루고 있지 않느냐. 하나님은 유식한 바리새인들을 쓰지 않으시고, 어부 출신 제자들을 통해 세계 선교 역사를 이루셨다. 우리가 이런 하나님의 역사에 동참하고 있다. 남들이 지금 어떻게 평가하든 상관없다. 하나님의 평가, 역사의 평가가 중요하다. 그러니, 남들의 말에 흔들리거나 일이 힘들다고 낙심하거나 포기하지 말자.'

그때 위로가 된 말씀이 있다.

하나님께서 세상의 미련한 것들을 택하사 지혜로운 자들을 부끄럽게 하려 하시고 세상의 약한 것들을 택하사 강한 것들을 부끄럽게 하려 하시며(고전 1:27).

우리가 선을 행하되 낙심하지 말지니 포기하지 아니하면 때가 이르매 거두리라(갈 6:9).

소망이 우리를 부끄럽게 하지 아니함은(롬 5:5).

요절을 붙잡고 암송하면서 마음을 다잡으려고 애썼다. 하지만 마음 깊은 곳에서는 좀더 갖추어진 후에 목자로 섬겼어야 하지 않는가 하는 아쉬움이 있었고 자괴감도 들어, 대학 기도실에서 혼자 울 때도 있었다.

책임지는 만큼 자란다

우리 세대 선교단체 간사들은 대부분 개척 사역을 했다. 아직 회원이 없는 대학 캠퍼스에 들어가서 종종 소개를 받아 한 사람을 만나고 그가 복음으로 변화되어 친구들을 성경공부 모임에 데리고 오는 관계전도, 또는 우정전도에 힘썼다. 주의 일을 개척하는 것은 이미 이루어진 곳에 후임자로 와서 사역하는 것보다 여러 모로 힘들다. 하지만 훨씬 재미있고 의미 있다. 투르니에는《모험으로 사는 인생》에서 사람은 안정추구형과 모험추구형으로 나눌 수 있다고 했다. 나는 아무래도 모험불사형이라고 해야 할 것 같다. 바울의 선교전략이 주로 거점도시에 교회공동체를 세우고, 때가 되면 장로나 목자를 세우는 일이었다. 에베소에 디모데, 그레데에 디도를 세우듯이. 그는 이렇게 자기가 개척하는 이유를 밝혔다.

내가 그리스도의 이름을 부르는 곳에서는 복음을 전하지 않기를 힘썼노니 이는 남의 터 위에 건축하지 아니하려 함이라 (롬 15:20).

첫 사역 당시, 주님의 일은 무조건 개척해야 한다고 여겼다. 사람들이 별로 하지 않은 일, 편하고 수지맞는 것보다 밑지더라도 의미 있는 일을 택하려 했다. 개척하는 일이야말로 일하는 보람이 있었다. 그 덕에 나같이 연약한 자가 이런저런 일을 개척하는 특권을 누렸다. UBF 종로지구, ESF 서대문지구, ESF 관악지구, 런던킹

스크로스교회, 런던갈보리교회, 런던대 임피리얼 칼리지 유학생 성경공부 모임, 예수마을교회(봉천동), 낮은예수마을교회(신촌), 아름마을교회(약수동) 신앙공동체들이다.

단체 대표로 섬기면서 여러 일을 시도할 수 있었던 것도 큰 축복이었다. 한국 교회 첫 큐티지 〈일용할 양식〉 집필자 겸 편집자, 출판사 성경읽기사(후에 ESP) 설립과 성경공부 교재 집필 및 출간, 무크지 〈소리〉 창간, 서울과 청주의 정신지체아 교육복지기관 베다니학교(현 Youth Together) 제안 및 설립 동역. 그간 참여한 사역을 헤어보니, 자기 영광 드러내려는 것 같아 쑥스럽다. 그런데 왜 그렇게 돈도 안 주는 일들을 맡아 생고생했느냐고 묻는다면 뭐라고 대답해야 할까? 주님께 붙들려서 한 일들이다. 다만 나 같은 사람을 사용해주신 주님께 고마울 뿐이다. 내 친구에게서 듣고 힘을 얻었던 말을 옮긴다.

"사람은 책임을 지는 만큼 성장한다."

한국 교회 복음주의 연합사역에 쓰임받았던 경험도 소중하다. 학원복음화협의회 첫 상임대표, 해외유학생수양회운동인 코스타 첫 본부대표, 복음주의 사회운동을 표방한 성서한국 첫 공동대표 등으로 섬겼고, 국제학생회 ISF(International Student Fellowship)가 출발하는 데도 참여했다. 경력이 그럴듯해 보인다. 선뜻 나서는 사람이 없어 나라도 뛰어들어야 한다는 생각으로 감당했던 일들이다. 돈 받기보다는 주로 바쳐야 할 일들을 섬겼다. 때로 친구나 후배들, 대형교회 목사들이 기사 딸린 좋은 차 타고 호텔 음식 먹으며 다니는 모습을 보면 비교의식이 들기도 했다.

성령충만해서 마음이 대양처럼 넓은 성자 같은 분들과 나는 다르다. 그래서 아내가 고생 많이 했다. 바울처럼 자족하며 '돈으로부터 자유롭기'란, 그가 가족의 경제 책임을 질 필요가 없었기에 가능했을 것이다. 가족 없는 가톨릭교회 신부들이 부러울 때도 있었다. 주님 때문에 바보로 살기가 말처럼 쉽진 않았다. 나는 절대 예수님이나 사도 바울, 손양원, 주기철 목사 같은 종이 될 수 없음을 진즉 깨달았다.

"시작은 다 힘들다!"(Aller Anfang ist schwer) 개척 시기에 스스로를 격려하기 위해 외우던 독일 격언이다. 힘들고 어려운 걸 당연하게 생각해야 한다는 말이다. 성령의 능력, 말씀의 은사뿐 아니라 주님의 일을 하는 데 꼭 필요한 게 있다. 돈과 사람이다. 어떻게 시작할까? 필요한 돈과 사람을 달라고 기도하고 모금하는 것도 나쁘지 않지만, '믿음의 은사'가 필요하다. 구원에 이르는 믿음이 아니라, 선한 역사를 이루는 데 필요한 은사로서의 '믿음'이다. 내가 개척할 때마다 늘 암송하는 말씀이 있다.

그가 믿은 바 하나님은 죽은 자를 살리고 없는 것을 있는 것으로 부르시는 이시니라 아브라함이 바랄 수 없는 중에 바라고 믿었으니(롬 4:17, 18).

1968년 9월, 신촌에서 ESF 사역을 개척할 때 이대 앞에 서너 평짜리 셋집을 얻었다. 방 하나는 신혼이었던 우리 부부가, 다른 방 하나에서는 학생 넷이 모여 성경공부를 시작했다. 1년이 지나며 20명이 넘어 이사를 해야 했다. 의예과를 다니던 형제가 의자를 나르는 길에서 내게 제안했다.

"목자님, 1년에 땅 한 평씩 사기 시작해야 하지 않을까요?"

지혜로운 제안이었다. 그때 그가 무안해할 만큼 단호하게 말했다.

"우린 사람 키워야지, 건물 키울 때가 아니지요!"

1970년대부터 건물에 투자하는 대신, 사람 기르는 데 투자했더라면 한국 교회의 오늘 모습은 달라져 있지 않을까. 하나님 역사에는 씨를 심는 사람과 열매를 거두는 사람이 있다(요 4:37). 나도 몽땅 불신자만 전도하고 양육해서 성장시켜 교회 일꾼으로 세운 것은 아니다. 주로 심으려고 노력했지만 다른 사람이 심은 걸 거두기도 했다. 그러니 자랑할 게 하나도 없다. 오직 주님만 자랑할 뿐.

사역자의 삶은 주님을 따르는 제자의 삶이자 양들을 먹이고 인도하는 목자의 삶이다. 처음에는 어떡하면 학생들과 빨리 좋은 관계를 맺을까에 집중했다. 종로에서 처음 사역을 출발할 때, 성경공부 모임에 주로 남학생들이 모였고, 여학생이 드물었다. 내게 처음 주어진 임무는 주일 오후 집회에 여학생 20명 참석이었다. 고맙게도 여학생들이 나를 좋아해 주었다. 이유는 묻지 말라. 그런데 목표 달성으로 마음이 높아졌다. '역시 난 학생운동 체질이야!'라고 생각했다. 그런데 한 사람씩 이런저런 문제로 모임에 오지 않았다. 당황했다. 그런 시기에 요한복음에서 세례요한을 공부하게 되었다.

보라 세상 죄를 지고 가는 하나님의 어린양이로다(요 1:29).

목자로서 나는 양들이 '예수님을 보게' 해야 했다. 그간은 학생이 나를 보게 하고 나와 친해지는 데만 관심을 기울여 최선의 친절을 베풀려 했다. 바울처럼 중매자가 되어야 하는데(고후 11:2), 마치 내가 신랑처럼 굴었으니 미숙의 극치였다. 전하는 메시지도 문제였다. 주의 일꾼은 신랑 되는 예수님이 얼마나 좋은 분인가, 그가 당신을 위해 무슨 일을 해주셨고, 장차 해주실 분이신가를 선전해야 한다. 세례요한은 "세상 죄를 지고 가는 하나님의 어린양", 곧 인간의 죄 문제와 그 문제를 해결해 주러 오신 하나님의 구원자, 예수 그리스도를 증거했다. 그런데 나는 우리 모임이 얼마나 좋으냐, 이 동아리에 오면 대학 시절 무엇이 유익한가를 열심히 선전하는 데 힘썼다. 나 또는 모임이 좋아서 온 자매형제들은 얼마 있다가 슬슬 빠져나갔다. 일시적으로 나와 좋은 관계를 맺고 있는가, 주일 집회에 나오는 학생 수가 몇인가는 중요하지 않다. 예수님과의 관계가 깊어지고 하늘나라로 이어지는가가 중요하다. 개척 초기의 실패를 교훈 삼아 나는 주님을 섬기면서 늘 세례요한을 묵상한다. "그는 흥하여야 하겠고, 나는 쇠하여야 하리라"(요 3:30).

21세기에 신앙공동체 개척 사역은 쉽지 않다. 사람들이 교회로 몰려오던 1970, 80년대에 비하면 영적·정신적 토양이 옥토에서 콘크리트로 바뀐 느낌이다. 사람들이 복음을 배척한다. 정신적·영적 갈급함을 물질과 쾌락으로 채우는 시대다. 이런 시기에도 공동체를 세우려고 헌신하는 후배들이 있다. 존경스럽고 한편으론 안타깝다. 그런데 정년은퇴 후 교회 개척은 힘에 부친다. 우리 부부는 급격히 노화현상이 오는 걸 느낀다. 주일예배에 있는 힘을 다해 말씀 증거하고 나면 기운을 회복하는 데 꼬박 이틀 이상 걸린다. 어떨 때는 갈비뼈 부근이 아파 파스를 붙여야 할 때도 있다. 지금 이 글을 쓰면서도 체력과 지력의 한계를 느낀다.

그래도 우리는 보람을 맛본다. 이 나이에도 말씀 증거하고 청년들과 사귀며 기도해줄 수 있다니, 이런 복이 세상 어디에 있을까. 대가를 지불할 만한 가치 있는 일이라고 확신한다. 아들이 사준 신림동 아파트를 팔고 약수동으로 오니 전세밖에 얻을 수 없었다. 그간 집값은 수억 뛰었다. 어느 날 부동산 값 뛰는 뉴스를 듣고 부부 기도회 시간에 이런 말을 주고받았다.

"여보, 집 팔고 여기 개척하러 와서 지불한 대가가 수억 이상 되네?"

"그래도 하나도 후회 않아요. 더 바치지 못해서 안타까울 뿐."

앞의 말은 내가, 뒤의 말은 아내가 했다.

I am something? nothing!

나는 니체가 말한 "고난을 사랑하는 초인"이 아니다. 평범한 사람이다. 그런데 예수 믿고 별종으로 살아왔다. 그런데 가만 생각하니 모든 그리스도인들은 별종 아닌가. 불신자와는 종자가 다르다. 우린 주의 영으로, 주의 말씀으로 거듭나서 하나님 자녀로 다시 태어났으니, 하늘에 속한 씨를 받았다. 살면서 힘들다는 생각이 들 때 격려가 되는 말씀이 있다.

> 징계는 다 받는 것이어늘 너희에게 없으면 사생자요, 친아들이 아니니라 …… 무릇 징계가 당시에는 즐거워 보이지 않고 슬퍼 보이나 후에 그로 말미암아 연단 받은 자들은 의와 평강의 열매를 맺느니라(히 12:8, 11).

하나님의 자녀된 이들의 특권은 아버지 하나님의 징계를 받으며 자라는 것이다. '징계'란 본래 매를 들며 훈계하는 걸 말한다. 훈련을 잘 받아야 참자녀의 자격을 갖춘다. 젊은 날, 갖가지 훈련 받고 인내해서 연단된 자들은 의의 평강의 열매를 맺는다. 얼마나 위로를 주는 말씀인가!

데살로니가 교인들은 "큰 환난 가운데서 …… 주를 본받는 자"가 되었다. 환난이 사람을 망가뜨리는 게 아니라, 성숙해서 열매 맺게 한다는 의미다. 믿음으로 사는 자에게 환난은 결코 운명의 장난으로, 재수가 없어서, 또는 실수로 발생하는 게 아니다. 아버지 하나님의 사랑의 훈련으로 고난의 실재를 해석하는 사고 시스템이 형성된다. 1997년 미국 대학생 세계선교대회인 '어바나선교수양회'(Urbana Student Missions Conference)에 참여한 적이 있다. 초청강사 중에 엘리자베스 엘리어트(Elizabeth Elliott)가 있었다. 1960-70년대, 전 세계 대학생들에게 선교에 큰 도전을 주었던 짐 엘리어트의 부인이었다. 1956년, 휘튼칼리지 출신의 20대 형제들이 남미의 마지막 미전도 종족, 에콰도르 아우카족에게 갔다가 얼마 지나지 않아 원주민들의 창에 찔려 순교했다. 그들에 관한 기록과 사진집은 전 세계 청년들의 가슴에 꺼질 줄 모르는 선교의 불을 지폈다. 짐 엘리어트가 남긴 말이 있다. "영원한 것을 얻기 위해 영원하지 않은 것을 버리는 자는 바보가 아니다." 그의 순교는 숱한 청년들의 가슴에 주님을 위해 죽으려는 불을 지폈다. 죽으면 흙 속으로 돌아오지 않을 바람같이 갈 인생의 허무를, 영원을 사모하는 영원을 소유한 멋진 인생으로 변화시켜 주었다. 딸을 임신 중이었던 엘리자베스는 남편을 죽인 그 부족들이 사는 마을로 들어가 십자가복음을 전했다. 선교 사역을 정리하고 후에 미국으로 귀국한 그녀는 사랑하는 남자의 청혼을 받아들여 재혼했다. 그런데 왜 비극의 연속일까? 두 번째 남편은 암으로 투병하다가 죽었다. 강사로 온 때는 다른 분의 청혼을 받아들여 세 번째 남편을 두었을 때였다. 강사가 세 번째 결혼한 사람이라니, 의아했다. 조선시대라면 험한

말로 정죄를 받았을 터다. 하지만 세월이 흐르고 그녀의 책, 특히 《고통은 헛되지 않아요》를 읽으면서 생각이 바뀌었다. 맞아, 이게 부활을 믿는 성숙한 사람만이 선택할 수 있는 "믿음의 비밀"이구나. 혹시라도 판단하는 우를 범하면 안 되지, 하는 마음으로 바뀌었다. 그녀가 강단에서 들려준 내용은 기억나지 않지만, 그 자리에 존재함으로 풍긴 주님의 영광은 생생하게 기억난다. 그녀의 얼굴, 가냘픈 몸, 소근대듯 말하는 조용한 음성, 그의 삶 자체가 주는 메시지가 얼마나 고귀한 영적 자산이 되었던지.

세상 끝날까지 우리와 함께하신다는 임마누엘 약속은 고통 중에 울고 있는 우리에게 더할 나위 없는 위로가 된다. 내가 신음할 때 함께 신음하시는 하나님은 이제 그의 영으로 우리 안에 계시며, 그의 너른 품 안에 안아주시는 분이시다. 세상에 나와서 육체적으로 가장 컸던 아픔은 신장 적출 수술을 하고 마취에서 깨어난 후였다. 그런 경험 후에야 나는 주님의 말씀을 이해할 수 있었다. "내 안에 거하라 나도 너희 안에 거하리라"(요 15:4). 고난은 미처 맛보지 못했던 주의 말씀과 그의 성품을 새롭게 깨닫는 기쁨을 준다.

연단받은 하나님 자녀가 성숙의 경지에 이르면 "의의 평강한 열매"를 맺게 된다. 참으로 영광스러운 약속이다. 성경의 '의'란 하나님과의 바른 관계, 이웃과의 바른 관계, 자기 자신과의 바른 관계를 가리킨다. 이런 수준에 이르면 진정한 평화의 열매가 맺힌다. 그의 인격, 업적, 얼굴에서 삶의 궤적이 드러난다. 부끄럽지만, 사실대로 말한다. 나는 이런 의의 평강한 열매를 맛보지 못하고 있다. 아직 멀고 멀어서 절망할 때도 있다. 아, 언제야 나는 진짜로 성숙한 사람이 되어 이런 온전한 의와 평강을 즐길 수 있을까. 사실 내 친구들에 비하면 연단을 많이 체험했다고 생각한다. 한국전쟁 중에 만났던 피난민들의 얼굴, 아프리카의 어느 부족 마을, 소똥으로 지은 움막 같은 집 부엌에서 연기에 그을려 눈이 멀어가던 아줌마의 얼굴, 북녘 어느 곳을 지나다가 못 먹어 깡마르고 광대뼈가 나온 중년 남자의 깡마른 얼굴이 떠오른다. 그들의 얼굴에서 쓰디쓴 생의 거친 길을 죽지 못해 걸어온 자취가 읽혔다. 나도 동년배들에 비해 숱한 고난을 경험했다. 고난으로 험악한 세월을 보내서 내 얼굴이 찌들었을까? 천만에, 멀쩡하다. 나는 욕은 빨리 잊지만, 칭찬받은 말은 기억에서 빨리 지우지 않는다. 미숙함의 다른 증거이겠다. 어느 집회에서 신학교 명예교수를 만났다. 그가 첫 만남에서 이런 말을 했다. "목사님, 목사님 얼굴에서 어떤 인생을 살아오셨는지 다 보이는 것 같습니다!" 글쎄, 꼭 칭찬만은 아닐 수 있었겠지만 난 황송한 칭찬으로 받아들였다. 사람은 외모를 보고 잘못 판단할 수 있다. 하지만 하나님은 중심으로 보신다. 우리 주님의 평가가 좀 후하기를 바랄 뿐이다.

"인생은 해석이다. 신앙도 해석이다"라는 말이 있다. 신자는 하나님의 관점에서 고난을 보고, 고난의 의미를 하나님의 주권과 섭리로 보는 창세기의 요셉 같은 해석력이 필요하다(창 50:20). 교회나 국가 등 공동체에도 그대로 적용되는 하나님의 역사 원리다. 전 세계에서 한국 교회만큼 순교자를 많이 배출한 교회도 드물다. 많은 문제가 있지만 그래도 한국 교회에 엄청난 저력, 가능성이 있다는 것을 부인해서는 안 된다. 유튜브에서 미국 명문대 교수들의 강의를 들었다. 한국사를 전공한 미국인 교수들이 고난 속에 연단된 한국인이 "의를 사랑하는 국민", "평화를 사랑하는 백성", "세계에서 가장 독특한 백성"이라고 하니 어색했지만 뿌듯했다. 한 가지 잊지 말아야 할 말씀이 있다. 고난을 내 힘과 의지로 인내하려고 악쓰며 싸울 필요는 없기 때문이다. 야고보서 1장 4절은 이렇다.

> 인내를 온전히 이루라 이는 너희로 온전하고 구비하여 조금도 부족함이 없게 하려 함이라

'인내'가 우리가 이루어야 할 과제로 번역됐다. 하지만 원어로 보면 "인내가 그 온전한 일을 하게 하라"(Let endurance have its perfect work)라는 의미다. 고난을 인간 노력으로 감당하려고 이를 악물고 초인 흉내 내다가 정신병 걸리지 말고, 하나님이 베푸시는 은혜로 인내하고 온전케 되라는 의미다. 바울은 데살로니가 교인들에게 말한다. "너희는 큰 환난 가운데서 성령의 기쁨으로 말씀을 받아 우리와 주를 본받은 자 되었으니"(살전 1:6).

환난은 내가 아무것도 아니라는 걸 깨닫게 하고, 높아진 마

음을 낮추어준다. 모세는 "I am something"이라고 생각했던 미숙한 청년 때에 민족을 위해 사람 하나를 죽이고 도망갔다. 그러나 실패를 경험하고 광야로 도피해서 연단을 받자 "I am nothing"이라는 걸 깨달았다. 그러자 하나님의 부르심 받고 민족을 구하는 하나님의 역사에 쓰임 받을 수 있었다. 인생의 허무를 깨닫지 못하고, 겸손을 배우지 못한 사람은 하나님의 말씀을 받아들이지 않는다. 하나님이 당신의 자녀에게 고난을 주시는 궁극적 목적은 예수 그리스도를 본받게 하시려는 것이다(롬 8:29). 주를 본받으려는 동기 부여의 수단으로 고난을 허용하시는 것 아닐까. 당하는 고난에 겁먹거나 절망하지 말자. 울고불고해도 괜찮다. 주님께 항의하며 부르짖어도 상관없다. 주님을 떠나지만 않으면 다 좋다. 욥도, 다윗도 이런 연단 과정을 거치며 하나님의 사람으로 성숙해갔다. 고난의 열매가 주렁주렁 맺힐 그날을 찬송하며 기다리자. "생각하건대 현재의 고난은 장차 우리에게 나타날 영광과 비교할 수 없도다"(롬 8:18).

> 고요한 바다로 저 천국 향할 때
> 주 내게 순풍 주시니 참 감사합니다
> 큰 물결 일어나 나 쉬지 못하나
> 이 풍랑으로 인하여 더 빨리 갑니다

우울하고 슬퍼하는 감정을 다스리고, 기뻐하고 감사하는 '마음의 습관'을 갖고자 노력했지만, 쉬이 이루어지지 않았다. 지금도 완전히 이루어지지 않았다. 마인드 컨트롤로 되는 것도 아니다. 하나님의 영이 도우심으로 내면에 서서히 변화가 일어나야 한다.

9. 성령의 기쁨

또 너희는 많은 환난 가운데서 성령의 기쁨으로 말씀을 받아 우리와 주를 본받은 자가 되었으니(살전 1:6).

근심하지 말라 여호와를 기뻐하는 것이 너희의 힘이니라(느 8:10).

하나님을 믿으면서 기쁨이 시작되고, 하나님을 찬양하면서 기쁨이 진보하고, 하나님을 사랑하면서 기쁨이 성숙해진다(에드워드 영, 《저녁의 묵상》).

고달프고 슬픔 많은 세상에서도 멋있게 사는 사람이 있다. 어떤 사람일까. 최선 다해 잘 살아보려고 경쟁에서 악을 쓰며 '결사적으로' 이기고 성공한 사람일까. 성취를 위해 영혼을 다 끌어다 쓰느라고 내면이 바짝 메말라 공허함을 술이나 섹스, 다른 것으로 달래는 사람일까. 한국인 최초로 쇼팽 콩쿠르에서 (공동)입상한 피아니스트 임동혁의 인터뷰를 본 적이 있다. 삶이 행복하냐고 묻는 인터 뷰어의 질문에 표정을 바꾸며 잠시 머뭇하더니, "아니요, 행복하지 않아요"라고 답했다. 어려서부터 신동이란 말을 듣고 칭송을 받았 지만, 나가서 친구들과 놀지 못하고 어머니의 집착에 가까운 헌신 으로 강요받는 삶을 살아온 것이었다. 성공한 피아니스트지만 그 는 지금도 엄청난 스트레스를 견디며 그 많은 악보를 가슴과 손이 기억하도록 연습한다. 수천 명 청중 앞에서 연주하고 갈채받지만, 호텔 방에 돌아오면 밀려오는 공허감, 고독감에 치를 떨어야 한다 고 말했다. 소유가 많거나 사람들에게 인정받는다고 행복하지 않 은가 보다. 성공한 벤처 사업가로 수많은 청년들의 부러움 대상이 었던 넥슨 창업자 김정주는 주어진 생을 50대에 끝내 반납했다.

지금 무엇을 즐기고 있나

사람답게 사는 사람은 영혼이 부요한 사람이다. 심리적으로 는 안정된 사람, 성서적 表現으로는 성령충만한 사람이다. 성령이 영혼을 다스리도록 그분께 자기를 온전히 맡기고 성령의 인도받 는 사람이다. 다윗은 하나님이 "내 마음에 맞는 사람이라"고 인정 하시는 생애를 살았다(행 13:22). 그가 완숙한 경지에 이르렀을 때 시편 131편에 이렇게 노래한다. "내 마음은 고요하고 평온합니다. 젖뗀 아이가 어머니 품에 안겨 있듯이"(새번역). 성숙한 사람은 영 혼이 고요하고 편한 사람이다. 내면에 사랑과 기쁨이 충만한 사람이다. 그는 쫓기듯 살거나 남의 눈치 보며 긴장하지 않고, 마음이 넉넉하고 자유롭고 여유 있다. 그렇다고 다윗이 아무 생각 없이 바람 부는 대로, 물 흐르는 대로, 이 또한 지나가리라, 하며 유유자적, 희희낙락했던 것은 아니다. 사람은 하나님의 형상을 가진 존재다. 의미 있는 일을 해야 행복하고 기쁘다. 의미 있는 일은 나를 보내신 하나님이 맡기신 일, 다른 사람을 이롭게 하고 세상을 더 밝게 만드는 일이다. 다윗은 이렇게 고백한다.

> 나의 하나님, 내가 주님의 뜻 행하기를 즐거워합니다. 주님의 법을 제 마음 속에 간직하고 있습니다(시 40:8, 새번역).

잘 사는 사람은 즐겁게 사는 사람 아닐까. 사람은 그가 진짜 좋아하고 즐거워하는 대상이 무엇인가에 따라 성숙, 미숙이 판가름 난다. 미숙한 신자는 예수를 믿으면서도 주님과 주의 말씀, 주의 뜻 행하는 일보다 더 즐기는 무언가가 있다. 요즘은 스마트폰만 가지고도 즐길 게 얼마나 많은가. 카톡, 유튜브, 인터넷 쇼핑, 넷플릭스가 내 관심을 빼앗고 마음을 분주하게 만든다. 주님의 뜻 행하기를 즐거워한다는 다윗의 말이 생소하게 들리는 세상이다. 내가 좋아하는 한 친구는 산으로 들어가 신앙공동체를 섬기는데, 아예 핸드폰이 없다. 극단적이지 않나 생각할 수 있지만 친구는 영혼의 자유와 평안을 누리며, 나름대로 자연을 즐기고 도움 필요한 사람

돕고 시 쓰는 걸 즐기고 있다. 그가 경지에 이른 사람이라는 생각
이 들어 존경하게 된다. 누구나 그처럼 살 수 있는 것은 아니다. 성
경은 어떤 환경, 고난 속에서도 영혼이 기뻐할 수 있는데, 바로 성
령이 부어주시는 기쁨이라고 말한다. 빌립보 감옥에서 깊은 밤, 바
울과 실라는 하나님을 찬양했다(행 16:25). 데살로니가 교인들은 많
은 환난 가운데서도 성령의 기쁨으로 말씀을 받아 주님을 본받는
사람들이 되었다.

　　인간의 노력으로 규칙을 반복 훈련해야 영적 성숙이 가능하
다고 믿는 영성가들도 있다. 첫 신앙훈련을 학생 단체에서 했기 때
문인지, 몸과 의지가 약해서였는지 영성의 상징인 새벽기도가 나
는 힘들었다. 종교는 한결같이 절제와 수련으로, 도를 닦아 각성한
다고 가르친다. 이원론적 인간관은 육체의 감옥에 갇혀 있는 영혼
을 해방시켜야 참자아를 찾을 수 있으니 금욕해야 한다고 주장한
다. 유교 율법주의 전통과 군사문화의 영향을 받은 우리는 예수를
믿어도 즐겁게 믿는 게 아니라, 독하게 자학하며 믿으려는 경향이
있었다.

　　나도 학생 리더들과 함께 금요 철야기도회나 금식 기도를 자
주 했다. 인간 한계를 극복해보려고 영적 능력과 권세, 어떤 신비
한 체험을 하고 싶어 목이 터져라 부르짖기도 했다. 영에 속한 사
람이 되고파 방언 은사 받는다고 강사가 시키는 대로 혀를 꼬부리
고 "랄랄랄랄" 연습하는 바보짓도 해봤다. 공동체에 문제가 생기

고, 또 중요한 결정을 해야 할 때면, 성령의 권능과 지혜, 성령충만
과 은사를 구했다. 어떤 때는 추운 겨울, 산 중턱에 올라가서 나무
기둥을 붙들고 밤새 울부짖기도 했다. 밤에 홀로 하는 철야 산 기
도는 뒤에서 누군가 꼭 달려들 것 같아 버티기가 힘들었다. 등골이
오싹해지는 두려움을 이겨내려면 악을 쓰며 소리 질러야 했다. 목
이 쉰 채로 새벽녘 기도원 숙소에 돌아오면 초주검이 됐다.

　　70년대 한국교회에 불어온 성령 운동은 대체로 방언과 치
유, 표적과 기사를 강조했다. 울부짖는 기도를 떠나서 성령의 은사
는 상상하기 힘들 정도였다. 기독교 영성사에서도 4세기 사막 교
부들을 비롯하여, 수도원 운동, 청교도 운동, 20세기 초 성령운동
의 흐름에서 금욕주의 요소를 발견할 수 있다. 그러니 바울이 말한
"성령이 주시는 기쁨"(새번역)이란 표현은 낯설었다.

어떻게 시험을 즐길 수 있나

　　— 사람의 제일 되는[가장 중요하고 고귀한] 목적이 무엇인가?
　　— 사람의 제일 되는 목적은 하나님을 영화롭게 하는 것과 그분
을 영원히 마음을 다하여 즐거워하는 것이다(Man's chief end is to
glorify God and to enjoy Him forever.).

웨스트민스터 신앙고백은 칼뱅의 장로교 신학을 따르는 영

국의 목회자 125명과 평신도 지도자 32명이 3년간의 연구토론을 거쳐 17세기에 만든 신앙고백서다. 나는 첫 질문과 답을 어린 시절 외웠지만, 이해가 잘 안 되어 마음에 다가오지 않았다. 나이가 들고 성경을 배워가면서 이 질문과 답이 참으로 귀한 가르침이라는 걸 깨닫게 되었다. 인생의 목적은 하나님을 즐기는 것이다. 인간 성장이란 나이가 들수록 하나님을 더욱 즐기는 삶이다. 그렇다면 하나님을 즐기는 인생이란 구체적으로 어떤 삶을 가리킬까? 하나님과의 친밀한 사랑의 사귐에서 오는 기쁨, 하나님의 창조세계, 하나님의 걸작품인 사람, 하나님의 일, 생명 자체를 즐기는 삶 아닐까. 그런데 나는 신앙생활 초기에 '즐긴다', '엔조이한다'를 죄짓는다는 말과 거의 동일시했었다. 이 고난의 땅에서, 십자가 지신 예수를 따르는 제자로서 어찌 생을 즐길 수 있으며, 감히 기쁨 넘치는 삶을 추구할 수 있으랴.

'즐긴다'는 말의 뜻을 이해한 것은 영국에서 공부하면서다. 영국 대학은 1년에 한 번, 한 주간에 걸쳐 학년말 시험을 치른다. 대개 질문 열 개 가운데서 네 개를 골라 에세이(산문이 아니라, 소논문) 형식으로 두 시간을 치른다. 어떤 과목은 3시간에 걸쳐 치러야 했다. 이런 시험에 익숙하지 않고 영어 실력이 달리는 30대 후반의 가련한 노학생은 그야말로 낙제하거나 퇴학당하지 않으려고 분투했다. 화장실에서도 헬라어 단어나 문장을 외우고, 걸으면서도 노트한 중요한 말을 외우곤 했다. 학사학위 과정 2학년으로 올라가는데 학생 중 절반 가까이가 낙제했다. 어느 봄날, 시험을 치르느라 거의 넋이 나가 있었는데 곁에 있던 친구가 내 이름을 불렀다. 상냥한 미소를 띠며 "너 시험 즐겼니?"(Did you enjoy the paper?) 묻는 게 아닌가. 요즘 말로 '멍 때리는' 말이었다. 살아오면서 수많은 시험을 치르며 살아왔지만, 단 한 번도 시험을 즐긴다고 생각해본 적이 없었다. 마지못해 대답했다.

"야, 내겐 enjoy란 말이 안 맞아. 그냥 생존하려고 분투하고 있을 뿐이야."

아이구, 이 친구랑 대화가 불가능하네 하는 표정이 된 친구는 더 이상 말을 잇지 못했다. 나는 그 질문이 하도 인상적이어서 곰곰이 생각하다가 이튿날 그를 찾아가 물었다.

"넌 어떻게 시험을 즐길 수 있니?"

그 친구의 설명은 대강 이러했다. 우선 시험지를 받아 질문을 읽으며 스릴을 느낀다고 했다. 자기가 준비한 것과 얼마나 맞고 어떻게 다른가? 답을 쓰려고 준비하면서 이걸 어떻게 전개시켜 나가야 설득력 있을까 스릴을 느낀다고도 했다. 시험 답안을 쓰면서도 자기가 읽은 책 가운데 의견이 다른 학자들의 주장이 어떻게 충돌하는가, 결론 부분에서 자기 의견을 제시하며 마무리하는 과정도 재미있다고 했다. 나는 'enjoy'의 의미를 비로소 배우게 되었다. 'en'은 '무언가를 하게 한다'는 접두사다. 'enjoy'는 'joy를 갖게 한다', '기쁘게 한다'는 의미다. 환경과 조건이 이루어져서 기뻐하는 게 아니라, '기뻐하는 방향으로 내 마음을 쓴다'는 의미라고 이해하게 되었다. 아무리 힘써 노력해도 즐기는 사람을 이길 수 없다고 한다. 손흥민이 어려서부터 왼발, 오른발로 하루 2천 번씩 슛 연습을 했다는 기사를 본 적이 있다. 한참 놀 나이인데, 얼마나 힘들었을까, 안쓰러웠다. 하지만 손흥민은 그걸 즐긴다고 말했다. 슛을 놀이하듯 즐겨서 월드 클래스 선수가 된 것이다.

어린 시절, 제주도 예배당은 '우는 장소'였다. 울음소리가 그치지 않는 곳이었다. 예수 믿는 사람들이 어찌나 심각하고 우울해 보이는지 10대 소년이 볼 때 어울리고 싶지 않은 사람들이었다. 70년대까지 한국 교회나 심지어 학생선교단체들도 전체적인 분위기가 침울하고 슬펐다. 군사정권에 항의하기 위해 자기 몸을 불사르는 대학생들 사진을 보며 울던 시기다. 거의 매일 모이던 저녁 모임에서는 엉엉 울며 기도할 때가 정말 많았다. 예수 믿고 섬기면서 눈물 흘리는 게 복이기도 하다. 주님이 말씀하셨다. "애통하는 자는 복이 있나니 그들이 위로를 받을 것임이요"(마 5:4). 나는 제자의 삶이란 예레미야처럼 눈물로 씨 뿌리는 고난, 비통, 희생의 길을 걷는 것으로만 생각했다. 틀린 말은 아니다. 십자가의 예수님을 바라보며 죄를 회개하고 슬퍼하는 태도를 우리 하나님은 귀하게 여기실 것이다. 예수님은 인류의 모든 슬픔과 고통의 정점인 십자가에서 우리 죄를 짊어지시고 대신 저주받으시고 죽으셨다. 그의 죽음 앞에 기쁘고 즐겁지는 않을 것이다. 하지만 기독교 복음은 십자가와 부활의 복음이다. 고통과 수치의 십자가를 바라보며 슬퍼하면서도 동시에 영광스러운 부활 승리의 복음이 주는 기쁨과 감격을 누리는 역설의 삶, 이것이 신앙생활의 비밀일 것이다.

나는 무엇이든 어둡게 보는 성향을 가진 "어둠을 사랑하는 자"였다. 예수 믿고 나서 많이 밝아지긴 했지만 온전히 변하는 건 아니다. 우울하고 슬퍼하는 감정을 다스리고, 기뻐하고 감사하는 '마음의 습관'을 갖고자 노력했지만, 쉬이 이루어지지 않았다. 지금도 완전히 이루어지지 않았다. 마인드 컨트롤로 되는 것도 아니다. 하나님의 영이 도우심으로 내면에 서서히 변화가 일어나야 한다. 그리스도인은 자기 정서를 성령으로 다스려야 한다. 성령이 주시는 기쁨을 누리는 자가 성숙한 사람이 된다.

"하나님을 영화롭게 한다"는 말이 무슨 뜻일까? 내 나름대로 이해하고 어린 성도들을 가르치기 위해 그 뜻을 풀어본 적이 있다. "하나님을 하나님으로 대접해 드리는 것"이 영화롭게 하는 게 아닐까. "하나님을 즐긴다"는 건 왠지 건방진 것 같다. 우리는 물건이나 사람, 애완견 등을 통해 즐기는데 하나님이 즐기는 대상이라니 경거망동 같아 편치 않다. 하지만 여기에 기독교 신앙의 역설적 교훈이 있다. 즉 하나님은 경외해야 할 두려움의 대상이면서도 동시에 즐길 수 있는 사랑의 하나님이시다. 세상 즐거움보다 하나님을 즐거워하는 자가 성숙해가는 사람일 것이다. 이왕 하나님을 믿으려면 기쁘고 즐겁게 믿어야 한다. 미국 기독교 지도자 가운데, 하나님을 즐기는 삶을 가장 강조하는 분이 존 파이퍼일 게다. 그는 하나님을 즐거워하는 기독교 쾌락주의를 권면한다. 육신의 죄악을 즐기는 문화를 거슬러, 영이신 하나님을 즐기는 삶이 바로 창조주 하나님이 사람에게 두신 목적이라는 가르침이다. 많은 환난 가운데서도 데살로니가 교인들은 말씀을 받고 성령의 기쁨으로 성숙해졌다.

성령님은 누구신가

성령은 이론으로 체계화해서 설명하기 힘든 분이다. 정돈해서 설명하는 신학서적은 이해에 도움이 된다. 하지만 성령은 인간의 사고와 인식 체계에 가둘 수 있는 대상이 아니다. 예수님은 성령을 '바람'에 비유하셨다.

> 바람이 임의로 불매 그 소리는 들어도 어디서 와서 어디로 가는지 알지 못하나니 성령으로 난 사람도 그러하니라(요 3:8).

풍력 발전기를 한참 관찰한 적이 있다. 바람 부는 방향을 따라 화살 같이 생긴 장치가 돌아가는 모습을 바라보면 1초에도 여러 번 방향이 바뀐다. 과학의 발달로 지금은 바람 예보가 놀랄 만큼 정확해졌다. 하지만 아직도 예보와는 달리 제멋대로 바람이 불어 미국 남부 지방은 토네이도로 집이 무너지고 사람이 죽기도 한다. 예수님 당시 사람들이 바람을 이해하기란 불가능했을 것이다. 성령과 성령으로 거듭난 사람들을 체계적으로 설명하기란 거의 불가능하다. 성령님은 이런 분이다, 성령님은 이렇게 일하신다며 너무 규격화시키거나 그런 교리를 주장하는 사람은 성령님을 잘 모르겠다는 사람보다 이단일 가능성이 크다.

물론 성경에는 우리가 알아야 할 분명한 가르침도 있다. 성령은 삼위일체 하나님이시며, 살아 계신 인격이시다. 성부 하나님의 영, 성자 예수 그리스도의 영이시다. 하나님을 자비로운 아버지로 믿고 가깝게 교제하는 자녀는 성령을 친밀하게 대할 것이다. "성령을 믿사오며"라고 사도신경을 외우는 우리는 교리적으로 성령을 수긍한다. 그러나 막상 "하나님 아버지", "주 예수님"을 부르듯 "성령 하나님"이라고 하려면 어색하다. 성령님이 성부와 성자를 드러내고 자기를 숨기시기 때문이다. 그분의 별명이 "수줍어하시는 삼위"이시다. 예수님은 성령을 이렇게 소개하신다.

진리의 성령이 오실 때에 그가 나를 증언하실 것이요(요 15:26).

그가[진리의 성령] 내 영광을 나타내리니, 내 것을 가지고 너희에게 알리시겠음이라(요 16:14).

성령님은 하나님을 영화롭게 하며, 그리스도를 높이신다. 따라서 성령충만한 사람인지 알 수 있는 기준도 그가 얼마나 자기를 숨기고, 예수님을 드러내는가가 기준이다. 그런 이는 결코 자기가 성령의 능력을 행했고 귀신을 쫓아냈다고 자랑하지 않는다. 성령은 자기를 낮추고 그리스도의 영광만을 드러내는 분이시다. 우리가 성경을 통해 하나님을 알고 그리스도를 알게 되면, 성령을 아는 지식도 함께 자란다. 성령은 어떤 정신적 힘이거나 이상한 영이 아니다. 그분은 성부 하나님, 성자 예수님과 똑같은 "거룩한 영", "진리의 영"이시며 인격체이신 하나님이시다.

성령님은 무슨 일을 하시는가

성령님도 성부, 성자와 똑같이 일하신다. 하나님이 무슨 일을 하시는가, 예수님이 어떻게 일하시는가 생각해 보라. 그러면 성령께서 무슨 일을 어떻게 하시는지도 알 수 있다. 예수님은 오로지 성령께서 하시는 일을 제자들에게 소개하신 적이 있다.

그[하나님]가 또 다른 보혜사를 너희에게 주사 영원토록 너희와 함께 있게 하리니 …… 그는 진리의 영이라 …… 그는 너희와 함께 거하심이요 또 너희 속에 계시겠음이라(요 14:16, 17).

성령 그가 너희에게 모든 것을 가르치고 내가 너희에게 말한 모든 것을 생각나게 하리라(요 14:26).

　　예수께서 제자들과 몸으로 함께하신 것처럼 든든한 복이 또 있을까? 그는 모든 필요를 채워주셨다. 그들의 안전을 책임지셨다. 질문하면 답해 주셨다. 그처럼 자상하고 사랑 많으신 예수님이 제자들과 작별할 날이 다가왔다. 제자들이 두려워하고 근심하는 건 당연했다. 하지만 예수님이 그들과 함께하시며 모든 걸 도와주셨듯이, 그 역할을 대신할 분을 보내실 텐데 그가 곧 보혜사 성령이라는 말씀으로 위로해주셨다. '보혜사'(保惠師)란 보호하고, 은혜 베풀고, 가르쳐 주는 분이란 뜻이다. 원어로는 '파라클레토스'(paracletos)이다. 이 말은 여러 가지로 번역된다. 원래 의미는 내 곁에 가까이 있으면서 부르면 언제든지 도와주는 사람이다. 친구(The Friend), 돕는 자(The Helper), 변호사(The Advocate), 상담자(The Counseller)이다. 그러니 '보혜사'라는 생소한 말을 곱씹어볼수록 의미 깊은 번역이란 생각이 든다. 예수님을 대신해서 우리와 함께하면서 필요를 채워주시고 돌보시는 분이 성령이시다. 그분은 공기처럼 자기 자녀를 둘러싸고 계시며, 또한 믿는 자의 심령 안에 거하신다. 성령은 열렬히 기도하면 들어오셨다가 큐티 안 하면 나가버리는, 들락날락하는 분이 아니시다. 예수님은 제자들에게 약속하신다. "보라, 세상 끝날까지 내가 너희와 함께하리라." 이 약속이 지금 여기 우리에게 성령의 임재로 실현되고 있다.

　　부활승천하신 예수께서 엠마오로 가는 길에 두 제자와 동행하셨듯이, 성령이 우리와 함께하심을 어떻게 확인할 수 있을까?

기독교의 인식론에 따르면 계시의 말씀인 성경의 약속을 아는 객관적 지식과 성령의 역사를 내적으로 경험하며 알게 되는 주관적 지식이 합쳐져 확신에 이른다. 우리는 성령이 내 안에 거주하심을 믿고 기도로 대화하며 가까이 사귀면서 "영에 속한 자"가 된다. 크리스천은 신분으로는 다 하나님 자녀로 평등하지만, 그 영적 수준에는 차이가 있다고 바울은 가르친다(고전 2-3장). 첫째, 하나님 없이 사는 불신자들은 "육에 속한 자"(the natural man)이다. 둘째, 하나님 자녀가 되었으나 성령의 인도보다는 자기 생각과 감정, 욕심을 따르는 자들은 "육신에 속한 자"(the carnal man)다. 셋째, 성령의 음성을 들으며 그분의 인도에 보조를 맞추며 따라가는 자들은 "영에 속한 자"(the spiritual man)이다. 이 부분을 중국인 영성가, 워치만 니가 《영에 속한 사람》에서 지나치게 세분하여 이단 논쟁이 인 적이 있다. 신학적 논쟁에 휘말릴 필요는 없다. 성령께서 우리와 함께하시면서 늘 우리를 성숙케 하심을 실제적 교훈을 얻으면 될 것이다.

성령의 임재, 언제 느끼나

전임 사역자로 일을 시작하는데 콤플렉스가 있었다. 성경은 공부하면 되고, 찬양이나 기도는 어려서부터 훈련받은 것이었다. 그런데 방언 은사를 받거나 뜨거운 불 체험을 한 적이 없어 과연 내가 성령 받은 신자인지, 성령님이 내 안에 거하고 계신지 확신이 없었다. 나를 가르치는 선교사에게 고민을 털어놓자, 그분이 자기 경험을 나누면서 이렇게 설명했다.

'믿는 자에게는 성령이 함께하신다고 약속했으니 믿으면 된다. 그러나 정 새롭게 확인하고 싶으면 누가복음 11장 13절의 주님의 약속 붙잡고 기도하라. 그 후로는 성령이 내 안에 거주하시는 줄 믿고 의심하지 말라.'

너희가 악할지라도 좋은 것을 자식에게 줄 줄 알거든 하물며 너희 하늘 아버지께서 구하는 자에게 성령을 주시지 않겠느냐

나는 그대로 따랐다. 성령 주시라고 기도했으니 응답된 줄 믿고 그다음부터는 의심하지 않겠다고 결심했다. 지금도 그대로 믿고 있다. 그다음 내게 필요한 것은 성경 읽을 때나 기도할 때, 또는 상담하면서 성령의 도우심을 믿는 믿음이었다. 17세기, 파리 갈멜 수도원 요리사였던 로렌스는 《하나님의 임재 연습》에서, 감자를 깎든 길을 걷든 주님과 동행하는 연습을 했다고 한다. 어느 선교사는 식사할 때마다 앞자리에 빈 의자를 준비해 두었다는 글을 읽었다. 그 자리가 예수님이 앉는 자리라고 여기며 주님과 함께 식사하고 대화 나누는 삶을 일상으로 여겼다는 것이다.

바울은 로마서 8장에서 성령의 인도를 받지 않는 하나님의 자녀는 없다고 단호하게 말한다. 성령을 받았으니 내가 죄인임을

깨닫고 고백하게 된 것이요, 예수님을 십자가에 못 박은 하나님 사랑이 바로 나를 위한 것임도 믿음으로 영접한 것이다. 나같이 마음이 교만하고 거짓된 자가 죄사함 받고 하나님 자녀가 되었다는 사실을 믿고 평생 예수님을 사랑하고 따르는 제자가 되었으니 기적 중의 기적이다. 믿는 자에게 따르는 표적과 기사는 불치병에서 낫는 기적만이 아니다. 성령의 임재와 활동은 보이지 않게 이루어진다. 바람이 보이진 않으나, 나뭇잎이 흔들리는 것을 보고 그 존재와 힘을 아는 이치와 같다.

언제 성령의 인도하심을 느끼는가? 내 경우, 언급한 대로 초등학교 5학년 때 신장염으로 사경을 헤매다가 강 장로님의 기도로 치유받은 경험이 처음이었다. 내 몸에 안수하시고 기도하시는 중에 온몸이 찌르르하며 따뜻해지는 느낌은 내 맘에 깊이 각인되었다. 대학 시절, 수양회에서 엄두섭 목사의 십자가 고난 설교를 들었다. 기도 시간에 어쩌면 그리도 눈물이 흐르는지. 철저히 이기적으로 살면서 마음이 돌같이 차디차게 바뀌고 굳은 의지로 딱딱해져 대학 시절 한 번도 울어본 적 없던 내가 거의 한 달간 날마다 감격의 눈물을 흘렸다. 학위수여식 날 아침, 베풀어주신 주님의 은혜가 고마워 방에서 무릎을 꿇고 감사 기도하는데 너무 눈물이 났다. 졸업식 사진을 보면 눈이 퉁퉁 부어 있다. 성령이 감화 감동하지 않고서는 불가능한 경험이었다.

오 할레스비는 《기도》에서, 기도하는 자가 가장 먼저 구할 것은 '기도의 영'이라고 했다. 때로 성령은 급히 다른 사람을 위해, 또는 절박한 문제에 대해 기도하게도 하신다. 성령의 '들쑤심'이라고 하면 좀 버릇없는 표현이라고 할까? 영어로 'prompting'이라는데 "~이 생각나게 하다", "(사상, 감정)을 불어넣다"라는 뜻이다. 이때는 만사 제쳐놓고 그 사람을 위해, 또는 그 문제를 위해 간구해야 한다. 그러려면 평소에 성령과 동행하며 그의 지시를 빨리 알아채는 영적 감수성이 예민해야 할 것이다. 성경공부를 인도하거나 설교하는 시간에 나는 성령의 도우심을 가장 많이 경험한다.

이런저런 영적 경험을 더 기록하자니 조심스럽다. 성령은 때마다 사람마다 다르게 일하시기 때문이다. 뇌과학자에 의하면 색종류는 170만 개라고 한다. 하나님이 일하시는 방법도 하늘의 별처럼 많다. 성령의 역사도 다채롭고 다양하기 때문에 인간의 차원에서 어떤 수학 공식 같은 걸 만들 수는 없다. 전능한 하나님을 인간의 생각 틀 안에 가둘 수 없는 이치와 같다. 신비주의자가 될 필요는 없지만 기독교 신앙에 신비의 요소가 있는 것은 부인할 수 없다. 그리스도인이면 일반적으로 경험하는 성령의 역사에는 어떤 것이 있을까? 요한복음 16장에서 예수님은 성령께서 하실 일을 친히 말씀하신다.

그가[보혜사]가 와서 죄에 대하여, 의에 대하여, 심판에 대하여 세상을 책망하시리라 (요 16:8).

여기서 "책망하다"는 깨우친다, 확신을 준다(convict)는 뜻이다. 생각해보라. 우리가 얼마나 자기 죄를 잘 숨기고, 합리화하고, 그땐 어쩔 수 없었다고 '셀프 면죄부'를 잘 수여하는지. 도덕적 죄는 비교적 인정하기 쉽다. 그러나 신앙적인 죄는 깨닫기 힘들다. 나를 창조해서 세상에 보내신 하나님이 나를 사랑하신다는 메시지가 실감나지 않는다. 그런데 각자에게 성령님의 타이밍이 있다. 자기가 하나님을 배반한 죄인인 걸 깨달을 때, 하늘이 무너지는 충격을 받는다. 회개하게 된다. 마음이 딱딱한 사람이 예수의 십자가 보혈로 죄사함 받는 그 크신 하나님 사랑 앞에 항복하기란 어떻게 가능한가? 탕자 같이 하나님 아버지께 돌아와 그의 품에 안기는 용기는 어떻게 생기는 걸까? 하나님의 사랑에 내 인생을 맡긴 후에 얻는 평강은 또 어떻게 설명할 수 있을까? 과학기술이 초고속으로 발달한 시대를 살면서 그리스도의 재림과 그가 선악 간에 우리를 심판하시리라는 얼토당토않은 말을 내가 믿고 기다리고 증거하는 이유는 무엇인가? 성령은 우리를 회개시켜 예수 믿게 하며, 성숙한 신앙인격으로 인도하시는 진리의 영이시다. 성령에 무관심하거나 성령을 소외시키고서 성숙할 수는 없다. 성령은 우리를 섬세하게 도와서 성장하게 하고, 성숙에 이르게 한다.

성령에 취하자

은사운동이 활발하던 20세기 후반에 은사주의자들은 '성령

받음/임재'와 '성령 세례'는 다르다고 주장했다. 성령 임재는 예수 믿을 때 받는 물세례와 같고, 성령 세례는 이미 예수 믿고 물세례 받은 자가 받는 "두번째 축복"(The Second Blessing)이라고 했다. 두 번째 축복은 성령을 사모하고 구하는 자가 성령 세례 받으면서 방언이 터지는 등 은사를 받는 체험이라는 것이다. 나도 어느 것이 맞는지 헷갈려 여기저기 은사집회에 참여해 보았다. 그런데 신학 공부를 시작한 지 얼마 되지 않아 섬기던 학생선교단체에 문제가 생겼다. 성령 은사 받은 목사와 기독 교수의 영향으로 모임이 분열되는 위기를 맞았다는 소식에 도서관에 있는 성령 운동, 은사 운동 관련 책들을 연구한 적이 있다. 그런 과정에서 존 스토트의《성령 세례와 충만》에서 성경적으로 잘 정리된 답을 얻을 수 있었다. 처음 예수 믿을 때 우리는 성령 세례를 받는다. 성령 세례와 성령 임재는 같은 것을 다르게 표현했다는 내용이었다.

성령의 은사, 성령의 열매라는 구분도 쉽게 이해하기 힘들다. '은사'는 주의 일을 하는 사역과 이어지고, '열매'는 우리가 어떤 사람인가, 즉 우리의 성품과 관련된다. 성령에 대해 나는 주로 은사와 연관하여 알고 싶었다. 특히 대학생 사역을 섬기면서 메마른 지성주의에 빠지기 쉬운 신앙이 초월적이고 신비한 영적 은사를 받으면 신앙의 균형을 이루는 데 도움 된다고 생각했다. 우선 나부터 방언을 받고 싶었다. 방언 은사를 받으면 서너 시간 기도해도 짧게 느껴진다니 30분이면 더 이상 기도할 제목이 없어지던 내게 도전도 되고, 더욱 능력 있는 종이 될 것도 같았다. 고맙게도 아내가 방언을 비롯하여 여러 은사를 받고 변화되어 열정이 생기는 것을 보니, 더욱 간절해졌다. 여러 은사집회를 다녀보고 기도도 받았다. 덕분에 은사주의 기독교에 편견이 많이 사라졌다. 하지만 인상에 남을 만한 뚜렷한 은사는 받지 못했다. 영적 시기심이 있던 내게 아내가 좋은 말로 격려해 주었다.

"당신은 어떤 은사보다 더 귀한 예언의 은사를 받은 종이잖아요. 그 은사에 감사하며 말씀을 잘 증거하는 것보다 더 귀한 일은 없지 않아요?"

내게 이미 주신 은사가 많다고 믿기에 불만은 없다. 그런데 그간 은사 받았다고 은근히 자랑하는 종들의 공통점이 있는데, 그들에게서 사람으로서의 매력, 인간미가 별로 안 보였다는 점이다. 인격 속에 고상한 그리스도의 형상이 지속적으로 엿보이는 분은 별로 만나지 못했다. 성령 받으면 더욱 그리스도께 영광 돌려야 할 텐데, 은사 받은 자기가 VIP 그리스도인이고, 은사 받지 못한 신자는 수준 낮은 신자로 보는 교만한 태도는 은혜롭지 못했다.

성령의 열매는 사람됨과 관계가 있다. 성령께서 거하시면서 꾸준히 영적으로 성장하게 도우신 결과가 바로 성령의 열매다. 주님을 닮은 신앙 인격을 갖춘다는 말이다. 바울은 사람을 두 부류로 나누어 갈라디아 교인들을 가르친다. 욕망을 따르는 사람은 끝내 하나님나라를 유산으로 받을 수 없다고 경고한다(갈 5:19-21). 아니, 사람이 다 욕심 덩어리인데 어떻게 살란 말인가. 그러면 바울이 제시하는 대안 인간은 누구인가? 바로 성령을 따라, 성령의 인도함을 받는 삶을 사는 사람이다(갈 5:16, 18). 둘이 스텝을 맞추며 춤추듯, 성령과 발맞추어 살다보면 성령의 열매 맺는 사람이 된다. 성령의 열매에는 우리가 꿈에 바라던 인간 내면의 성취가 나타난다. 아홉 면으로 깎여 찬란하게 빛을 발하는 다이아몬드처럼 아름다운 덕목이 아홉 개나 드러난다.

> 오직 성령의 열매는 사랑과 희락과 화평과 오래 참음과 자비와 양선과 충성과 온유와 절제니 이 같은 것을 금지할 법이 없느니라(갈 5:22-24).

어디를 봐도 다 예쁜 사람을 '팔방미인'이라고 하는데, 성령의 열매가 주렁주렁 맺힌 멋지고 성숙한 사람은 '구방미인'이다. 하나님과의 관계, 다른 사람들과의 관계, 자기 자신과의 관계에서 예외 없이 성령으로 다스림 받고 사니, 점과 흠, 구겨짐 없는 아름다움 그 자체가 된다.

사람은 가면을 쓰고 산다. 사회활동을 하다 보면 매너 있고 멋진 사람은 자주 만난다. 하지만 가면으로 참 자아를 숨기고 거짓 자아를 드러내 연극하는 사람이 많다. 진면목을 드러내지 않는다. 머슴들이 추던 봉산탈춤은 유머러스한 눈웃음을 새긴 탈을 쓰지만 탈 뒤에 숨은 참자아는 차별에 대한 분노, 사람대접받지 못한 원한이 사무쳐 있지 않은가. 고난이 들이닥칠 때도, 아무도 지켜보지 않는 자리에서도 거룩한 아름다움을 드러내는 사람은 하루아침에 이루어진 인격이 아니다. 하루하루 일상이 모여 1년이 되고 1년이 모여 일생이 되는 법이다. 일상 가운데 점진적으로 속사람이 변화하면 겉사람도 영향을 받을 것이다. 정신과 의사이자 신학자인 존 화이트는 《내적 혁명Changing on the Inside》에서 내면의 변화가 어떻게 가능한가를 다루고 있다. 그리스도인의 목표는 우리 속사람이 성령으로 충만하여 성령의 열매 풍성하게 맺어, 주님을 닮은 신앙 인격으로 익어가는 것이다. 바울은 에베소 성도들에게 명한다.

> 술 취하지 말라 이는 방탕한 것이니, 오직 성령으로 충만함을 받으라(엡 5:18).

평생에 딱 한 번 만취해 본 적이 있다. 대학에 떨어지고 시골집에서 지낸 지 한 달쯤 지났을 때다. 한두 잔은 마셔봤지만, 취한 적은 그때가 처음이요 마지막이다. 처음에는 내가 술을 마시지만, 취한 후에는 술이 나를 마신다. 취하니까 내가 아니라 술이 자신의 뜻대로 나를 조종했다. 성령충만도 성령에 만취한 상태와 비슷하다. 성령이 당신의 뜻대로 나를 조종하는 상태가 성령으로 충만한 상태다. 어떻게 우리가 성령충만한 삶을 살 수 있을까? 성경은 성령을 비둘기로, 불로, 물로 비유한다. 성령충만에는 두 가지 과정이 필요하고, 이 두 가지 과정이 반복 훈련을 통해 새로운 피조물 된 나의 생활 습관으로 자리 잡아야 한다. 이 두 가지 과정을 옛 신학자들은 성도의 성화를 이루는 '죽임'(mortification)과 '갈 망'(aspiration)이라고 표현했다. 신학적 근거가 로마서에 나온다.

> 너희가 육신대로 살면 반드시 죽을 것이로되 영으로써 몸의 행실을 죽이면 살리니(롬 8:13).

> 육신의 생각은 사망이요 영의 생각은 생명과 평안이니라(롬 8:6).

바울은 '육신'(the flesh, the sinful nature), 곧 타락하고 부패한 본성대로 살려는 성향을 죽여 버리라며 전쟁 용어를 사용한다. 전쟁터에서는 '죽이느냐? 죽느냐?' 외에 선택의 여지가 없다. 타고난 부패한 마음으로 살면서 동시에 성령충만할 수는 없다. 원수를 죽여야 내가 산다. 그 원수는 죽여 버려야 할 내 마음이요 몸의 행실이요 나 자신이다. 죽인 후에는 무얼 해야 할까? 목마른 사슴이 물을 찾듯, 성령에 목말라 사모해야 한다. 6절의 '육신의 생각'을 영어성경(ESV)은 "to set the mind on the flesh"라고 번역했다. 내 생각, 내 정신을 어디다 두느냐가 영적 생사를 결정한다는 심각한 의미다. 잠시 생각해 보자. 자유로운 저녁 시간에 나는 어디다 내 생각을 두는가?

아주 중요한 내용이니 다른 비유로 설명해 본다. 성령충만하려면, 두 단계를 거쳐야 한다. 먼저, '나'라는 그릇을 열어 깨끗이 비워야 하고, 둘째는 생수 같은 '성령'이 깨끗하게 씻긴 내 영혼의 그릇에 철철 넘치도록 부어져야 한다. 우리 삶은 비움과 채움을 반복하며 나선형으로 나아간다. 내 속에 내가 너무 많고, 내 속에 가시덤불이 우거졌다. 오만, 고집, 편견, 탐욕, 돈, 섹스, 게임이나 다른 쾌락, 어긋난 인간관계, 세상일과 염려 등으로 내 마음밭이 가시밭이거나 돌짝밭 같아서는 주님의 거룩한 영이 자리 잡을 틈이 없다. 더 이상 죄를 안 지어야지, 아무리 결심해도 또 죄짓고 후회하고 자책하기를 반복하기 쉽다.

어떻게 해야 나 자신을 깨끗한 그릇으로 지켜낼 수 있을까? 어쩔 수 없다. 자꾸 버리고 청소하는 길밖엔. 인생에서 회심은 단 한 번이지만, 회개는 매일매일, 매순간 반복하는 일상이 되어야 한다. 예수께서는 목욕과 발 씻음에 비유하셨다. 예를 들어보자. 어떤 그리스도인의 모임에 갔는데, 마음이 불편해진다. 인도하는 사람도 마음에 안 들고 참여자들도 자기가 좋아하는 타입이 아니다. 어서 돌아가고 싶은 마음이 든다. 어떻게 해야 할까? 물론 다른 평계를 대며 양해를 구하고 돌아갈 수도 있다. 하지만 성숙한 사람은 이렇게 행동하지 않을까. 조용히 주님께 구한다.

'주님, 용서해주세요. 저 사람들이 사랑스럽지 않네요. 그래도 주님의 자녀들이오니, 주님, 제게 섬기는 마음, 사랑하는 마음, 주십시오. 그들에게 축복을 내려 주십시오.'

불편한 모임을 떠남으로 해결하던 태도는 아주 미숙한 때의 습관이요, 성장해서는 나 자신이 먼저 회개하고, 그들을 축복하려는 태도를 갖게 되었으니, 꽤 발전한 것 아닐까.

모든 신자는 성령충만을 사모해야 한다. 성령충만을 사모하는 자는 정과 욕을 십자가에 못 박아야 한다고 사도 바울이 십자가 복음을 말한다. 또 세상도 십자가에 못 박는다고 고백한다. '죽인다'는 표현을 '십자가'로 표현했을 뿐이다. 거기서 그치지 않는다. 그리스도께서 죽음을 이기고 부활의 새 생명을 누리셨듯이, 우리도 살아나서 성령으로 행하는 삶을 살아야 한다고 권한다.

그리스도 예수의 사람들은 육체와 함께 그 정욕과 탐심을 십자가에 못박았느니라(갈 5:24).

그리스도로 말미암아 세상이 나를 대하여 십자가에 못박히고 내가 또한 세상을 대하여 그러하니라(갈 6:14).

만일 우리가 성령으로 살면 또한 성령으로 행할지니(갈 5:25).

이 말씀에서 주의를 기울여야 할 단어가 나온다. "성령으로 행한다"는 말이다. 여기서 바울이 말하는 '행한다'는 '행동한다'가 아니라 '걷는다', '살아간다'(walk)는 말이다. 매순간 성령과 동행하며 살라는 의미다. 신학자 패커(J. I. Packer)는 성령을 주제로 한 저서의 제목을 "Keep in step with the Spirit: Finding Fullness in our walk with God"으로 정했다. 직역하면 "성령과 발을 맞추어라: 하나님과 함께 걸으며 충만함 발견하기"이다(한국어판은 《성령을 아는 지식》으로 번역). 갈라디아서 5장 25절을 중심으로 성령충만한 삶의 비결을 다룬 책이다. 성령충만한 삶은 기도원이나 특별집회에서만 경험하는 신비 체험이 아니다. 아주 작은 일부터 큰일까지 일상에서 주님과 의논하고 보조를 맞추어 사는 삶이다.

한국 그리스도인들의 영성 추구는 그 방향이 오랫동안 잘못되었다. 사무엘 선지자 시절의 미스바 부흥집회(삼상 7장)나 우리가 익히 들은 평양대부흥 집회의 특별한 체험을 구하는 경향이 컸다. 오랜 기간 이 땅에서 선교하며 한국 신자들의 영적 특징을 살피던 어느 초대 선교사가 이렇게 분석했다.

"한국 신자들은 혼자 있을 때는 불교 신자요, 사회생활할 때는 유교 신자들이고, 위기를 만났을 때는 샤머니즘 신봉자들이다."

심성 깊이 샤머니즘을 신봉하던 우리의 종교문화 때문에 성령충만은 특별한 신비 경험으로 여겨졌을 것이다. 매순간 성령과 보조를 맞추어 걸어가는 일상을 기독교 신앙은 소중하게 여긴다. 산책하며 예쁜 꽃을 만났을 때 "하나님, 참 잘 만드셨네요. 어쩌면 그렇게 예술적이세요!"하며 대화 나누고, 저녁 메뉴가 딱히 떠오르지 않으면 "주님, 몸이 안 좋은 제 아내/남편을 위해 저녁에 무얼 만들까요?"하며 메뉴도 소곤소곤 의논하는 삶이 성령과 발맞추는 삶 아닐까(나랑 가장 가까이 사는 여성이 이러하다). 신학을 공부하고 기도원에 가서 40일 금식 기도해야만 성령충만한 사람이 아니다. 출애굽기 35장에 성막 일꾼들을 소개하는 내용이 있다. 특히 브살렐과 오홀리압을 이렇게 소개한다.

> 하나님의 영을 그에게 충만하게 하여 지혜와 총명과 지식으로 여러 가지 일을 하게 하시되 금과 은과 놋을 제작하는 기술을 고안하게 하시며(출 35:31).

모세만 성령충만한 사람인가? 성막을 설계하는 건축 기사, 성막 도구들을 고안하는 디자이너, 금속 세공업 테크니션, 나무를 정교하게 새기는 목공인, 조각가, 청색 자색 홍색 실을 수놓고 짜는 섬유 기능인 등도 성령충만할 수 있다. 직업은 성직, 세속직으로 나뉘지 않는다. 하나님의 세계에서 주신 재능을 따라 주님과 같이 거하면 주방장이든, 가게 주인이든, 엔지니어나 테크니션이든 성령충만할 수 있다. 그런 점에서 참고할 책들이 있다. 강영안의 《일상의 철학》, 유진 피터슨의 《현실, 하나님의 세계》 등이다. 성령충만한 삶을 갈망하며 살다 보면, 언젠가 성령의 열매가 인격에

맺힐 날이 올 것이다. 구하고 기다려 보자. 무엇보다 사랑의 은사, 기쁨의 은사를 구하자. 소망은 우리를 실망시키지 않을 테니까(롬 5:5). 기억하자. 성령충만한 삶은 일회성이 아니다. 겉사람으로는 평범한 일상을 살지만, 속사람이 날마다 새로워지는 비범한 인격으로 성숙해 간다. 이것이 바울이 이룬 경지다.

> 그러므로 우리가 낙심하지 아니하노니 우리의 겉사람은 낡아지나 우리의 속사람은 날로 새로워지도다(고후 4:16).

성령이 주시는 생명력

성령은 어떻게 우리를 늘 새롭게 하시는가? 주로 말씀으로 일하신다. 성령과 말씀이 얼마나 가깝게 일하시는지 예수님이 설명하신 적이 있다.

> 하나님이 보내신 이는 하나님의 말씀을 하나니 이는 하나님이 성령을 한량 없이 주심이니라(요 3:34).

예수께서 승천하시자 오순절에 기도하는 제자들에게 성령이 임하셨다(행 2:1-4). 오순절 성령강림 사건은 천지창조 사건, 예수의 죽음과 부활 사건과 더불어 하나님의 구속 역사에서 가장 중요한 사건 중 하나다. 성령이 사람을 어떻게 변화시키시는가?

불길이 솟아오를 때 혓바닥처럼 갈라지는 것 같은 혀들이 그들 위에 나타나더니, 각 사람 위에 내려앉았다(And divided tongues as of fire appeared to them and rested on each one of them, ESV). 그들은 모두 성령으로 충만하게 되어서, 성령이 시키시는 대로, 각각 방언으로 말하기 시작하였다(행 2:3, 4, 새번역).

부흥사들이 흔히 말하듯 성령이 불로 임한 것이 아니다. 혀로 임했다. 성령 받은 사도들은 베드로의 설교처럼 바로 말씀의 사람으로 변화되었다. 후에 사울이 바울로 변화된 것도 말씀에 붙잡힌 자가 되었기 때문이다. 사도행전 초기에는 표적과 기사가 자주 일어났다. 하지만 후반으로 가면 말씀 사역에 집중한다. "성령충만을 받으라"(엡 5:18)는 말씀을 바울은 골로새서에서 "그리스도의 말씀이 너희 속에 풍성히 거하여"(골 3:16)라고 권면한다. 즉 말씀과 성령이 호환가능함을 보여주었다. 바울의 고린도 말씀 사역을 누가는 이렇게 기록한다.

바울이 하나님의 말씀에 붙잡혀(Paul was occupied with the word, ESV) 유대인들에게 예수는 그리스도라 밝히 증거하니(행 18:5).

말씀으로 변화되려면 말씀을 받아들이는 태도가 중요하다. 앞서도 강조했지만 무엇보다 경외심을 품고 하나님의 말씀을 존중하는 태도가 중요하다. 그다음엔 17장의 베뢰아 사람들처럼 인간의 글로 여기고 날마다 상고/공부/탐구하는 태도다(행 17:11). 바울처럼 말씀에 사로잡히면 성령충만한 삶이다.

말씀에 사로잡힌다는 것을 나는 ESF 겨울성경학교에서 "다윗은 그 시대에"라는 주제로 사무엘상·하 강의를 준비하고 열흘간 전하면서 경험했다. 스물일곱 때다. 당시 나는 공학사 학위가 유일했다. 말씀에 사로잡혔을 때 맛본 새로운 지적 발견, 정신적 감격, 영적 능력, 기쁨……. 한국 교회 최초의 큐티집 〈일용할 양식〉을 편집하고 집필하며 말씀에 사로잡히는 삶이 어떤 것인가를 맛보았다. 맛있는 음식을 먹으면 잊히지 않듯 겉사람은 후패하나 속사람이 날마다 새로워지는 신선함, 사는 게 재미있고 힘이 나는 생명력(vitality)을 맛보며 살게 된다.

우리는 말씀을 묵상하고 말씀을 증거하는 동안, 다른 어떤 때보다 성령의 도우심을 실감한다. 예를 들어 설교를 준비하면서, 나는 성령이 함께 일하심을 가장 깊이 느낀다. 본문을 바르게 이해하는 과정에서 쉴 새 없이 성령을 의지하고 지혜를 간구한다. 설교의 요절 선택, 주제, 뼈대, 예화를 성령께 물어가면서 준비한다. 제목을 어떻게 정하고, 서론을 무슨 말로 열고 결론을 어떻게 마무리할까, 끊임없이 성령께 묻고 기다리며 '콜라보'(collaboration) 한다. 어떨 때는 영 답이 오지 않을 때가 있다. 간절히 기도하고 잠에서 깨어날 때 주님이 가르쳐 주실 때가 자주 있다. 말씀의 종들은 다 경험할 것이다. 성령충만을 부르짖고, 성령 은사 받았다고 자랑하는 종인데 성경 해석도, 본문의 주제 선택도, 논리의 전개도, 바른 언어 선택도 제대로 못하는 강사들을 만나면 참 안타깝다. 성령님이 말씀과 함께 동역하실 텐데 왜 저렇게 틀린 해석을 할까? 아직도 이해 안 될 때가 많다. 나는 성서한국의 소망을 바라보며 청년 대학생들을 섬길 때 역사가요 신학자인 누가의 역사철학이 담긴 이 말씀이 좋았다.

이와 같이 주의 말씀이 힘이 있어 흥왕하여 세력을 얻으니라(행 19:20).

주의 말씀에 무슨 힘이 있는가? 말씀은 사람을 거듭난 새 사람으로 만든다.

진리의 말씀으로 우리를 낳으셨느니라(약 1:18).

말씀은 새 사람을 성장시켜 '온전한' 사람, 곧 성숙한 사람 되게 한다.

모든 성경은 …… 하나님의 사람으로 온전하게 하며 모든 선한 일을 행할 능력을 갖추게 하려 함이라(딤후 3:16-17).

데살로니가 교인들이 많은 환난 가운데서 성령의 기쁨으로 말씀을 받아 주를 본받는 자가 될 수 있었던 이유는 성령과 말씀이 함께 역사하셨기 때문이었다. 이 땅에서의 우리 삶은 고난과 슬픔이 그치지 않는 광야와 같다. 늘 영혼의 목마름으로 가슴이 타는 세상살이 한복판에서 내 존재의 심연으로부터 솟구치는 기쁨의 생수를 마시는 사람이 성숙한 하나님의 사람 아니겠는가. 느헤미야가 슬퍼하는 백성들을 향해 외친 이 말씀을 기억하자. "여호와를 기뻐하는 것이 너희의 힘이라." 여호와가 주시는 선물이 아니라 여호와, 그분 자신을 기뻐하고 즐기라는 말이다.

내가 매일 기쁘게 순례의 길 행함은
주의 팔이 나를 안보함이요
내가 주의 큰 복을 받는 참된 비결은
주의 영이 함께 함이라
성령이 계시네 할렐루야 함께 하시네
좁은 길을 걸으며 밤낮 기뻐하는 것
주의 영이 함께 함이라

교회나 캠퍼스 기독 동아리의 개척 단계에서 예리하게 관찰하고 확인해야 한다. 우리가 그리스도의 복음으로 교제하고 있는가? 그리스도가 우리 공동체의 기초, 모퉁잇돌이 되셔서 개개인이 다 연결되어 있는가? 그때에야 교회가 공동체가 되고 나는 그 공동체의 지체임을 확증하게 된다.

10. 사람을 세우는 신앙공동체

또 너희는 많은 환난 가운데서 성령의 기쁨으로 말씀을 받아 우리와 주를 본받은 자가 되었으니(살전 1:6).

그 얼마나 아름답고 즐거운가! 형제자매가 어울려서 함께 사는 모습!(시 133:1, 새번역).

인생의 가장 중요하고 큰 문제들은 본질적으로 해결할 수 없다. 이 문제들을 해결하려고 드는 대신에 그 문제들을 통하여 성장하려고 애써야 한다(카를 융의 말, 프랭크 커닝햄, 《나이듦의 품격》, 172쪽에서 재인용).

바울은 데살로니가 교인들이 "우리와 주를 본받는 자"가 되었다고 칭찬한다. 예수님을 본받기 전에 먼저 사도 바울을 비롯한 선배 그리스도인들, 실루아노와 디모데를 본받는 자들이 되었다는 말이다. 자기를 본받는 자가 되라는 말은 쉽게 내뱉을 수 없다. 하지만 바울은 고린도 교인들에게도 큰소리친다. "너희가 주를 본받는 자 된 것같이 나를 본받으라"(고전 11:1). 사도 바울쯤 되니까, 감히 그렇게 명할 수 있었을 것이다. 그런데 내가 바울이라도 된 것처럼 실수한 적이 있다. 만 27세, 서대문 ESF를 개척하던 시기였다. 혼자 고린도전서를 묵상하다가 바로 그 말씀이 맘에 꽂혔다. 그날 소그룹 성경공부 시간에 그만 실언하고 말았다.

"여러분, 나를 좀 본받으세요!"

대부분 3, 4학년이 모였는데 새파란 간사가 자기 주제를 모르는 말을 감히 내뱉다니! 하도 얼토당토아니한 짓이어서 지금 생각해도 쥐구멍에 들어가고 싶다. 한번 내뱉은 말을 거두어들일 수만 있으면 얼마나 좋으랴. 겨우 네다섯 살 차이밖에 나지 않는 초기 멤버에게 말도 안 되는 말을 하고 말았다. 변명하자면 그때 나는 성경연구에 하루 8시간 정도를 바쳤고, 형제자매들과 개인적으로 상담을 하고 나면 그 내용을 노트에 적어 매일 기도하던 때였다. 자기 의가 하늘까지 치솟아 있었다. 더구나 세상에서 돈 많이 벌고 편할 수 있는 길을 버리고, 못 먹고 못 입고 무시당하면서 너희들을 위해 내 생명을 바치고 있으니 자기 의를 주장할 만하지 않을까. 순진해서인지 지혜로워서인지, 천만다행으로 그들은 나를 본받기보다는 어린 종으로 불쌍히 여겨주었다. 후에 그들이 나의 인격에 실망하여 나를 본받지는 않고 주님을 본받아 훌륭한 주의 일꾼이 되어 세계 여기저기서 주님을 섬기고 있으니 그저 고마울 따름이다.

"인간은 사회적 동물이다."

아리스토텔레스의 말로 알려져 있다. 사람은 홀로 살 수 없으며 공동체를 형성하며 끊임없이 다른 사람과 관계를 유지하고 서로 어울려 도움 받고 도우며 사는 존재이다. 우리는 태어나면서 가족 공동체에서 부모를 만나고, 부모를 본받으면서 자란다. 자라면서 학교에서 교회에서 일터에서 다른 사람과 교제하며 알게 모르게 영향을 받는다. 내가 자라던 시기만 해도, 동네 어른들한테 야단맞기도 하며 자랐다. 학교에 다니면서는 여러 선생님, 선후배, 같은 반 친구들을 흉내 내며 배웠다. 전통 문화, 사회 환경, 분위기 등에서도 직간접으로 많은 영향을 받으며 성장했다. 교회에 다니면서는 목사와 장로, 교사들, 신앙 선배한테 좋은 모습, 실망스러운 모습도 배우며 성장한다. 중학교 1학년 때, 같은 교회 성도들이 교회당과 교회 앞마당 텐트로 갈라져 따로 예배를 드리는 모습에 충격받기도 했다. 예수교 장로회와 기독교 장로회가 분열되던 시기였다. 한 교회 안에서 예수와 그리스도(기독)가 싸우는 판이었다. 학교, 군대, 선교단체, 교회 등에서 좋은 것, 나쁜 것을 본받으며 살아왔다.

공동체에서 사람이 자란다는 원리는 창조주가 디자인한 것이다. 공동체는 개인이 보호받고 자립하여 사회생활을 할 수 있도록 교육시키는 발판이 된다. 사랑을 주는 자와 받는 자, 지혜를 가르치는 자와 배우는 자, 훈련시키는 자와 훈련받는 자로 공동체는 이루어진다. 영성 신학자들은 그리스도인의 성장에 "영적 지도"(spiritual direction)가 필수적이라고 강조한다(사이몬 찬,《영성 신학》, 225-230쪽). 어린 신자는 기도 생활, 하나님의 뜻 찾기 등에 선배의 도움이 필요하다. 어른들이 어린 성도를 개인 맞춤식으로 영적 지도를 하는 공동체는 아름답다. 물론 문제도 있다. 모두 성숙한 사람은 아니기 때문이다. 고린도 교회에 얼마나 많은 영적, 지적, 도덕적 혼란이 있었는가. 완전한 공동체는 없지만 사람이 공동체를 떠나 혼자 살 수도 없다. 어떻게 한 개인이 공동체에 속해 공동체를 건강하게 세우면서, 동시에 자유를 누리며 전인적으로 성장할 수 있을까?

예수님은 시몬 베드로를 비롯하여 열두 제자를 부르셨다. 그들 각자가 예수님의 제자로 세워졌을 뿐 아니라, 그들을 통해 '새 이스라엘' 백성, 곧 교회 공동체를 세우셨다. 성경은 여러 그림 언어를 빌려 교회가 공동체임을 설명한다. 하나님의 백성, 하나님의 권속(대가족, household), 그리스도를 모퉁잇돌로 삼는 건물, 성전 등이다(엡 2:21). 고대 근동에서는 건물을 지을 때 모퉁잇돌로 기초를 두고, 돌과 돌, 또는 벽돌들끼리 서로 연결시켜 가며 세웠다. 주님과, 다른 성도와 관계를 맺으면서 개인의 신앙 인격도 자라고, 공동체도 성장하는 것이다.

가족 공동체에서 사람 된다

하나님은 아브라함 한 사람을 끔찍이 사랑하시고 그의 믿음을 키워주셨다. 그렇다고 하나님이 아브라함 개인만 복 주시려는 게 아니라 그를 통해 땅의 후손들, 나아가서는 모든 족속에게 축복을 내려주시려는 목적이 있었다(창 12:3).

> 내가 아브라함을 선택한 것은, 그가 자식들과 자손들을 잘 가르쳐서, 나에게 순종하게 하고, 옳고 바른 일을 하도록 가르치라는 뜻에서 한 것이다(창 18:19, 새번역).

돌아보면 나는 또래들에 비해 참 좋은 가정에서 자랐다. 초등 1학년 시절, 아버지가 사도행전을 주석까지 펴놓고 읽으시면서 "야, 사도행전 정말 재미있다" 하시던 감동 어린 음성이 잊히지 않는다. 아버지는 나에게 말씀묵상, 새벽기도, 교회 봉사의 즐거움을 심어주신 분이다. 부모님은 내가 전기공학과를 졸업하고 취업해서 동생들 다섯을 교육시키리라 기대하셨다. 그런 내가 주님께 헌신하기로 하고 결심을 알리자 부모님은 큰 충격을 받고 낙심하셨지만 아버지는 내가 가는 일을 인정해 주셨다. 극한 가난에 시달리시면서도 단 한 번도 나를 원망하는 말을 하지 않으셨다. 아, 고마우신 아버지, 어머니.

그런데 부모님께서 교육을 많이 받으셨고, 경제적 여유가 있는 분이셨으면, 방임하지 않으시고 인격 훈련을 일찍부터 시켜주셨더라면 내가 좀더 괜찮은 사람 되지 않았을까, 살짝 아쉬움을 느낀 적이 있었다. 온 가족이 생존을 위해 치열하게 살아야 했던 그 시절에, 더구나 일곱 자녀를 키우셔야 했던 부모님께는 지나친 요구일 수 있다. 7남매 중에 나는 몸은 제일 약하고 머리는 제일 똑똑하다는 평을 받으면서 자랐다. 그래서 어려서부터 교만이 자랐다. 그런데 형제자매들과 때로 재미있게, 때로 다투면서 인내를 배운 것 같다. 재능은 고독 속에서 꽃피우지만, 인성은 어린 시절 서로 치고받으며 부대끼는 관계 속에서 익어가는 열매다. 형제자매들, 친척들이 많은 대가족에서 배우며 성장한 사람들은 그 성품과 인간관계에서 뭔가 다른 점이 있다. 그래서 잠언의 지혜자는 부모의 훈계가 얼마나 값진가를 가르친다.

> 너희는 은을 받지 말고 나의 훈계를 받으며 정금보다 지식을 얻으라(잠 8:10).

자녀에게 재산을 남기기보다는 하나님 경외하는 신앙과 사람을 존중하고 자기를 절제하는 훈계와 지식을 남겨주는 부모가 후에 감사를 받게 된다. 대가족으로 살던 유대인들의 어린 시절 최고 가치는 부모의 가르침과 훈계를 준행하는 것이었다. 그들이 결혼하고 자녀를 두면 말씀을 암송하게 했다. 출애굽을 비롯하여 하나님의 은혜와 권능의 역사를 가르칠 뿐 아니라, 유월절 식탁에서 무교병과 쓴 나물을 먹으며 밥상머리 교육하는 등, 행동으로 신앙과 삶에 본을 보여 주었다(신 6장). 사람은 학교 공부보다 부모의 교훈과 삶을 본받으며 좋은 사람 되어가는 게 더 중요하다.

4년간 영국 생활을 하다가, 두 아들이 중학교 1학년, 초등학교 5학년이 되어 귀국한 후 3년이 되어갈 때 부모로서 아주 어려운 선택을 해야 했다. 아이들이 어릴 때는 저녁마다 가정예배 드리며 대화를 많이 나누었는데 큰애가 중학생이 되니까 함께할 시간이 없었다. 수업 끝나면 친구들과 놀고, 시험 때면 독서실에 가서 밤이 늦어서야 집에 돌아왔다. 집이 하숙집이 되었다. 그러던 어느 날, 아내가 아들들 방을 청소하다가 이상한 잡지를 이불 밑에 숨겨 놓은 걸 발견하고 충격을 받았다. 이러다가 예수 안 믿는 애들과 다르지 않겠구나 기도하기 시작했다. 그리고 얼마 후, 두 번째 영국 유학길에 올랐다. 결과적으로 아들들과 삶을 나누는 시간이 많아졌고, 사춘기 시기에 신앙적으로 성장할 수 있는 환경이 되었다. 누구나 우리 가족 같은 기회가 주어지는 건 아니다. 다만 강조하고 싶은 교훈이 있다. 자녀에게 신앙을 심어주는 것보다 더 귀한 유산은 없다. 하나님을 경외하는 믿음을 심어 주되, 주일성수, 십일조, 봉사, 어른들에게 공손히 인사하기 등을 율법적으로 가르치기보다 어린 시절부터 예수님을 사랑하고 복음의 은혜를 누리며, 자유롭고 인간미 있는 삶을 나누는 것이 더없이 중요하다.

한국 사회가 잘못된 가족주의로 큰 위기를 맞고 있다. 사회학자 김동춘이 《한국인의 에너지, 가족주의》에서 지적했듯이, 한국의 가족은 공공성 없이 개인의 보호막과 지위 상승의 발판이 되어, 부모가 부를 자녀들에게 물려주고 금수저, 흙수저 출신으로 나뉘어 그 골이 갈수록 깊어지고 있으니 사회 갈등의 치유가 불가능해 보인다. 가난의 대물림처럼 무서운 사회악이 있을까.

좋은 부모 만나는 건 섭리지만, 좋은 부모가 되는 건 책임이다. 돈 많이 벌어 자녀 교육에 여유 있게 투자하는 건 모든 부모의 소망이다. 세상 사람들과 그리스도인의 가치관이 달라야 하지만, 이상하게 자녀 교육만큼은 세상 사람들과 차이가 없는 게 현실 같다. 그런 점에서 좋은 기독인 교사들이 좋은교사운동, 사교육걱정없는세상, 대안학교에서 활동하는 건 귀하다. 하지만 부모가 자녀 교육을 학교와 주일학교에 맡기는 건 책임 회피요 직무유기다. 하나님은 자녀 교육을 부모에게 위탁하셨기 때문이다. 신명기를 비롯하여 성경은 부모가 자녀 교육을 책임질 것을 강조한다.

> 아비들아, 너희 자녀를 노엽게 하지 말고 오직 주의 교훈과 훈계로 양육하라(엡 6:4).

하나님은 삼위일체 하나님이심을 가정을 통해서도 보여 주신다. 아버지, 어머니, 자녀는 셋이 하나 되고, 서로 존중하고 순종하며 하나님을 본받는 가정을 이룬다. 자녀가 성인이 되어야 한 인격으로 대하겠다는 잘못된 생각을 품은 부모가 많다. 그래서 늘 명령하고 요구하고 가르치려고만 들기 쉽다. 아이는 하나님의 형상을 가진 독립된 인격이다. 부모의 소유가 아니다. 하나님의 소유를 일정 기간 보호, 양육, 교육할 생명의 청지기로서 책임을 위임받았다. 자녀들에게 하나님이 얼마나 나를 사랑하고 존중하고 귀하게 여기는가를 삶 전체로 보여 주어야 한다. 그래서 말씀을 가르치고 기도하며 자녀를 길러야 한다.

그런데 상처와 분노를 주며 학대한 부모 곁에서 자란 사람은 어떠해야 할까? 하나님을 믿는 자라면 하나님을 소망하고 하나님 나라에 희망을 둘 수 있어 다행이다. 아무리 힘든 역기능 가정에서 자랐다 하더라도 하나님의 사랑, 권능 안에서 회복된다는 희망이 있으니 얼마나 놀라운 복인가. 스코틀랜드에서 사생아로 태어난 청년이 예수 믿고 변화되어 복음 증거자로 많은 열매를 맺었다는 글을 읽은 적이 있다. 미국의 어느 기독교 잡지에서 읽은 기사도 생각난다. 미국 서부에서 태어난 한 자매는 어머니가 강간을 당한 결과로 태어났다. 기구한 운명이었다. 어려서부터 보호시설에서 자랐는데, 결혼을 앞두고 출생의 비밀을 찾아나섰고, 신랑 될 남자의 적극적인 도움으로 고맙게도 생모를 만나 결혼식에 초대할 수 있었다. 후에 어머니를 통해 알게 된 사실이 있었다. 성폭행을 당해 임신했고, 하마터면 낙태 수술을 받을 운명이었는데 믿음

깊은 어머니의 어머니, 곧 할머니의 간곡한 권면으로 출산을 했고, 그 후 보호소에 맡겨져 자랄 수 있었다는 사실이었다. 그 자매는 성폭행당한 어머니의 불행, 외할머니의 신앙적 권면, 낙태의 유혹을 이기고 출산한 어머니의 용기, 유아와 산모를 모두 보호한 사회의 안전망, 훌륭한 남자친구의 도움을 받아 행복한 가정도 이루게 되었다. 그 자매는 여러 교회를 다니며 악으로 선을 만드시는 아버지 하나님의 사랑(창 50:20)을 증거하고 있다. 어떤 인간 부모를 만났든 상관없다. 우리 영혼의 아버지 하나님은 모든 걸 새롭게 하신다(계 21:5). 성장 과정의 상처를 치유하고 사람답게 살도록 회복시켜 주신다. 우리 아버지는 "자비롭고 은혜롭고 노하기를 더디 하고 인자와 진실이 많은 하나님, 인자를 천대까지 베풀며 악과 과실과 죄를 용서하"시는 하나님이시다(출 34:6, 7).

겨레 공동체에서 부대끼며

어느 나라에, 어느 민족으로 태어나느냐는 불신자에게는 숙명이요, 하나님 믿는 자에게는 섭리다. 한 사람의 성장 과정에서 가정 못지않게 영향을 주는 것이 자신이 속한 사회, 나라, 민족이다. 내가 일본인이나 중국인으로 태어났다면, 케냐의 마사이 부족으로 태어났거나, 영국인이나 독일인으로 태어났다면 지금의 나와는 다른 사람이 되었을 것이다. 사람은 유전적 요소와 환경의 영향을 받게 마련이다. 어느 민족의 DNA를 가지고 태어났고 어디서 자랐는가에 따라 사람됨이 달라진다. 좋든 나쁘든 사람은 민족국 가의 영향을 받으며 인간성이 형성된다. 이어령 선생이 《신한국 인》에서 지적했듯, 우리는 엉덩이에 유목민의 흔적인 몽고반점을 가지고 태어난다. 농경 사회에서 한 곳에 장착하는 다른 민족과 달리, 결코 느긋하게 살 수 없는 민족이다. 살면서 집을 여러 번 이사 하고, 인구 비례로 세계에서 가장 많이 해외 각처로 흩어져 살고, 여행을 많이 하는 백성이다. 비행기가 착륙하기 무섭게 자리에서 일어나 짐을 내리는 건 대부분 한국인이다.

일제 강점기와 남북 분단 상황에서 자라면서 형성된 우리 내 면의 상처와 기질, 인격의 결함들도 무시할 수 없다. 조찬선과 최 영의 《일본의 죄악사》를 읽으며 치를 떤 적이 있다. 우리 아버지 어 머니들은 어떻게 그런 세상을 견디며 사셨을까? 형제자매끼리 죽 이던 한국전쟁의 참상을 온몸으로 경험한 우리 세대가 어떻게 그 한을 극복하고 여기에 이르렀을까? 김태영이 《트라우마 한국사 회》에서 분석했듯, 한국인은 세대마다 트라우마가 있다. 전쟁 세 대는 공황증, 산업화 세대는 조급증 등이다. 내 또래들은 북한 사 람들을 사랑하기 어렵다. 민족상잔의 전쟁 상흔이 깊고 아프다. 어 디서나 편 가르고, 내 편이 아니면 적으로 여겨 증오하고 짓밟는 법을 세뇌당하면서 자랐다. 나와 다른 건 틀린 것으로 여긴다. 정 치판에 협치가 없는 이유다. 이영희 교수가 지적한 대로 한국인은 이념, 사고까지 통제받는 교육을 받아 사고가 닫혀 있고 유연성이 없다. 의심, 두려움 등 인격 결함이 많다.

내가 겪은 역사적 사건들만 하더라도 어떤 드라마보다 더 드라마틱한 서사다. 나의 기질, 성품과 생활방식에 영향을 끼쳤다. 그것은 부모의 유전 요인과 자기 노력 여부로 이해되지 않는다. 두 차례 방북에서 처음엔 북한 사람들과 공통점을 발견하고 반가웠지만, 대화를 더 나누어보니 의식, 교육, 문화, 여러 면에서 그들은 외국인처럼 느껴졌다. 19세기 프랑스 사상가 르낭(E. Renan, 1823-1892)은 독불전쟁의 소용돌이를 체험한 이후 《민족이란 무엇인가》에서 "하나의 민족은 하나의 영혼이며 정신적인 원리다"라고 했다.

서양사학자 임지현은 '민족' 개념을 해체해야 한다고 주장한다. 그의 논리는 서양사를 중심으로 동양, 특히 한국 역사를 보는 포스트모더니즘에 근거한 학문이라는 비판을 받는다. 서양의 민족주의와 우리의 민족주의는 사뭇 다르다. '민족'이란 동아시아 3국, 특히 우리 민족이 오래전부터 사용해 온 '배달겨레'를 의미하는 단어다. 그러나 그리스도인이 '민족'이란 개념을 소중하게 여겨야 하는 이유는 그것이 성경의 개념이기 때문이다. 예수님은 명하셨다. "너희는 가서 모든 민족(nation)을 제자로 삼아"(마 28:19). 사도 바울은 아테네 설교에서 인류가 민족 단위로 나뉜 것이 하나님의 경륜이요 섭리로 이루어진 것이라고 밝힌다.

그분은 인류의 모든 족속(nation)을 한 혈통으로 만드셔서 온 땅 위에 살게 하셨으며, 그들이 살 시기와 거주할 지역의 경계를 정해 놓으셨습니다(행 17:26, 새번역)

믿음이 좋다는 사람들 가운데 장차 하나님 나라에 가면 언어나 민족의 경계가 사라지고 인류가 형제자매로 사이좋게 지낸다고 생각하는 사람들이 있다. 홍수 이후 노아의 세 아들에게서 민족이 나뉘고, 바벨탑 사건 이후 민족 고유 언어가 생겼으니 종말에는 창조 때처럼 언어도, 민족도 경계가 없어진다는 생각이다. 하지만 요한계시록을 공부해야 한다. 사도 요한은 하나님 나라가 완성된 후에도 사람이 각자 고유한 언어와 민족 문화를 지닌 채 하나님을 예배하는 모습을 보여준다. 다양성 속에 통일성을 이룬 공동체다.

이 일 후에 내가 보니 각 나라와 족속과 백성과 방언에서 능히 셀 수 없는 큰 무리가 나와 …… 어린양 앞에 서서 큰 소리로 외쳐 이르되 구원하심이 보좌에 앉으신 우리 하나님과 어린양에게 있도다(계 7:9, 10).

신약성경에서 '민족', '족속'은 둘 다 희랍어 '에드노스'(eth-nos)를 번역한 말로, 영어 성경은 'nation'으로 번역한다. 민족이 나라를 이룬 경우를 민족 국가라고 한다. 우리는 676년 통일 신라 이래, 고려, 조선을 거쳐 한반도에서 천 년 이상 통일된 민족국가로 살아왔다. 세계에 흔치 않은 특별한 나라다. 통일 코리아가 되어야 할 당위가 분단국가로 나뉘는 것보다 더 자연스럽지 않은가.

'민족주의'(nationalism)는 본래 민족의 독립, 발전 등을 강조하는 이념, 운동을 가리키는 좋은 말이다. 그러나 2차 세계대전을 일으켜 끔찍한 유대인 말살 정책을 쓴 독일 나치스와, 우리 민족을 말살하려고 이름도 바꾸게 하고 학교뿐 아니라 가정에서도 우리말을 쓰지 못하게 한 잔인한 일본 군국주의자 때문에 민족주의에 부정적 시각이 생겼다. 해결책이 무엇일까? 강대국 독일과 일본의 "폐쇄된 민족주의"가 타민족을 억압하고 착취하는 악한 세력이 됐으나, 안중근이 《동양평화론》에서 언급했듯 약한 민족도 주체성을 지키며 타민족을 존중하면서 사이좋게 평화로운 세상을 이루자는, 이만열 교수의 주장처럼 "열린 민족주의"를 지지할 필요가 있다.

사람의 성장에 민족 공동체가 밝게 작용할 수도 있으나, 어두운 영향을 주는 경우가 더 많은 것 같다. 그래서 자민족에 대해서도 애증 관계가 있다. 언제야 우리 민족은 좀 나라다운 나라를 이루며 살 수 있을까 안타까워하는가 하면, 2002년 월드컵 후부터는 국민적, 민족적인 긍지가 생겼다. 그런데 민족과 국가에 대한 자부심에 그치지 않고, 다른 민족을 차별 대우하는 것은 우려할 현상이다.

또 같은 민족이면서도 다른 국가를 이루는 경우가 세계에는 적지 않은데, 꼭 남한과 북한이 통일되어야 하느냐고 생각하는 청년 세대가 늘어나고 있다. 우리 현실을 인정하고 통일 대신, 남북이 평화롭게 사는 게 더 유익하지 않느냐는 생각이다. 그러나 현실적으로는 손해가 이익보다 크다. 분단 상황으로 겪는 질고가 너무 많기 때문이다. 국가 안보에 지불하는 경제적 손실, 정신 질환 등으로 민족이 집단 정신병동 같은 분위기다. 지금은 많이 세속화되었지만, 상대적으로 정의롭고 평화로운 유럽의 기독교 국가에서 사는 사람들은 정신적으로 훨씬 여유롭다.

어찌해야 할까? 내가 선택한 한민족은 아니지만, 하나님이 보내신 곳에서 사는 우리이니 모세나 사도 바울이 민족의 구원을 위해 자기 생명을 걸었던 자세를 조금이라도 본받으며 살아야 하지 않을까? 한민족이 하나 되어 살기 좋은 나라, 후손들이 안심하고 즐겁게 살 수 있는 나라, 김구 선생이 말한 대로, 세계에서 가장 선하고 멋진 사람들로 가득한, 아름다운 문화를 이루어 세계 모든 민족이 모여들게 하는 매력 있는 나라를 이루는 꿈을 어찌 포기할 수 있겠는가(출 32:31, 32; 사 2:2-4; 롬 9:2, 3). 민족과 국가와 부대끼며 우리는 성장하는 것이다.

내 자아를 무너뜨린 신앙공동체

사람은 교회를 비롯한 공동체 생활로 성장한다. 기독교 신앙 공동체는 다양한 모습이다. 여기서 말하는 신앙공동체란 지역 교회, 학생선교단체. 해외선교 단체, 수도원이나 수양관, 학교 기숙사의 기독인 모임, 구제 기관이나 사회 운동하는 성도가 함께하는 모임, 군대나 경찰, 교도소 안에서 갖는 기독인 모임 등 이런저런 목적으로 다양하게 가족같이 함께하는 신자들의 공동생활을 총칭한다.

기독교 역사는 복음을 먼저 받은 선배가 후배에게 복음을 전하고 영적으로 양육하면서 지금까지 이어져 왔다. 바울은 데살로니가 교회를 개척하고 양육하면서 하나님의 복음 역사가 어떻게 '본받음'으로 이어지는가를 깨우쳐 준다. 사도들이 이방인인 그들에게 하나님의 복음을 전했고(살전 2:2, 9), 그들은 전해 받은 그 복음을 믿고 회심했다(살전 1:9, 10). 처음엔 사도들을 본받았고(살전 1:6), 다음은 유대에 있는 선배 신앙공동체를 본받았고(살전 2:14), 마침내 주님을 본받는 자(살전 1:6)가 되었다.

그들은 다른 지역 교회들의 모범이 되었는데, 마게도냐와 아가야에 있는 "모든 믿는 자의 본"이 되었다고 칭찬받는다(살전 1:7). 유대교와 기독교는 '본받음'(imitation)을 강조한다. 대학 시절 처음 읽은 토마스 아 켐피스의《그리스도를 본받아》는 많은 깨우침을 주었다. 윗사람의 위치에 있으면 '본을 보임'이 가장 중요한 덕목이 된다. 바울은 에베소 교회의 목자가 된 디모데와 그레데 교회를 섬기던 디도에게 본을 보이는 삶의 중요성을 가르친다.

내가 긍휼을 입은 까닭은 …… 후에 주를 믿어 영생 얻는 자들에게 본이 되게 하려 하심이라(딤전 1:16).

범사에 네 자신이 선한 일의 본을 보이며(딛 2:7).

웃기는 이야기 하나 하자. 내가 섬기던 단체의 지도자는 의자에 앉아 기도할 때마다 한쪽 다리를 덜덜 떨면서 "참으로"라는 단어를 자주 쓰는 습관이 있었다. 간사들은 거의 90퍼센트 이상이 대학 시절에 회심해서 지역 교회에 속하지 않고 오직 단체만을 섬겼고, 모두 그 지도자를 열심히 본받고 있었다. 그 영향은 무서웠다. 어느 날, 회관에서 간사 몇 사람이 원을 그리며 의자에 앉아 기도하고 있는데 모두 다리를 덜덜 떨면서 "참으로", "참으로"를 연발하고 있었다.

신앙공동체의 기억은 참 아름답지만 가슴 에이는 아픔도 있다. 전쟁 중에 피난민들이 많이 모였던 서귀포교회에서 초등 2학년부터 5학년까지 보낸 추억은 파노라마같이 슬프도록 아름답게 스친다. 성경 암송대회에서 마태복음 3장을 실수 없이 외워 일등상을 받았던 일, 성탄절 연극〈크리스마스 캐럴〉에서 스크루지 영감 역을 맡아 열연(?)했던 기억 등이 아름답다. 전쟁 중에 날마다 저녁 집회가 열렸고 피난 온 목사들과 성도들은 "피난처 있으니 환난을 당한 자 이리 오게"(현 새찬송가 70장)를 불렀다. 기도 시간마다 헤어진 가족들을 위해 피맺힌 울부짖음으로 간구하던 그 처절한 시간들. 그때 신자들은 나라와 겨레를 위한 기도를 쉬지 않았다.

초등학교 시절, 교회에서 민족을 위해 기도하다가 나도 모르게 눈물을 쏟으며 기도한 적이 있었다. 권사님들, 집사님들이 간구하던 기도제목을 나도 모르게 모방하고 습득한 것이었다. 평생 민족의 고난을 외면해서는 안 되겠다는 교훈을 그 어른들의 기도가 내 마음판에 새겨주신 듯하다.

제주시로 올라와서 교회를 다니던 중학생 시절, 나는 교회가 싫어졌다. 부모님 때문에 교회에 나가기는 했지만 나쁜 짓을 하다가 중등부 부장 장로님에게 뺨을 세게 얻어맞았다. 잘못해서 맞았으면 회개해야 하는데 난 못 돼먹어서 그 후로는 교회 가는 게 싫어졌다. 그분이 나를 용서하고 다독였다면 좀 달라질 수 있었을까. 사춘기를 문제아로 보냈다. 함께 수영하던 외삼촌이 내가 보는 앞에서 익사한 사건 이후 철 이른 허무주의자가 되었다. 교회에 가도 아무 답을 얻지 못했고, 교회는 복음의 내용을 알려주지도 않았다.

부모님 때문에 사춘기 시절부터 교회 출석은 했지만 믿음을 저버렸고, 이후 교회에 발을 끊었다. 대학 시절엔 도서관에 살다시피 하면서 여러 문학서, 철학책을 읽어보며 인생의 답을 찾아보려고 방황을 많이 했다. 술·담배도 해봤고 더 나쁜 짓도 저질렀다. 정신적 방황이 극에 달한 때, 친구 소개로 대학생성경연구회에 가보게 되었다. 1963년 가을이었다. 혐오감을 주던 교회가 아니라 또 래들이 모이는 대학생 모임이라는 점, 미국인 여선교사가 영어로 성경 가르쳐주는 점이 매력 포인트였다. 지독히 고독하게 대학생 활을 하다가 괜찮아 보이는 대학생들이 서로 형제자매라고 부르 며, 순진하게 교제하는 모습이 마음을 끌어 조금씩 발을 들여놓고 마음을 바치게 되었다. 대학 3학년이던 어느 날, 나보다 2년 앞서 단체 개척기부터 훈련받은 한 형제가 조용히 다가와 물었다.

"승장 형제, 십자가가 나에게 무슨 의미가 있는가 생각해 본 적이 있는가?"

한 번도 깊이 생각해보지 않던 그 질문이 나를 부스러뜨렸 다. 아마 그 형제를 비롯해서 지체들이 나를 위해 기도해 온 게 분 명하다. 몇 달이 지난 후 겨울 수양회에서 그리스도의 십자가 죽음 이 바로 나를 위한, 내 죄를 대속하신 죽음인 것을 믿음으로 받아 들이게 되었다. 많은 눈물로 예수님의 은혜와 사랑에 사로잡히게 되었다. 그 친구는 "사랑 안에서 참된 것을 (말)하는"(엡 4:15) 성도 의 거룩한 교제가 무엇인가를 가르쳐 준 셈이었다.

어느 날 소그룹에서 요한복음 6장을 공부하는데, 5천 명을 먹이시는 예수님 이야기에 깊은 영적 보화가 숨어 있었음을 발견 하고 놀랐다. 그전에는 말도 안 되는 신화로 여기고 있었다. 나는 늘 빌립같이 "이 많은 사람들을 먹일 돈이 없는데요" 하고 계산하 는 부정적 생각의 도사였다. 그러나 한 아이가 가져온 5병 2어를 주께 바치면서 "이게 이 많은 사람에게 얼마나 될까요" 하는 안드레를 통해 주님은 기적을 베푸셨다. 내게 없는 것이 아니라 있는 것을 보아야 하고, 인간적으로는 불가능한 상황에서도 하나님의 사랑과 권능을 믿는, "어떤 가능성"(A certain possibility)을 찾아보아야 한다는 교훈을 배웠다. 대학 시절의 배움은 지금까지도 새로운 일을 시도할 때마다 힘을 줄 만큼 생생한 가르침이 되었다.

　학생선교단체나 교회 청년부에 참여하고 섬기는 일은 엄청난 영적 축복이다. 교회는 대부분 목회자 중심 구조이기 때문에 평신도는 '병신도' 노릇하기 십상이다. 그런데 캠퍼스 복음화를 통해 평신도 학생이 캠퍼스에서 복음의 일꾼으로 선다는 것은 신앙과 인격을 연단하는 유익한 경험이다. 당시 회관에서는 리더들이 미리 캠퍼스 소그룹 성경공부 문제를 공부한 후, 각자 자기 캠퍼스에서 친구나 후배들을 모아 성경공부를 했다. 그들과 함께 빈 강의실에서 누가복음으로 그룹성경공부를 인도했다. 많으면 10명 정도가 모였다. 친구들을 모임에 초청하는 것은 쉬운 편이었다. 당시 공대에는 여학생이 두 명뿐이었는데 그들이 설득을 받아 참석했을 때는 정말 기뻤다. 이 모임을 통해 나는 말씀의 능력과 은사를 발견했다. 성경공부에 참여하던 친구들과 후배들이 그리스도인이 되는 걸 보게 된 것이었다. 대학 4학년 시절의 이 경험이 나를 평생 청년대학생 사역자로 부르신 하나님의 낚싯밥이었다는 걸 그땐 알아챌 수 없었다.

데살로니가 교인들은 바울 일행한테서 배웠고, 후에 주변 지역에 있는 교회 성도의 모범이 되었다. 나도 어린 나이에 신앙공동체에서 친구들과 후배들을 신앙적으로 도우며 성장했던 것 같다. 특히 광야 같은 대학 캠퍼스에서 신앙공동체를 개척하고 말씀을 가르치고 신앙 성장을 돕는 과정에서 보기 드문 체험이 일어난다. 이건 성경이나 신학서적을 많이 공부한다고 얻을 수 있는 게 아니다. 당시는 정신적으로 목마르고 갈 곳 없는 대학생들이 성경을 배우러 모여들던 시기였다. 물론 사역이 너무 힘들어 기도도 안 나오고 기도실에서 훌쩍이다가 혼자 맥줏집 가서 한잔한 적도 있었다. 그것도 돈이 없어서 다시 가보지는 못했다. 1960-70년대 군사독재로 대학생들이 소망을 찾지 못하던 시대에 주님을 사랑하던 형제자매와 더불어 참 많이 울고 웃었다. 아내는 늘 학생들에게 음식 만들어 먹이느라고 아픈 아이를 두고도 누구에게 알릴 수 없을 만큼 심하게 고생했다. 20대의 미숙한 목자 부부를 통해서도 당시 학생들 가운데 예수 믿고 변화되어 신실한 주님의 제자들이 되어 지역 교회에서 평신도 장로, 권사로 섬기고 사회에서 영향력 있는 지도자들이 적지 않게 나온 것은 우리 평생의 감사 제목이다. "이는 너희 수고가 주 안에서 헛되지 않은 줄 앎이라"(고전 15:58)라는 말씀을 늘 외우며 섬겼던 시기였다.

지금 청년·대학생 선교단체나 교회청년부에는 심각한 문제가 있다. 선배와 후배 사이 관계가 거의 단절되었다. 인간관계는

립서비스 정도의 얕은 교제뿐이다. 시간들이 없다. 온라인으로 게임하고 유튜브할 시간은 있어도 선배가 후배들 밥 사주며 대화 나눌 기회가 사라졌다. 취업 준비에 청춘을 거는 친구들과 삶을 나누며 서로 배울 여유가 있겠는가. 마지막 때의 특징을 바울은 이렇게 묘사한다.

> 사람들이 자기를 사랑하며 …… 돈을 사랑하며 …… 쾌락을 사랑하기를 하나님 사랑하는 것보다 더하며(딤후 3:2, 4).

말세에 가장 두드러지는 징조는 인간관계에서 사랑이 사라지는 것이다. 청년들은 친구 사귈 여유가 없어졌다. 예수 믿는 청년들은 방학 때마다 수양회를 열어 서로 배우고, 삶을 나누고, 우정을 쌓을 기회를 갖는다. 하지만 취업 시험에 매달리고 전염병이 창궐하자, 서로 대면할 기회가 없어지면서 여러 청년 공동체가 무너지고 있다.

"신도의 교제는 이상이 아니라 실재다."

대학 시절, 본회퍼의 《신도의 공동생활》을 읽었다. 위 문장은 신앙공동체에 대해 내가 갖고 있던 이상주의적 기대를 깨뜨렸다. 우리는 늘 '이런 교회 되게 하옵소서'라며 이상적인 교회 모습을 그린다. 하지만 현재 성령께서 인도하시는 교회라면 내가 그리는 모습과 달리, 문제가 많아도 감사하며 섬겨야 할 실재다. 마음에 안 드는 형제자매가 공동체에 있어도 숨은 뜻이 있어서 만나게 하신 것이다. 고린도 교회에 문제가 많았지만, 바울은 기본적으로 그들 때문에 항상 하나님께 감사한다고 고백했다(고전 1:4).

성숙한 신앙 지도자가 있고, 본받고 싶은 선배가 있고, 대화가 잘 통하는 또래가 있으며, 나의 도움을 고맙게 받아들이는 후배까지 있고, 성령과 말씀 충만한 신앙공동체에 속해 있다면 얼마나 행복할까? 그런 모임에 속해 있으면 영적으로 쑥쑥 자랄 수 있을 것 같다. 그래서 청년들이 콘텐츠가 풍성한 큰 교회 청년공동체를 찾는다. 하지만 성경을 잘 가르치지 못하는 지도자, 피하고 싶은 선배와 또래들, 멋진 카페도 없고, 그럴 듯한 프로그램도 없는, 내가 무시받는 듯한 공동체가 대부분의 현실이다. 교회를 옮기면 끝나지 않을까 하고, 청년들은 쉽게 떠난다. 요즘은 아주 쿨하게 교회를 떠난다.

돈 많고 교육 수준 훌륭한 가정에서 자라면 좋다는 건 알지만, 선택하지 않았는데도 부모가 별거했거나, 형이나 아우가 장애를 가졌거나 이런 힘든 환경에서 자라야 하는 아이들이 있다. 돌이켜보면 역기능가정에서도 좋은 인물이 나올 수 있듯이, 우리가 기대하는 이상적 공동체에 속하지 못했어도 줄기인 예수를 떠나지 않고 붙어 있으면 가지가 자라서 열매를 맺는다는 것을 배우게 되었다. 바울은 개인과 공동체의 관계에서 가져야 할 자세를 가르친다.

몸은 하나인데 많은 지체가 있고 몸의 지체가 많으나 한 몸임과 같이 그리스도도 그러하니라 …… 만일 한 지체가 고통을 받으면 모든 지체가 함께 고통을 받고 한 지체가 영광을 얻으며 모든 지체가 함께 즐거워하느니라(고전 12:12, 26).

공동체를 섬기면서 물어봐야 할 질문이 있다. "지금 우리 공동체는 '복음의 교제'가 이루어지고 있는가?" "우리는 개인적으로나 공동체적으로 예수 그리스도에게 뿌리내리고 있는가?" 단체나 교회 청년부에서 그리스도의 복음을 제외하거나 경시하면서, 나이스하게 친밀함만 강조하는 경우를 자주 보았다. 청년은 없고 주로 노인들이 중심이 된 어느 교회는 말씀, 복음, 기도는 싫어하고 놀러다니기만 좋아하는 바람에 목사가 견디지 못하고 목회를 떠나 대리운전으로 생계를 잇는 경우도 보았다. 교회나 캠퍼스 기독동아리의 개척 단계에서 예리하게 관찰하고 확인해야 한다. 우리가 그리스도의 복음으로 교제하고 있는가? 그리스도가 우리 공동체의 기초, 모퉁잇돌이 되셔서 개개인이 다 연결되어 있는가? 그때에야 교회가 공동체가 되고 나는 그 공동체의 지체임을 확증하게 된다.

신앙의 스승을 만나다

필립 얀시가《내 영혼의 스승들》에서 이런 말을 했다. 자기의 지난날은 교회에서 받은 상처 때문에 고통스러웠으나, 치유되고 건강한 신앙을 회복하는 데 마틴 루터 킹 목사를 비롯한 영혼의 스승들이 쓴 책이나 그들과의 개인적 만남이 가장 큰 도움이 되었다고. 데살로니가 교인들은 사도 바울 같은 영적 스승을 만났고, 신앙의 선후배가 서로 본을 보이고 본받으면서 교회공동체를 이루어가고 있었다. 나도 여러 번 말하고 있지만, 두 미국인 여선교사의 도움으로 성경을 배웠고, 평생 말씀의 사람 되려고 애쓰게 되었다. 주께서 보내주신 고마운 스승들이다. 처음 신앙 출발하던 시기에는 미국인 선교사 새러 배리(Sarah Barry)에게서 성경이 재미있고 깊은 의미가 있는 책임을 알게 되었다. 그는 귀납법적 성경공부로 유명한 비블리칼 신학교 출신이었다. 간사로 훈련받던 시기에 개인적으로 많이 가르쳐준 분은 IFES의 성경공부 담당 간사였던 미국인 에이더 럼(Ada Lum) 선교사였다. 휘튼 칼리지 출신이다. 그분을 통해 성경연구 방법을 비롯, IVP의 많은 서적들을 소개받거나 선물로 받았다.

그의 소개로 1967년에 존 스토트의 설교를 테이프로 처음 들었다. 다 알아듣기 힘들었지만 설교 제목이 평생에 도움 되었다. "경건에 이르도록 네 자신을 연단하라"(Discipline yourself in godliness, 딤전 4:7). 나는 존 스토트의 책들을 공부하며 그를 존경하게 되었고 그의 제자로 본받고 싶었다. 존 스토트는 20세기 후반, 세계 복음주의권의 목자 역할을 한 분이다. 평신도 간사로서 가장 감격적이었던 경험은 1972년 말레이시아에서 열린 IFES 수양회와 이어서 열린 성서유니온 대회에 한국인 대표로 참여했던 것이었다. 주제 강사인 존 스토트를 처음 만났을 때 어떻게 이런 멋진 남자가 있을까 감탄이 터졌다. 5박 6일 수양회에서 매일 아침 그의 사도행전 강해를 들었다. 성서유니온 대회에서도 같은 강해를 들었다. 그가 인도한 강해설교 워크숍은 나에게 성경 강해 설교가 바른 설교요, 성도들의 영적 성장에 유익하다는 확신을 불어넣었다.

개인적으로 존 스토트 목사와 교제한 경험이 있다. IFES 수양회를 마치고 성서유니온 수양회에 가기 위해 무려 4시간 동안 택시를 타고 대화를 나누었다. 1979년에 나는 런던신학교를 다녔는데 런던에 유학 온 대학원생 수련회를 기획하기 위해 존 스토트의 집에서 두 시간 정도 네 사람이 함께 회의하고 교제하는 기회도 가졌다. 매우 지혜롭고 은혜로운 지도력을 가진 분이라는 점이 생생하게 기억난다. 수양회 주제를 정하는 안건을 가지고 꽤 오래 토론했다. 결론적으로 세 사람이 "Thinking Biblically"로 마음을 모았다. 대학원생들이기 때문에 기독교 지성 계발의 중요성을 심으려는 것이었다. 그런데 그가 "Thinking biblically, Living biblically"로 하자고 제안했다. 실천의 중요성을 잊지 말자는 것이었다.

화장실에 들어가니 변기 옆 잡지꽂이에 주간 잡지들이 있었다. 그는 신문을 읽지 않고 라디오를 들으면서 독서하거나 집필한다고 했는데 그 대신 한 주간의 사건을 소개하고 비평하는 주간 잡지를 주로 읽는다는 걸 알고 혼자서 회심의 미소를 지었다. 화장실에 오래 있는다고 아내가 나를 나무라곤 하기 때문이다. 존 스토트가 타계하던 즈음 그의 생애와 사역을 〈빛과소금〉 특집 기사로 낼테니 급히 글을 써서 보내 달라는 부탁을 받았다. 존 스토트 목사와 가까이서 동역하던 현대기독교연구소 교수 한 명과 다른 목회자 한 명에게 인터뷰를 신청했다. 그 대화를 통해 영국 교회와 세계 복음주의 교회에 그가 끼친 영향이 얼마나 지대했는지 정리해 볼 수 있었다. 나는 친구나 후배 목회자들에게 그의 숱한 저서들 중에서도 'The Bible Speaks Today'(IVP) 성경강해 시리즈를 강추해왔다.

존 맥스웰이 권했듯 "성장하려면 너 자신을 좋은 사람들 사이에 두라"는 말을 실천하려 나름 시간과 돈을 아끼지 않았다. 좋은 스승 찾아다니고 좋은 친구 사귀는 데 과감히 투자했다. 미국의 신학교 분위기와 그 흐름을 알고 싶어서, 서부의 풀러 신학교, 동부의 고든콘웰 신학교에서 두 달간 청강한 적이 있다. 특히 캐나다 리전트 칼리지에서 보낸 두 달이 유익했다. 영구 귀국 후에도 영국에 수차례 가서 세미나 등에 참여했다. 한국 교회의 청년·대학생 사역 지도자로서 그 정도 투자는 마땅하다고 여겼다. 영국과 유럽에서 존 스토트, 프란시스 셰이퍼, 제임스 패커, 마이클 그린, 올리버 바클리 등과 교제를 나누고 세미나에 참석함으로 견문이 넓어지는 기회가 되었다. 풀러 신학교의 피터 와그너의 강의에서는 별로 도움 받은 게 없다. 하지만 마지막 강의 시간에 기도로 허리가 치유되었으니, 그가 성령의 은사를 가졌다는 건 분명했다.

캐나다 리전트 칼리지에서는 여름 학기 중, 미국의 저명한 학자, 설교가들을 초청하여 강의를 열었다. 제임스 휴스턴, 폴 스티븐스, 고든 피, 마크 놀 등 여러 사람과 만나고 교제하며 유익을 누렸다. 당시 80대 중반이었던 제임스 휴스턴의 기도 세미나에 참석하고 그의 집에 혼자 방문해서 손수 만든 요리를 대접받으면서 두 시간 정도 대화를 나누면서 배운 바가 많았다. 돌아오는 길에 내 어깨에 손을 얹고 기도해주던 따뜻한 사랑은 잊을 수가 없다. 그가 쓴 책들이 어려워 차가운 지성으로 여겼으나, 스코틀랜드 출신이라 그런지 마음이 따뜻했고, 고상한 인격에서 풍기는 향기가 오래 남았다.

한국에서 대형 교회 목사들을 만나려면 비서를 통해 수개월을 기다려야 알현할 수 있다. 고맙게도 미국이나 유럽의 신앙 지도자들은 만남을 신청하면 쉽게 만날 수 있었다. 세계적으로 이름난 신앙 지도자들을 만나고, 그들의 신앙 체험, 그리고 삶과 사역에서 지혜를 배운 경험은 값을 매길 수 없다. 책으로도 배우지만, 인격에 체화된 지혜를 배우는 것은 또 다른 차원의 배움이다.

옛 습관이 무너뜨린 공동체

신앙공동체 안에서 스승은 말과 책으로만 교육하는 자가 아니다. 삶을 나누며 본을 보이는 자다. 바울은 데살로니가 교인들을 마치 "젖먹이는 엄마"처럼 유순하게 길렀고, 아버지가 자기 자녀에게 하듯 권면하고 위로하고 경계했다고 고백한다. 아름다운 관계다. 선교단체나 교회에서 나는 이런 양육을 받았던 것 같지는 않다. 선교단체 지도자는 서울 지구의 첫 간사였던 나와 여러 간사 동역자들을 초기에는 비교적 잘 도와주었다. 하지만 사람은 성공했을 때 마음 지키기가 어렵다는 교훈을 가까이서 보았다. 그는 갈수록 교만해지고 탐욕에 빠지고 포악해져 도덕적으로 성경 진리에서 떠나는 모습을 보여주었다. 끝내는 청춘을 송두리째 바친 신앙공동체의 분열이라는 쓰라림을 맛보았다.

단체가 분열된 후 네 명의 동역자들은 새로운 각오로 대학생 사역을 지속했지만 배운 게 제한되어 있어서 인격적으로나 신앙적으로 너무 미숙했다. 우선 신학 교육의 필요를 절감하고 과감하게 공부에 투자하기로 했다. 미국에 두 명, 영국에 두 명이 유학을 갔다. 나는 런던 중앙에 사는 유학생들을 돕는 교회가 필요하다고 느껴, 신학교 2년째에 킹스크로스교회 목자로 섬기게 되었다. 신학교를 마친 후에는 귀국하여 ESF 사역을 섬기다가 두 번째 유학을 하면서 다시 킹스크로스교회를 섬겼다. 그때는 제법 알아주는 사람들도 생겨서 마음이 많이 기름져 있었다. 위기가 온 것이다. 수년 후 함께 섬기던 교역자들과 제직들과의 관계가 힘들어져 교회를 사임하게 되었다. 만 48세였다. 나는 자존심 때문에 실패를 인정하지 않으려고 애썼지만, 실패는 실패였다.

교회를 사임한 후, 얼마 동안 충격에서 헤어나기 힘들었다. 교회에서 준 퇴직금도, 사용하라고 제공한 차도 다 교회에 돌려주었다. 갑자기 극빈자가 되었다. 순간순간 느껴지는 상처, 바보 같았던 나, 배신한 후배들과 성도들에 대한 분노와 실망 등 폭풍노도가 휘몰아쳐 마음 다스리기가 힘들었다. 가슴이 얼얼해지는 증상이 생겨 음악 듣고 수영하고 자주 산책을 했다. 성공회 수도원에 가서 기도도 하고, 묵상도 하고, 나이 지긋한 원장 부부를 만나 상담도 받았다. 내가 회복된 것은 "하나님, 억울합니다" 고백하고 울부짖으며 나를 주님 앞에 쏟아 부은 다음부터였다. 죄인 됨, 섬기지 못하고 늘 가르치려 들었던 교만, 후배 동역자들의 경제적 어려움을 돕지 못한 것 등 내 죄와 잘못을 고백하고 십자가를 바라본 후에야 평강이 찾아왔다.

나는 선교단체에서 강압적인 훈련을 받았고, 못된 '마음의 습관'을 버리지 못하고 있었다. 고집, 교만, 성취욕과 명예욕 등에 사로잡혀 있었음을 정직하게 고백할 수밖에 없다. 목사는 항상 뭔가 가르쳐 주어야 한다는 강박도 있었다. 하지만 목사가 갖지 못한 훌륭한 성품과 지식을 가진 성도가 얼마나 많은가. 목사가 배우는 마음이 없으면 성도도 배우지 않는다. 후에 친구 목사한테서 들은 말이다. 선교단체에서 배운 '독'이 빠지는 데, 거기서 지낸 세월만큼 시간이 필요하다고. 그럴 듯한 말이다. 영국에서 15년을 보내지 않았더라면, 킹스크로스교회를 사임하지 않았다면 잘못 배운 옛 습관에서 벗어나지 못했을 것이다.

　　무언가 잘되는 경험보다 실패한 경험이 사람을 더 성장시킨다. 실패 후 겪는 뼈저린 슬픔, 패배감, 수치심, 후회, 죄책감 등이 우리를 낮추어 준다. 주님 섬기는 자에게 겸손보다 중요한 덕목은 없다. 실패는 회개로 이끄는 기회를 제공한다. 바울은 고린도 교인들에게 아픔이 주는 복을 말한다.

　　하나님의 뜻대로 하는 근심은 후회할 것이 없는 구원에 이르게 하는 회개를 이루는 것이요(고후 7:10).

　　실패, 고통의 경험이 회개에 이르게 하는 주님이 주신 축복임을 아프게 깨달았다. 세상에서의 성공은 계단을 타고 위로 올라가지만 영적 성공은 더욱 깊이 내려가는 삶이다. 앤드류 머레이(A. Murray, 1828-1917)의 《겸손》을 읽고 또 읽으면서 그가 권한대로 한 달 동안 겸손만을 구하는 기도를 드리기도 했다. 그간 속으로 자랑스러워 했던 모든 자존심이 와장창 박살나는 '깨어짐', '부서짐'이 무언가를 비로소 알게 되었다. 어려서 깨달았으면 얼마나 좋았을까. 하지만 사람마다 하나님의 정확한 타이밍이 있다. 바울은 우리의 가치는 오직 예수 그리스도의 얼굴에 있는 하나님의 영광을 아는 빛이라고 했다. 우리 자신은 깨지기 쉬운 질그릇에 지나지 않는다.

> 우리가 이 보배를 질그릇에 가졌으니 이는 심히 큰 능력은 하나님
> 께 있고, 우리에게 있지 아니함을 알게 하려 함이라(고후 4:7).

가끔 성도들이 존경한다고 하면 바로 내놓는 답이 있다.

"나는 존경할 만한 사람이 못 돼요. 그냥 불쌍히 여겨줘요."

입으로만 하는 말이 아니다. 하도 약점이 많아서 주님과 사람에게 불쌍히 여김을 받아야 할 긍휼의 대상이다. 신앙공동체는 약점 많은 지체들끼리 지지고 볶고 넘어지고 자빠지고 언어맞고 싸매주면서 또 일어나 자라는 주님의 품이다.

세상을 바꾸는 공동체

선배한테서 들은 말이다. 한국인 선교사들을 오랫동안 지켜보니 공동생활을 모른다는 것을 알았다고 한다. 재능, 언어, 열정, 신학 경력 등이 다 훌륭한데, 다른 사람과 함께 사는 기본 훈련이 부족하다는 지적이었다. 여러 해외선교 단체 훈련원에서 선교사 가정들이 공동생활을 하면서 인격을 다듬고 함께 사는 법을 익히는 프로그램을 만드는 이유다. 대화하며 친구 삼는 법, 자기중심적 습관에서 벗어나 설거지에 앞장 서는 등 다른 사람을 섬기는 습관, 나보다 이웃을 챙기는 법을 익히는 게 학위보다 중요하다는 말이

다. 예루살렘 교회는 그리스도인들의 공동체 생활이 천국을 누리는 행복한 삶임을 보여준다.

> 그들이 사도의 가르침을 받아 서로 교제하고 떡을 떼며 오로지 기도하기를 힘쓰니라 …… 믿는 사람이 다 함께 있어 모든 물건을 서로 통용하고 또 재산과 소유를 팔아 각 사람의 필요를 따라 나눠 주며 날마다 마음을 같이하여 성전에 모이기를 힘쓰고 집에서 떡을 떼며 기쁨과 순전한 마음으로 음식을 먹고 하나님을 찬미하며 또 온 백성에게 칭송을 받으니 주께서 구원 받는 사람을 날마다 더하게 하시니라(행 2:42, 44-47).

학생 사역을 개척하고 키워가면서 이 말씀을 실제로 적용해 보려고 애를 썼다. "나는 실력이 없어서 아내가 학생들 밥 먹여주고, 잠 재워주면서 일했어." 내 청년 사역의 열매를 말할 때마다 농담 반 진담 반으로 하는 말이다. 우리 집엔 저녁마다 거의 예외 없이 성경공부 마친 후 찾아오는 형제자매들을 위해 밥이 준비되어 있었다. 학생들이 많이 오는 날은 아내가 밥을 굶기도 했다. 집에 전화도 없던 시절이어서 아내에게 미리 연락할 길이 없었다. 우리는 잊어버렸지만 그때 학생들은 집에 와서 밥을 먹기도 하고, 시험 때면 집이 먼 학생들은 잠을 자기도 했는데, 반세기가 지났는데도 기억하고 감사를 표하는 형제나 자매도 제법 있다. 보스턴에서 한

인 교회를 섬기는 어느 사모는 대학 시절, 수년간 모임에 나와 성경공부한 적이 있었다. 오랜 세월이 지나 부부끼리 밥 먹는 자리에서 그 자매가 이런 말을 했다. 학생 시절, 사모님이 고생하시는 모습을 보면서 난 죽어도 주의 종하고는 결혼 안 한다고 맹세했는데 어쩌다 이렇게 되었단다.

"지금도 유학생들 어떻게 도울까 잘 모를 때는 옛날 사모님이 보여주시던 대로 제가 하는 걸 발견했어요."

공동체에서 사람을 키우는 것은 환대와 섬김, 실수와 약점을 용납하는 포용이다. 청년 사역에서 내가 중요하게 여기는 목회철학이 있다면, 청년들에게 실수할 기회를 주는 것이다. 말씀으로 생각하고 행동하고 가르치는 평신도 성경선생 훈련이다. 기억에 남는 추억이 있다. 성경학교나 심포지움, 수련회에 형제자매들을 강사로 세워, 강의 내용과 방법을 가지고 훈련시키는 프로그램이다. 이때는 강사로 세워진 형제자매들이 열린 마음으로 배우려고 한다. 예를 들어, 창세기 성경학교라면 창조, 타락, 아브라함, 이삭, 야곱, 요셉, 총 6명의 강사가 선다. 방학 동안 한 주간에 걸쳐 성경학교를 열면, 강사들은 거의 한 달에 걸쳐 준비하고 우리 집에서 합숙한다. 강의 리허설도 시키고 평가한다. 강사들의 열정과 그들을 응원하는 형제자매들의 적극적 참여로 책임목자인 내가 강의할 때보다 반응이 훨씬 좋았다. 이때 강의에 죽을 쑨 자매나 형제들이 없지는 않다. 그러나 후에 더욱 좋은 평신도 성경선생으로 성장하는 것을 보았다.

　청년부 단기선교 훈련은 그리 생산적이지 않다고 여겼다. 특히 한국인 선교사가 집중된 케냐 나이로비나 필리핀 마닐라 지역으로 갈 돈으로 차라리 선교사를 후원하면 더 효과적일 텐데 선교사한테서 현지 선교의 기회를 뺏는 것 아닌가 생각했다. 그런데 선교 목적으로는 어떠하든, 청년들의 공동체 훈련에는 효과적이다. 힘든 여행을 함께하면 사람의 본성, 장점과 약점이 환히 드러난다. 관계가 나빠지는 경우도 있다. 준비 과정과 리더가 중요하다. 예수마을교회를 개척할 때는 중국 비전트립이나 조중 접경지역 여행에 참여했던 소수의 청년들이 주님과 공동체에 헌신하는 열매를 확인했다. 예수의 이름으로 함께 여행하고 함께 먹고 자며 기도나 봉사에 참여하는 것은 예수님과 제자공동체를 본받으려는 시도다.

　한국 교회는 양적 성장에 치중해 왔다. 그러나 사회에 영향을 주는 지도자가 잘 크지를 않는다. 이명박 장로 대통령 시절, 한국 정치를 주무르던 교회 장로, 권사들이 국가 사회를 위해 무슨 좋은 일을 했는가. 초대형 교회에서 사회를 변혁시키는 무슨 운동이 일어났는가. 예수님 닮은 제자들이 자라서, 사회를 바꿀 수 있을 만큼 영적·학문적·인격적으로 준비되어야 하지 않겠는가.

　졸저《새로 쓴 성서한국을 꿈꾼다》(2001, 홍성사)에서 나는 사회에 선한 영향을 준 몇몇 공동체 운동을 "기독학사운동의 전통과 현주소"라는 장에서 소개한 적이 있다. 신앙공동체가 자기들만 천국을 누리고, 세상에 하나님나라가 임하는 데 쓰임 받지 못한다면 예수님이 얼마나 슬퍼하시겠는가. 복음운동이 세상을 바꾼 역사적인 예를 몇 가지 소개한다.

첫째, 옥스퍼드 대학을 다니던 몇 사람이 만든 동아리 '홀리 클럽'에서 출발한 18세기 존 웨슬리의 부흥 운동이다. 교회 부흥이나 해외선교 운동에만 제한되지 않았다. 광부들의 복지, 임신부나 아이들의 노동 제한, 공장 지대의 복지 등 산업혁명 이후 빈부 차이가 극심했던 영국 사회를 개혁한 공동체 운동이었다. 둘째, 케임브리지 대학 출신으로 복음주의 신앙을 가진 청년들의 19세기 노예해방 운동이다. 그들은 지역 교회 '클래팜'에 모여 윌리엄 윌버포스를 중심으로 노예무역 금지 운동을 했다. 후에 그들은 "클래팜 섹트"라는 별명을 얻었는데, 가족처럼 먹고 자면서 기도하고 토론하고 전략을 세우면서 조직적으로 운동하여 노예무역을 금지시키는 데 성공했다. 셋째, 20세기 세계악의 상징이던 나치의 히틀러 암살운동을 했다가 처형된 본회퍼를 비롯한 독일 고백교회와 무인가 신학교 학생들이다. 당시는 처절하게 실패한 운동이었다. 하지만 이 운동은 2차 대전이 끝난 후 독일이 세계 최고의 모범국이 되는 데 기초를 쌓았고, 본회퍼는 20세기 가장 위대한 신학자로 존경받고 있다. 그의 무덤에는 이런 비문이 새겨져 있다. "본회퍼, 그의 형제들 중에 있었던 예수 그리스도의 증인."

우리 교회사에도 세상을 바꾸려는 공동 노력이 적지 않았다. 독립협회 및 만민공동회 사건으로 2년 이상 함께 투옥된 이승재, 남궁억, 이승만은 게일(J. S. Gail) 선교사가 넣어준 성경과 《천로역정》을 비롯한 신앙서적을 읽고 토론하며 일제에 항거하는 독립운동의 지도 세력이 되었다. '성서조선운동'을 함께했던 김교신, 함석헌과 그 동지들은 우치무라 간조의 영향을 받아 제도 교회가 아닌, 인격적이고 운동체다운 "조선인의" 그리스도인 공동체를 꿈꾸던 지성인 그룹이었다. 1970년대부터 유럽, 미국에서 일어난 가정교회 운동이 요즈음 한국에도 퍼져나가고 있는 것은 긍정적 요소가 많다. 교회가 직업 종교인들을 후원하기 위해 존재하는 자영업으로 변해 간다. 교회 안으로만 교인들의 시선이 고착되어 사회나 역사나 세계를 바라보는 눈이 멀어버렸다. 세상의 소금이 되길 기대하며 세워진 교회가 썩어가는 세상과 함께 썩어가고 있으니, 짠맛을 잃은 소금이 땅에 버려져 밟히는 것은 당연하지 않을까.

기독교의 공동체성은 구약 사무엘 시대의 선지학교부터 시작되어 예수님과 제자들에게 이어졌다. 3년간 밥 먹고, 함께 자고, 함께 말씀을 받고 전하는 가운데 형성된 전통이다. 세상이 힘들어도 예수와 제자 공동체 모델은 반드시 세상에 선한 영향을 끼칠 하나님나라의 전략이다. 다 죽어가는 듯하던 영국의 복음주의 교회를 살리는 데, 런던 중앙의 홀리 브롬턴 교회가 계발한 전도 프로그램 '알파 코스'가 효과적 역할을 했다. 한국에서는 이 프로그램이 은사집회같이 변질되었다 하지만, 이 프로그램은 철저한 개인주의 사회에서 고독한 사람들을 환대해서 함께 밥 먹고 사귀고, 우정을 쌓는다. 그 후 신앙에 대한 질문, 예를 들어 '기독교와 다른 종교의 차이점은?' '왜 인간의 삶은 이처럼 고통투성이인가?' 등으로 대화를 나눈다. "예수 천당, 불신 지옥"을 외치는 무례하고 공격적인 전도가 아니라, '우정 있는 설복'으로 전도하는 것이다.

20세기 후반 세계에서 가장 영향력 있는 신학자 중 한 사람은 위르겐 몰트만이다. 그의 자서전에 신앙공동체가 자기 인생에 준 영향을 감동적으로 회고하는 내용이 있다. 2차 대전에 나치군으로 전쟁에 참여했다가 영국군의 전쟁 포로가 되었다. 나이 19세였던 1945년부터 3년간 스코틀랜드와 영국 북부의 포로 수용소 생활 중에 무신론자였던 그가 그리스도인이 된다. 회심에 이르기까지 가장 영향을 준 것은 포로병들에게 스코틀랜드인들이 베푼 인간 대접과 노튼 캠프(Norton Camp)라는 수용소 안의 교육 시설에서 훌륭한 스승들의 신학강의, 친구들과의 교제, 그리고 기독학생 수련회에 참여했던 네덜란드를 비롯한 유럽 기독학생들과의 만남을 통해서였다. 그는 그리스도인에 대한 편견이 많았지만 이런 청년들과의 우정을 통해 맛본 복음적인 공동체의 용서와 화해의 경험이 그로 '희망의 신학'이란 신학 연구에 일생을 바치게 해주었다(몰트만 자서전, 50쪽 이하).

"온전한 그리스도인"(The Whole Christian), "균형 잡힌 성경적 기독교"(The Balanced Biblical Christianity)에 평생 천착해온 존 스토트 목사가 세상을 떠나기 전, 케직 수양회에서 행한 설교문과 개인 인터뷰가 실린 《마지막 말The Last Word》은 신앙공동체 안에서 그가 어떻게 성숙해졌는지를 알려준다. 그의 마지막 설교는 "그리스도처럼 되어가기"(Becoming Like Christ)였다. 평생 하나님의 목적으로 붙들고 살아온 그의 인생 목표를 보여준다. 그는 인터뷰에서 "살면서 가장 살맛나던 때가 언제였는가?"(When do you feel most alive?)라는 질문에 두 가지로 답했다. 첫째는 주일 공동예배에서 자기가 하늘나라(궁극적 실재의 세계)로 옮겨가 천사들, 만민과 함께 하나님의 현존을 경험할 때요, 둘째는 친구들과 사귀며 함께 일할 때라고 했다. 신앙공동체가 고독한 천재 학자로 남을 뻔했던 그를 전 세계 그리스도인의 스승으로 만들었다. 조금이라도 그의 그림자를 밟아가며 그를 본받아, 그처럼 남은 생을 살았으면, 하는 바람을 갖게 하는 하나님의 사람이다.

좋은 신앙공동체에서 성도는 온전해진다. 기독교 신앙은 예수 믿고 구원받는 것으로 끝나지 않는다. 하나님의 창조 목적대로 예수님을 믿어 하나님 형상을 회복하여, 그리스도를 닮은 사람다운 사람으로 성숙해야 한다. 토기장이는 진흙을 빚고 불가마에 넣어 고려자기를 만든다. 조각가 미켈란젤로가 쓸모없다고 버려진 대리석으로 걸작 〈다비드상〉을 만들었듯, 소망 없던 우리를 예수님은 여러 공동체를 통해 깎고 붙이고 빚어내어 온전한 명품 인생을 만드신다.

우리는 하나님의 작품입니다. 선한 일을 하게 하시려고, 하나님께
서 그리스도 예수 안에서 우리를 만드셨습니다. 하나님께서 이렇
게 미리 준비하신 것은, 우리가 선한 일을 하며 사아가게 하시려
는 것입니다(엡 2:10, 새번역).

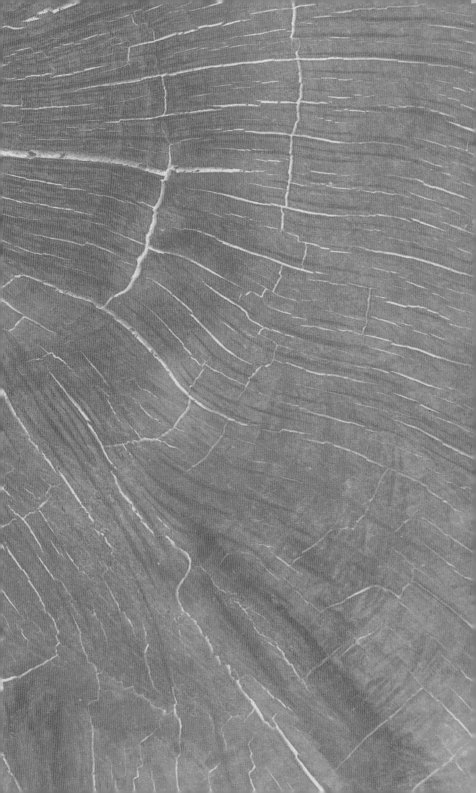

이제 우린 늙어 세상을 바로잡을 시간도 능력도 없으니 어찌해야 할까? 길이 따로 없다. 청년도 노년도 다 하나님 말씀으로 이제 다시 돌아가자. 하나님 형상인 사람의 인격을 존중하고, 서로 경쟁하지 않고, 다양성을 인정받는 세상, 성서한국을 너희가 좀 만들어주렴.

나가며: 그날이 오면

그러므로 우리가 낙심하지 아니하노니 우리의 겉사람은 낡아지
나 우리의 속사람은 날로 새로워지도다 우리가 잠시 받는 환난의
경한 것이 지극히 크고 영원한 영광의 중한 것을 우리에게 이루
게 함이니 우리가 주목하는 것은 보이는 것이 아니요 보이지 않
는 것이니 보이는 것은 잠깐이요 보이지 않는 것은 영원함이라(고
후 4:16-18).

노년에 이르면 우리의 체력과 외모는 쇠하지만, 하나님의 은혜 안
에 자라고 있다면 영혼은 날로 더 강건하고 아름다워진다. 죽음
에 이르러 이 엄청난 전복은 완성된다. 몸은 망가지는데도 우리
는 한없이 영화로워진다. 이 말씀으로 위로를 받으라(팀 켈러,《죽음
에 관하여》, 89쪽).

생명은 신비롭다. 인생은 경이롭다. '나'라는 하나의 먼지 같

은 존재가 무한한 우주 공간에, 영원 속의 한순간에 생겨나, 자라고 늙고 죽어서 '존재 제로'로 흔적 없이 사라진다. 놀랍다. 생은 창조주가 내려준 경이로운 축복이요, 무한한 은총이다. 하나님은 수많은 사람들 가운데서 나를 택하시고, 예수 믿게 하여 새사람 만드시고, 그분의 형상 따라 자라게 하시며, 당신이 필요한 자리에 알맞은 기간을 쓰신 후, 정한 때가 오면 "그만 됐다, 와서 쉬어라" 하시며 당신의 품으로 불러 안아주신다.

성장하는 사람은 아름답다

사람다운 사람은 전인(全人)으로 성장한다. 공부 잘해 지도자가 됐는데 '싸가지' 없이 자란 어른 아이들이 많다. '싸가지'는 '4가지', 곧 유교의 최고 덕목인 인의예지(仁義禮智)가 없는 사람을 가리키는 말이라고 한다. 기독 교회도 지도자들이 예수님 닮기보다 재벌이나 권력자 비슷한 모습이다. 교회의 구조나 프로그램도 무시못하지만, 먼저 사람 바뀌는 게 절실하다. 사람이 성장한다는 게 어떤 모습일까? 표준 인간, 곧 하나님 아들처럼 성장하는 것이다. 누가는 누가복음 2장 52절에서 하나님의 아들 예수는 네 가지 차원에서 고루 자랐다고 알려준다. 소년 예수는 지혜와 키가 자랄수록 하나님과 사람에게 사랑스러워 가셨다. 우리는 지금까지 예수처럼 자라기 위해 첫째 지성, 둘째 건강, 셋째 영성, 넷째 사회성과 감성이 조화롭게 자라는 균형 잡힌 성장이 무엇인가 함께 고민해

보았다. 어느 한 분야에 집중해서 전문적 기능인이 되기보다, 균형 잡힌 성품과 사람의 방식에 전인(全人)으로서의 아름다운 사람됨이 깃든다.

성경은 사람의 성숙이란 인간의 본이 되시는 예수를 닮는 것이라고 가르친다. 예수 믿고 따르는 사람들이 모인다는 교회가 모두 유치한 사람들 일색이라면 보통 일이 아니다. 히브리서 저자는 영적 퇴행을 거듭하는 초대교인들을 책망하며 권고한다. "성숙한 경지로 나아가자"(히 6:2)고.

어떻게 153가지 약초를 항아리에 넣어 발효시키는지 그 과정을 보고 들은 적이 있다. 인스턴트 음식보다 된장이나 김치처럼 발효 숙성시킨 음식이 건강에 좋다. 고맙게도 하나님은 전능자의 실수 없는 솜씨로, 당신의 자녀가 성숙하는 데 알맞은 환경, 성숙하도록 돕는 다양한 수단을 마련해 주신다. 바울은 데살로니가 교인들이 "주를 본받는 자"로 성숙하도록 하나님께서 은혜의 수단을 마련해두셨다고 한다(살전 1:6). 참으로 오묘한 섭리다. 앞서 우리는 첫째 환난, 둘째 성령의 기쁨, 셋째 말씀, 넷째 본받을 만한 신앙 선배가 있는 신앙공동체가 어떻게 성도를 성숙하게 하는지 함께 생각해 보았다.

성경은 숱한 인물들을 통해, 다른 사람에게 도움보다는 부담이 되는 미숙한 사람, 다른 사람들을 돕고 가르칠 수 있는 성숙한 사람을 보여주고 가르친다. 사람이 성숙해지면, 아브라함이나 모세, 다윗처럼 하나님과 깊은 교제를 나누는 하나님의 친구가 된다. 그들은 하나님의 훈련을 받아, "의와 평강의 열매"(히 12:11)를 맺는 사람이다.

사회 어디서나 성숙한 리더십이 그리워지는 때다. 성숙한 사람에게는 다른 사람, 다른 민족이 기대고 의지할 수 있는 여유로움이 있고, 본받고 싶은 마음을 불러일으키는 고상한 지혜와 기품, 높은 수준의 문화가 있다.

다 괜찮다, 승장아

나이 든 사람에게 지혜가 있고, 노인에게 총명이 있네(욥 12:12. 쉬운성경).

나이가 들수록 '아우라'가 있는 어른들, 존경을 불러일으키는 분위기가 감도는 분들을 만나기가 드물다. 대부분 노인은 기대한 만큼 성숙하지 못해 나처럼 탄식한다. 우리는 노인을 우대하는 고상한 전통이 있다. 하지만 나이가 들어서도 어른답지 못한 노인을 비하하는 표현 역시 적지 않다. 나이 들수록 재물욕, 권세욕 등 탐욕이 많아진다는 '노욕'(老慾)이나, 어깨와 허리가 구부러지고 얼굴에 주름이 깊어지고 '저승꽃' 기미가 피부에 생겨 보기 흉해진다는 '노추'(老醜), 기억이나 분별력을 잃고 상황에 맞지 않는 말을 하면 '노망'(老妄) 들었다고 한다.

"잘 박힌 못과 같은"(전 12:11) 보배로운 지혜와 교훈 대신, 청년들이 듣기 지겨워하는 "라떼는"(나 때는)으로 전쟁과 산업화 시대에 고생한 이야기만 수십 번 해서 질리게 만든다. 50대가 된 내 아들은 "아버지, 청년들 만나면 입은 열지 마시고 지갑만 여세요!"라고 충고한다. 나이가 들수록 하나씩하나씩 탈탈 털어 내려놓고, 흐르는 세월에 발을 담그며 욕망에서 자유로운 영혼이 될 수는 없을까. 육체는 "마른 줄기"처럼 쇠하여 가더라도, 내면이 부요하고, 고결하고 향기롭게 나이들 수는 없을까.

하나님 믿고 나이 들어가는 게 복이다. 성경에는 멋있고 활기차게 산 노인들이 나온다. 구약에서는 모세, 다윗, 이사야, 신약에서는 베드로, 요한, 바울 등이다. 그들의 공통점은 나이와 함께 대부분 하나님을 아는 지식이 성장하고, 그들의 신앙과 지혜를 글로 남긴 점이다. '모세의 시'라는 표제가 적힌 시편 90편은 모세가 노령에 쓴 사랑받는 시다.

주의 목전에는 천 년이 지나간 어제 같으며 밤의 한 순간 같을 뿐임이니이다 …… 그들은 잠깐 자는 것 같으며 아침에 돋는 풀 같음이니이다 풀은 아침에 꽃이 피어 자라다가 저녁에는 시들어 마르나이다(시 90:4-6).

모세는 인생 허무와 맞대어 하나님의 영원을 노래한 후, 그에게 허락된 남은 시간에 꼭 이루고 싶은 소원을 아뢴다. 앞으로 어떻게 살아야 할까, 질문이 생길 때마다 이 시는 영감을 준다. 하나님의 사람 모세는 나이 들어서 무슨 목표를 가지고 남은 생을 살았을까? 모세의 기도를 풀어서 나 자신에게 적용해 보면, 대강 이런 의미가 아닐까 싶다.

첫째, 영원히 살 것처럼 어리석게 시간 낭비하지 않고, 남은 날을 계수하면서 철학이 있는 지혜자로 살게 해주세요(12절).

둘째, 쓸데없는 걱정, 두려움, 슬픔, 원망, 불평, 탄식으로 속절없이 살지 않고, 날마다 하루를 출발하는 아침 시간에 제 영혼이 주의 사랑, 주님의 말씀으로 충만해져서, 기막힌 선물로 주신 하루하루를 의미 있고 즐겁게 살게 해주세요(14절).

셋째, 남은 삶을 이기적으로 추하게 살지 않고, 하나님 영광을 후손에게 드러내며, 영원히 남을 의미 있고 가치 있는 일, 하나님나라 복음을 말과 삶과 글로 증거하는 부활의 증인으로 일할 수 있도록 건강과 힘을 주세요(16, 17절).

나이 들수록 아이가 된다는 옛말이 있다. 시나브로 자기중심이 된다는 말일 게다. 하지만 하나님의 사람으로 성숙한 사람, 모세는 오히려 자기로부터 자유로운 모습을 보여 준다.

젊어서는 확대지향으로 살지만, 나이 들면 축소지향으로 산다. 나이 들수록 활동 범위가 좁아지고, 사귀는 사람 수도 감소한다. 다른 사람에게 도움을 주기보다 도움을 받아야 하는 시기다. 늘 쫓기며 남에게 주어야 한다는 부담을 내려놓고 이제는 느긋하게 여유를 즐기고, 남에게 나를 섬길 기회를 주는 걸로 보람을 찾아야 한다. 늙어갈수록 자신을 쇠약하고 초라한 노인으로 여기기 쉽다. 사람들이 나를 잊어버려 불러주거나 끼워주지 않으면 섭섭병이 도지고, 외로워질 때도 있다. 모든 게 허망해진다. 노인 우울증이 무섭다지 않은가.

하나님의 사람에게는 그래도 위로와 희망의 불빛이 꺼지지 않는다. 품격 있는 나이 듦에는 쇠약과 축소, 소외의 현실을 수용하는 마음의 습관이 깃든다. 친구들이 내 곁에서 떠날지라도, 그것마저 받아들이며 서운함을 상추쌈 먹듯, 삼키고 삭일 배포와 소화력을 키우는 계절이 노년이다. 주님이 허락하신 노년은 보람 있다. 노년에도 끊임없이 성장할 수 있으니, 얼마나 고마운 은혜인가! 사람들이 뭐라고 나를 평가하든 괜찮다. 세상의 시끄러운 소리에는 조금씩 귀가 어두워지고, 대신 나를 이 세상에 보내시고 한결같은 인자와 성실로 함께해오신 하나님의 부드럽고 세미한 음성이 더 밝고 맑게 들린다.

"다 괜찮아, 승장아, 내가 너랑 함께하고 있잖니. 넌 내가 보기에 심히 좋은, 내가 끔찍이 사랑하는 아들이야. 네가 그 약한 몸과 마음으로 예수를 본받으려고 애쓴 걸 내가 다 지켜봤단다. 착하다. 난 널 좋아해."

사별의 은총

여호와께서 내게 주신 모든 은혜를 무엇으로 보답할꼬 …… 성도의 죽는 것을 여호와께서 귀중히 보시는도다(시 116:12, 15).

생의 마지막 숨을 쉬고 심장의 박동이 서서히 멎는 순간, 우리는 하늘 영광을 바라본다. 죽음이란 육에 속한 이쪽 방에 있다가, 느닷없이 또는 빌미를 받아 영에 속한 저쪽 방으로 옮겨가는 것이다. 번데기가 둥지에서 기어다니다가 허물 벗고 나래를 펴서 나비가 되어 하늘로 날아가는 순간과 같다. 성도의 삶이 은혜이듯, 죽음도 놀라운 은총이다. 이 험악한 세상에서 진실하게 살아보려다가, "불법한 행실을 보고 들음으로 그 의로운 심령이 상하고"(벧후 2:8), 병들고 추해진 몸으로 영생한다고 상상해보라. 얼마나 끔찍한 일인가.

사랑하는 이와의 사별은 꼭 부활신앙이 확고하지 않아서 슬퍼지는 것은 아니다. 죽음은 처절, 그 자체다. 죽음이 주는 그 끔찍함, 두려움, 분리와 단절이 가져오는 비극성 때문에 슬퍼하는 것이다. 하나님 아들도 타인의 죽음 앞에서 우셨고, 자신의 죽음을 앞두고 "할 수만 있으면 이 잔이 내게서 지나가게 하옵소서!" 하고 피하고 싶은 마음을 숨기지 않으셨다. 사람은 그처럼 약하다. 죽음의 횡포 앞에서 무너지고 슬퍼하는 것은 사람다운 모습이다.

지나치게 영적이거나 초월적이어야 믿음 좋은 게 아니다. 죽음 앞에서 슬픔을 억제하며 자기를 속이는 태도보다, 오히려 자기가 무너지며 절망하고 항의하고 슬퍼하는 태도가 더 인간다운 모습 아닐까. 소설가 박완서는 젊은 아들의 죽음을 허용하신 하나님께 "한 말씀만 하소서!" 하며 부르짖는다. 아들의 죽음을 자기 죄에 대한 하나님의 징벌로 여기면서 그 참척의 고통과 슬픔, 깊은 죄책을 구구절절 일기로 적은 글이다.

C. S. 루이스가 나이 들어 결혼한 지 3년 만에 사랑하는 부인과 사별하고 기록한 고백, 《헤아려 본 슬픔*A Grief Observed*》이 있다. 때로는 하나님을 향해 분노하고, 사라진 부인을 그리워하며 슬퍼 몸부림치는 그를 믿음 없다고 정죄할 것인가. 애통하는 자가 복이 있다. 충분히 슬퍼한 후에 서서히 주님의 위로와 희망의 메시지를 받아들이게 된다. 사별의 아픔과 슬픔 가운데 "신앙의 완숙미를 가진 유작"을 남긴 루이스처럼, 슬프면 슬픈 대로 울고 가슴에 품다가 주님이 손 내미시는 타이밍에 그의 손을 잡고 일어서면 된다. 곁에서 지켜보는 친구는 조용히 손잡아주며 함께 슬퍼하고 기도하고 기다려 주면 된다.

딸 한나는 죽음을 앞두고 여러 달 우리 주님의 말씀을 엄마와 함께 암송했다. 주님의 고난 주간이 가까워 오고 겨우내 죽은 것 같던 개나리가 세브란스 병원 담에 노랗게 그 예쁜 꽃망울을 터뜨리던 계절, 한나는 그 예쁜 얼굴로 병상에 누운 채 수술실로 들어가면서도 말씀을 외웠다. 지상에서 사랑하는 엄마아빠와 마지막 이별을 예감한 듯, 그 맑고 큰눈에 눈물방울이 아침 이슬처럼 맺혀, 방울방울 떨어져 내렸다. 그로부터 열흘 후 한나는 9년 2개월, 태어나면서부터 심장에 장애를 안고 태어나 감당하기 힘들었던 고통의 멍에를 벗고 하나님이 은혜로 주신 육체의 죽음이란 축복을 받았다. 한나는 부활 신앙과 부활의 희망으로 죽음을 준비하도록 우리에게 귀중한 선물을 남기고 주님 품으로 갔다.

> 나는 부활이요 생명이니 나를 믿는 자는 죽어도 살겠고 무릇 살아서 나를 믿는 자는 영원히 죽지 아니하리니 이것을 네가 믿느냐(요 11:25).

후배들에게 남기는 부탁

> 유월절 전에 예수께서 자기가 세상을 떠나 아버지께로 돌아갈 때가 이른 줄 아시고 세상에 있는 자기 사람들을 사랑하시되 끝까지 사랑하시니라(요 13:1).

지금 청년·대학생들은 이 나라를 "헬조선"이라고 부른다. 청년들에게 왜 결혼해도 출산을 피하느냐고 물으면, 이런 지옥 같은 경쟁사회에서 아이를 제대로 기를 자신이 없다고 말한다. 아이들이 없어진다는 것은 이 나라 이 겨레가 망한다는 말이다. 우리 같은 전쟁 세대, 산업화 세대들은 당황한다. 아니, 우리가 베트남 전쟁에서 총알받이하고, 열사(熱砂)의 사우디 사막에서 죽을 둥 살 둥 돈 벌어 배불리 고기 먹이고 대학 보냈더니, 팔자 늘어진 소리하고 있다고 핀잔한다. 자녀, 손주들은 우리를 꼰대로 부른다. 그러나 우리들 나이 든 사람들은 다음 세대 앞에서 인정해야 한다.

"경제적으로만 풍요로우면 다 행복할 줄 잘못 알았다. 정말 미안하다. 사람이 떡으로만 사는 게 아니라, 하나님의 입에서 나오는 모든 말씀으로 산다는 진리를 몰랐다. 이렇게 살벌한 경쟁 교육, 모든 걸 순위 매기는 서열, 갈라치기하는 계층 사회, 적자생존의 세상 만들어 놨으니 어떡하니. 용서해다오. 이제 우린 늙어 세상을 바로잡을 시간도 능력도 없으니 어찌해야 할까? 길이 따로 없다. 청년도 노년도 다 하나님 말씀으로 이제 다시 돌아가자. 하나님 형상인 사람의 인격을 존중하고, 서로 경쟁하지 않고, 다양성을 인정받는 세상, 성서한국을 너희가 좀 만들어주렴."

후배들에게 부탁할 수밖에 없다.

"우리는 너희들을 축복하며 기도하고 응원할게. 그리고 우리가 조금이라도 잘한 건, 잘 지켜주면 고맙겠어."

무릎이라도 꿇고 부탁하고 싶은 심정이다.

인애와 진리가 같이 만나고 의와 화평이 서로 입 맞추었으며 진리는 땅에서 솟아나고 의는 하늘에서 굽어보도다(시 85:10, 11).

이 세상을 떠나는 그날이 오면 우리는 모두 "그 아들의 형상을 본받게" 되어(롬 8:29) 그리스도와 같아지고, 그의 참 모습 그대로 그의 영광을 보게 된다(요일 3:2). 할렐루야! 이 소망이 부끄럽지 않은 인생을 살게 하는 동력이다. 예수를 본받는 성숙한 사람은 그날이 오기까지 세상에 남아 있는 자들을 사랑하되, 끝까지 사랑한다.

주님의 마음을 본받는 자 그 맘에 평강이 찾아옴은
험악한 세상을 이길 힘이 하늘로부터 임함이로다
주님의 마음 본받아 살면서 그 거룩하심 나도 이루리

왜 나는 예수를 닮아가는가

Why More Jesus?

지은이 이승장
펴낸곳 주식회사 홍성사
펴낸이 정애주
국효숙 김은숙 김의연 김준표 박혜란 손상범
송민규 오민택 임영주 차길환 허은

2022. 5. 20. 초판 1쇄 인쇄   2022. 5. 30. 초판 1쇄 발행

등록번호 제1-499호 1977. 8. 1.
주소 (04084) 서울시 마포구 양화진4길 3   전화 02) 333-5161   팩스 02) 333-5165
홈페이지 hongsungsa.com   이메일 hsbooks@hongsungsa.com
페이스북 facebook.com/hongsungsa
양화진책방 02) 333-5161

ISBN 978-89-365-0381-9 (03230)